国家出版基金项目
NATIONAL PUBLICATION FOUNDATION

中国少数民族设计全集

The Design Collection
of Chinese Ethnic Minorities

阿昌族

中国少数民族设计全集编纂委员会　编

山西人民出版社　人民美术出版社

图书在版编目（CIP）数据

中国少数民族设计全集.阿昌族/中国少数民族设计全集编纂委员会编；王强等著.—太原：山西人民出版社，2019.10
ISBN 978-7-203-11012-5

Ⅰ.①中… Ⅱ.①中… ②王… Ⅲ.①阿昌族-民族文化-研究-中国 Ⅳ.① K28

中国版本图书馆CIP数据核字（2019）第201630号

中国少数民族设计全集.阿昌族

编　　　者：	中国少数民族设计全集编纂委员会
著　　　者：	王　强　等
责任编辑：	李建业
复　　审：	傅晓红
终　　审：	阎卫斌
装帧设计：	谢　成

出 版 者：	山西人民出版社　人民美术出版社
地　　址：	太原市建设南路21号
邮　　编：	030012
发行营销：	0351－4922220　4955996　4956039　4922127（传真）
天猫官网：	https://sxrmcbs.tmall.com　电话：0351－4922159
E—mail：	sxskcb@163.com　发行部
	sxskcb@126.com　总编室
网　　址：	www.sxskcb.com
经 销 者：	山西出版传媒集团·山西人民出版社
承 印 者：	山西出版传媒集团·山西新华印业有限公司
开　　本：	889mm×1194mm　1/16
印　　张：	16
字　　数：	200千字
印　　数：	1—1 000册
版　　次：	2019年10月　第1版
印　　次：	2019年10月　第1次印刷
书　　号：	ISBN 978-7-203-11012-5
定　　价：	230.00元

如有印装质量问题请与本社联系调换

中国少数民族设计全集编纂委员会

总 主 编（按年龄排序）
张夫也　王立端　戴晋明　廖　军　王　琥　李豫闽　过伟敏　顾　平
王　强　李　岗

执 行 主 编　王　琥

编 务 统 筹　张明山

中国少数民族设计全集编辑工作委员会

主　　任　刘伟冬

编　　委（排名不分先后）
王　琥　王　峰　王　强　王立端　王浩滢　白　波　过伟敏　许　星
许边疆　李　岗　李　丽　李豫闽　成光虎　肖　飞　余　强　汪传跃
罗　力　杨明朗　陈　述　陈见东　邱　珂　胡万明　顾　平　郑　静
郭立忠　姬　莹　张夫也　张泽国　张明山　张秋平　张耀引　梁盛平
樊　进　谢　玮　熊　伟　熊　微　熊建新　蔡克中　葛　芳　鞠　斐
魏　洁　廖　军　戴晋明

中国少数民族设计全集出版工作委员会

主　　任　胡彦威　周　伟

执 行 主 任　姚　军　欧京海

编 务 统 筹　阎卫斌　周小龙

编　　辑（排名不分先后）
王新斐　史美珍　冯　昭　冯灵芝　吉　昊　吕绘元　刘小玲　任秀芳
孙　琳　孙宇欣　李广洁　李建业　李　靖　员荣亮　张小芳　张志杰
张书剑　何赵云　陈俞江　吴春华　武　静　周小龙　柳承旭　郝文霞
赵　玉　赵晓丽　席　青　秦继华　高　雷　郭向南　阎卫斌　崔人杰
傅晓红　蔡咏卉　翟丽娟　樊　中　薛正存　魏　红　魏美荣

整 体 设 计　谢　成

中国少数民族设计全集·阿昌族

本册著者　　王　强　承　恺　陈嘉晔　单文霞　张　雪
　　　　　　　程　颖
参与撰写　　王　英　赵思颖　何卓嫔　张智桐　胡　杨
　　　　　　　方玉林　王　师　魏溥均　秦显仆　夏　玲
　　　　　　　温清格　李　瑞　束立茹　邢楚君　罗　青
　　　　　　　谢斯彦　王　坤　华蔚玮　刘翔宇

求同存异 和合共荣

刘伟冬

中华民族，是一个由56个民族组成的大家庭。在漫长的文明发展史中，汉族和各少数民族都为中华文明的繁荣发展贡献了自己的聪明才智。纵观中华文明史，其实就是一部各族群之间"求同存异，和合共荣"的文化演进史。

从根子上讲，4000年前的"中国"，仅指北方中原地区，居住在这里的相传是上古时期黄帝部落和炎帝部落的后裔，故而自称"炎黄子孙"。其时的"中国"，不过是黄河中下游（西起陇山，东至泰山）区域。在千年发展与民族融合之后，尤其是晋末"衣冠南渡"，南迁的中原汉族与南方百越民族彻底融合，来自北方的鲜卑等民族融入汉族，使汉族前所未有地壮大发展，逐渐形成后来疆域辽阔、人口众多、物产繁盛、文化昌明的中华民族的主体族群。特别值得强调的是，自从作为一个民族整体之后，中华民族就从未中断过自己的民族发展史——这在世界历史上是硕果仅存、独一无二的。

中华民族具备兼容并蓄、虚心好学的民族天性。仅以设计学范畴的事例讲：在数千年文明发展历史中，中华民族在不断向外输出优秀的文明成果（如烧造之陶瓷砖瓦、营造之榫卯斗拱、织造之丝绸刺绣、锻造之"失蜡"分模等），影响全人类的日

常生活与生产方式的同时，也不断地吸纳域外各民族的优秀文明成果，如汉魏之印度佛教和西域音乐、隋唐之西亚服饰和家具、宋元之东洋印染和漆艺、明清之西洋机器与建筑……在中华民族内部，这样的文化交流更是从未停止过，而且是风生水起、枝繁叶茂，愈发流畅、深入，中华民族各族群之间"求同存异，和合共荣"的文化大演进，共同创造了中华民族极为灿烂辉煌的造物文明历史。仍以设计学范畴为例：原本是匈奴人发明的单足绳圈，被晋代的汉族人设计成铁质双镫；最早是鲜卑人原创的毡毯卷边，被晋代的汉族人改造成"高桥马鞍"，这宗中国式马具设计案例，被誉为"13世纪中国传入欧洲的最重要文化成果"（李约瑟语）。再如，西域（今新疆地区）是全世界最早的皮靴生产地，哈尼族为主的红河地区出现了全世界最早的梯田。再如，全世界最早的"干栏式建筑"和全世界最早的稻米人工育种、栽培，均起源于长江中下游的百越地区；全世界最早的竹藤编结器物起源于闽越地区……由中华民族共同创造、发明，后来又影响了全人类文明进程的优秀造物设计案例很多，不胜枚举。几千年中华民族的文明史，就是各种文化多元融合、共同发展的最好例证。不了解中华民族内部各族群的文明交流史，就无法真正理解中国文化史，也不能理解为什么中华民族总是能在逆境中成长强大。甚至可以说，能否完整地理解中华民族的文化史，是检验每一个当代中国知识分子（特别是文史哲专业的学者）文化立场的"试金石"。

随着改革开放的逐渐深入，各民族地区的经济与社会状态已发生了天翻地覆的变化。令人遗憾和担心的是，由于各地区政策执行力度不平衡，保护措施不得力，少数民族的文化特性正在逐步衰退，有些地区的少数民族文化特征甚至已经消失殆尽，仅仅存在于徒具形式，充满口号、标语的民族文化村旅游景点中。有学者预言，再不加快整理抢救工作，中国的少数民族可能在物质形态和文化内涵的特征上，若干年后将不复存在。

从少数民族地区反映古代中国社会某些面貌的文化遗存看，这些少数民族之所以一直与汉族地区差距巨大，存在多方面的原因，其中历代汉族统治者对少数民族的歧视政策是主要原因。此外这些地区本身就处于偏僻荒地，不是沙漠就是山区，自然条件远不及汉族聚集地区，社会发展水平滞后。20世纪50年代，有相当比例的少数民族在当时仍处于原始农耕社会或奴隶制社会，不要说通电、通水、通汽车，不少人一辈子连铁器长什么样都没见过。部分少数民族聚集地的各种自然条件也较差，缺肥少水，基本生活来源，一靠老天爷恩赐的"望天收"农作物；二靠家庭手工作坊制作些竹藤编结物和土织、土陶等土特产来换取粮食；三靠养猪、兔、羊和鸡、鸭、鹅等家禽来换取日用品，如灯油、农具、衣物和油盐酱醋等；四靠为土司、头人和大户们出卖劳力（社会底层奴隶身份），年老即被抛弃。中华人民共和国成立后，党和政府在这些地区实行社会主义改造，打倒以土司、巫师和头人为首的剥削阶级，将土地和生产资料一律收归集体所有，解放了全体少数民族民众，使他们历史上第一次有了自由劳作和生活的权利。

中华人民共和国成立之初，党和政府就高度关注民族事务问题，为如何保护、关心各少数民族制定了一系列方针、政策，也为当代中国社会处理民族问题、保护民族文化树立了光辉典范。中央人民政府政务院于20世纪50年代初发布了《关于民族事务的几项决定》，为新中国民族政策奠定了最初的思想基础，其主要内容是：一、各大行政区军政委员会（人民政府）须指导各有关

求同存异　和合共荣

省、市、行署人民政府认真推行民族区域自治及民族民主联合政府的政策和制度，并随时向政务院报告推行经验，请示者须事前向政务院请示。二、各大行政区军政委员会（人民政府）须指导各有关省、市、行署人民政府认真并有计划地实行政务院在1950年颁发的《培养少数民族干部试行方案》，并将该项工作进行情况定期加以检查，每半年向政务院报告一次。中央民族学院及西北、西南、中南各军政委员会和新疆省人民政府的民族学院，必须依计划实行，并向政务院报告。三、政务院于1951年下半年适当时间将同时召开有关少数民族的卫生、教育及贸易三个专业会议，责成政务院文教委员会、中财委指导中央卫生部、教育部、贸易部开始筹备，并责成中央民族事务委员会协助进行。有关部门如农业部、文化部也须派人参加。四、责成中央人民政府各委、部、会、院、署、行注意建立有关民族事务的业务。五、在政务院文教委员会内设民族语言文字研究指导委员会，指导和组织少数民族语言文字的研究工作，帮助尚无文字的民族创立文字，帮助文字不完备的民族逐渐充实其文字。六、扩大中央民族事务委员会委员名额，责成中央民族事务委员会提出补充名单的建议，并于1951年下半年召开中央民族事务委员会扩大会议，检查与总结关于推行民族区域自治及民族民主联合政府的经验。

20世纪50年代，中央人民政府和政务院，曾多次组织"中央慰问团""土改工作队"和"普查工作队"等，花费大量人力和物力，深入各少数民族地区，进行了大量较为翔实的社会历史调查。50年代这轮由政府统筹、由中央民委组织行政领导和人类学、社会学专家学者以及民族同志组成工作队与考察队的少数民族大考察活动，1953年正式启动，1956年结束（个别地区延期至1958年才结束）。直接成果之一，就是为1956年国务院公布的55

个少数民族的正式定名和划分，提供了可靠的依据。

从当时考察的资料看，各少数民族的社会发展水平参差不齐，不少民族呈现类似汉族曾经历过的各种历史发展状况，为我们今天考察、了解并研究过去的历史以及各学术分支问题，提供了绝好的活体范本。比如以"设计发生学"研究为例，以山寨（村落）为主的初级社会组织形态，原始手工业在农耕环境中的地位，原始造物的手工技艺与设备、工具等，都是我们极感兴趣的研究对象。

在西北、西南和东北各少数民族聚集地区，有些古时流传下来的本民族手工造物技术，迄今仍保存良好。其吸收了汉族和其他兄弟民族的技术长处之后演变出来的各时段手工造物技术，则印证了各民族互相融合、取长补短的史实。更有些原始手工艺，特别具有艺术和历史研究价值。以维吾尔族人为例，本世纪初，笔者在新疆喀什城艾格孜艾日克老街看到几样手工艺绝活：其一是整条街的维吾尔族乐器店，除了热瓦普、曼陀林和冬不拉等少数维吾尔族知名乐器外，全是些笔者叫不上名来却似曾相识的弹拨乐器和拉弦乐器，于是从心里认可了"西域古乐成就了中国传统民乐"这句话所言不谬。其二是亲眼所见一个拖着鼻涕的不到10岁的维吾尔族小男孩，拿着电砂轮在铜壶上信手飞快地刻着精美细腻的图案，一不要底稿，二没有图纸，真是佩服得五体投地，也相信了"汉族人长于热铸，西域人长于冷锻"这个说法。其三是在喀什近郊著名的大巴扎"金器一条街"上看见近百家金店生意红火，家家门前毡毯上都围坐着一群金店伙计和顾客，正在热烈讨论、共同设计着花样繁多的未来金饰嫁妆，感受到了"中国传统样式的金银首饰工艺，最富有创意的设计和最先进的工艺制作，原来在维吾尔族人手里"这句大实话。还有，笔者

在云南景洪县城集市上，曾亲眼见过景颇族老乡用古老的"焖烧法"烧出的红彤彤的土陶——跟笔者一知半解的仰韶彩陶的烧制工艺几乎一模一样。还有，笔者在大西北甘陕宁各省亲眼所见的回族、保安族、裕固族和东乡族老乡巧手做出的那些花样繁多、样式复杂的面塑造型，真是个个精妙绝伦。这方面的事例实在太多了。

50年代的少数民族地区社会大普查，以及半个多世纪以来社会各界对其丰富而珍贵的考察、研究，意义深远，价值极为重大。这些地区客观上保存的较为完整的、与数千年前中国原始社会最初形态近似的许多社会特征，为我们研究社会的最初形态形成和当时的经济、文化、政治的基本状况以及"设计发生学"的相关课题，提供了珍贵的类型学"活化石"范本，价值非凡。改革开放以来，这些少数民族地区也获得了前所未有的巨大发展，人民生活日新月异；但与此同时，少数民族地区的民族性在不可避免地愈发衰减、退化，甚至消失。如果我们再不采取保护措施，若干年后，各少数民族的许多宝贵民族文化遗产将无法挽救地彻底消亡，这部分同属于全人类精神财富和中华民族集体智慧的宝藏，我们将再也看不到了。

在"设计发生学"问题上，我们一向秉持文化多元论的观点，认为人类文明是全世界人民共同创造的，各国家、地区、民族均做出过大小不一、形态各异的贡献；同理，中华民族的灿烂文明是中国的各族人民共同创造的，每个民族都对中华传统文化做出过贡献，也都应当得到尊敬和肯定。中国的各少数民族在中华文明漫长的演化过程中，都曾经以自己独特而充满智慧的文明成果，补充、完善甚至改良着中华文明。比如，古代西域的龟兹古国各民族创造或引自西亚的弹拨乐器和拉弦乐器以及音律、曲式，彻底改造了中国古代音乐，新创作出代表中国古乐精髓的江南丝竹；南疆的维吾尔族和北疆的哈萨克、塔塔尔、塔吉克等族首创了制革术，并引进古波斯革皮书籍装帧术和制靴术、制毡术、毛衣编结术；海南岛的黎族率先种植棉花并纺织棉布，传入内地后棉织业逐渐形成中国古代手工行业的"天下第一营生"……保护少数民族的民族文化特性，就是保护我们的历史遗产，就是传承我们的文明。我们应进一步发扬文化兼容的优良传统，把振兴中华的百年民族复兴梦，逐步落实为将大中华建设成为中国各民族共同拥有的美好家园。

由上千名来自全国各高等艺术院校的教授、研究生组成的55支团队参与编撰的《中国少数民族设计全集》（55卷），正是有识之士基于对各少数民族的民族文化特性正在快速衰减、消亡的严重现实问题的深切忧虑而进行的抢救、发掘、整理中国少数民族文化遗产的重要文化工程。经过两年精心筹划，六年努力写作，在国家出版基金管理部门的支持下，在山西人民出版社和人民美术出版社的策划和组织下，目前《中国少数民族设计全集》的书稿编撰工作已基本完成，即将付梓。在长达八年的漫长过程中，全国兄弟院校各团队涌现出的各种可歌可泣的事迹经常感动着笔者，并不时鞭策着全体作者克服千难万险，一路向前。有的分卷作者身患绝症仍不眠不休地忘我工作，有的分卷作者遭遇各种意外仍坚持工作。特别是，很多民族同志公而忘私、不计较个人得失，有人不惜将自己赚钱的企业关张歇业，全身心地投入各自所负责分卷的繁重编撰工作中；有人义无反顾地将自己珍藏多年的本民族实物、资料和研究成果无偿提供给相关分卷作者。大家万众一心，克服各种复杂得难以想象的困难，以确保这部凝聚了众人八年心血的巨著，能按计划如期完成。借此机会，笔者谨

代表本丛书编委会全体成员,向领导、编辑和作者们表示衷心的感谢!

作为一项文化创举,笔者深信《中国少数民族设计全集》必将在未来岁月的长期检验中,愈发显现其非凡的、独特的文化价值。

2017年夏季于南京

前言

阿昌族的传统造物设计历史悠久，品类繁多，伴随着该民族的不断进步，其生产、生活的方方面面均逐渐演变为种种有形无形的存在，其中不乏用于衣食住行等日常生活的物质文明，同时也包含风俗礼仪、宗教信仰等精神文明，其民族的生存智慧承载于传统的造物之中。通过遗留至今的器物，我们可以领略到阿昌族人在面对现实生存环境时所展现的民族力量和智慧，它们集中反映了该民族为改变自身状况而做出的不懈努力。阿昌族传统造物，是物化的民族文明，凝聚了大量社会生活的历史经验，是我们认识阿昌族设计思想与民族文化的重要窗口，也为该民族传统文化的传承、保护与发展，提供了另一个角度的思考。

一、阿昌族民族志

（一）阿昌族溯源

阿昌族是一个古老的民族，其先民哀牢人和浪峨人在古代包括众多部落支系。在学术界，阿昌族普遍被认为是来自古代的氐羌族群，分别由嶲、闽两支族系不断南迁而成。阿昌族先民的发祥地在滇西云龙和兰坪澜沧江流域以西的一带范围，现今已发现了大量新石器时代的人类遗址，根据《云龙记往》记载，大约在南北朝末期和隋唐初期，云龙阿昌族酋长战胜了蒲蛮诸部落之后，统一了澜沧江以西到怒江以东的广大地区，建立了强大的部落联盟，这时正是阿昌族历史的兴盛时期。[①]另据《华阳国志》记载："西汉元封二

---

① 《中国少数民族社会历史调查资料丛刊》修订编辑委员会：《阿昌族社会历史调查》，民族出版社，2009，第8页。

年（前109）在益州郡设立不韦、嶲唐、比苏、楪榆、邪龙、云南六县。"其中"嶲唐"不仅在澜沧江西岸的旧州活动，而且还开辟了云龙县北部的"顺荡井"部落，在发音上"顺荡井"也是"嶲唐井"的变音，故"嶲"和"嶲唐"①曾是阿昌族先民早期使用过的族群称谓。到了隋唐时期，阿昌族先民又被称为"寻传蛮"。可见，阿昌族历史称谓颇多，有"蒙撒""傣撒""蒙撒掸""衬撒""汉撒""阿昌"等；而古代汉文献中也称为"峨昌""莪昌"等，各种译词不同，但都是出于"阿昌"这一族称。②

（二）"古浪峨地"与阿昌族居住地格局的形成

在澜沧江、怒江山水间，北起兰坪县和剑川县，南至云龙县五井、团结和大栗树，西至碧江县泸水上江和保山西北的部分地区，东至洱源县西部一带，总面积大约为8950平方公里的大片山区，曾被明、清史学家称之为"古浪峨地"。这是阿昌族先民古浪峨人生存的自然地域。

虽然这一地区被称之为"遐荒绝域""侏离卉服之乡""溯始不详元以上，以其地夷也，未通于汉也"（见清雍正《云龙州志》序）。元明之前处于"载籍无稽，事迹无考"的模糊状态，可以说是一块为"神秘色彩"所笼罩的地区，古浪峨人也通过自己的语言给后世留下许多珍贵的记载。如"诺邓"，相传是唐代"细诺邓氏族"开辟的井，故史籍中称为"细诺邓井"。大量的地名证实这个地区是古浪峨人生存活动过的地区，在今天可以被视为阿昌族的发祥地。古浪峨人之所以能在这片土地上繁衍生息，也与该地盛产食

---

① "寻"与"嶲"同音之变。在浪峨人东迁洱海区域周边地区曾有"蒙撒"和"蒙寻"两支部落。
② 王懿之：《民族历史文化论》，云南美术出版社，2000，第4页。

盐有着密切关系。在云龙县境内自北而南也有顺荡井、师井、诺邓井、石门井、大井、天耳井等产盐地。在宋元以前阿昌族一直生活在这片地区，而在三崇山西面，怒山山脉呈扇形向西南伸展，出现了一些狭长的山间盆地，漕涧坝子就是其中一个，这是阿昌族首先开辟的，这里土司制度的统治一直延续到清朝同治年间方告结束，至今仍有阿昌族374户2029人居住在漕涧坝子的东南部。

整体上看，"古浪峨地"作为阿昌族的发源地，在其后世不断迁移的民族进程中，一直深深地影响着该民族的自然地域选择。这种相对稳定性迥异于自然生物界的消极适应，长时间处于某种地理环境，促使其生产生活形成了一定的固定模式，即使被迫迁移到新的地区时，也免不了按照曾经生活过的地区条件来选择新的生存空间。

（三）今天的阿昌族

阿昌族是中国55个少数民族之一，目前有人口约四万人，是全国人口十万人以下的22个少数民族之一，在全国的31个省、自治区、直辖市中均有分布，主要分布在云南地区，是云南省15个世居原住民族之一。①德宏傣族景颇族自治州陇川县户撒阿昌族乡和梁河县曩宋阿昌族乡、九保阿昌族乡为阿昌族集中居住地，潞西、盈江、腾冲、云龙等县也有少量分布。②在邻国缅甸也有部分阿昌族分布，被称为迈达族，人口约4万多，主要分布在克钦邦的密支那及掸邦的南欧、景栋等地。③

中华人民共和国成立前，封建领主经济一直是阿昌族地区的主要经济制度。土地改革后，释放了阿昌族人民从事生产发展的民族

---

① 据国家民委网站提供的数据，至2010年人口普查数为39555人，其中云南为38059人，占全国阿昌族总人口的96.2%。
② 国家民委网站http://www.gov.cn/guoqing/2015-07/29/content_2904723.htm。
③ 曹先强：《阿昌族文化论集》，云南民族出版社，2011，第56页。

热情，地方工业、手工业也相继得到了快速的发展。阿昌族地区主要河流有大盈江、龙川江等，支流遍布境内，水利资源丰富，深得灌溉之利，非常适合农业的持续发展。近些年以来，阿昌族人民生产方式不断得到改进，生活方式也发生了巨大变化，地方工业、商品经济迅速发展起来，使得基本的交通、通信及灌溉的条件日益改善。同时，教育、医疗和服务等行业也获得了极大的发展，阿昌族人民的生活水平达到了历史新高。

二、阿昌族文化生态

阿昌族文化生态是伴随本民族自然环境、生产生活方式以及宗教习俗的变化而形成的。阿昌族只有语言，没有本民族的文字，民族文化靠口耳相传。由于社会生活方式的改变、外来文化的冲击以及人为的其他因素，古老的阿昌族文化正在逐渐消失。

（一）阿昌族的生产生活形态

阿昌族在"古浪峨地"时期，从游牧生活过渡到农耕经济，他们不再以狩猎采集为生，而是代之以养畜耕种，在此过程中逐步完成了从锄耕到犁耕的历史转变。阿昌族在畜牧业与农业发展的同时，商业也随之兴起。明清时期，阿昌族先民在云龙一带从事挖掘盐矿及贩运活动，秋后农闲时，常背食盐到永昌（现保山）、腾冲等地出售，后来云龙县成为著名的产盐地。在迁入德宏后，阿昌族以水稻种植为主，在梁河县号称"水稻之王"的"毫安公"，便是阿昌族培育出来的优良水稻品种。梁河县还普遍种植茶叶、甘蔗等经济作物。户撒地区的阿昌族除擅长种植水稻外，所栽种的"户撒烟"以其质优味香而著称于世。明初，朝廷为扫除元朝在云南的残余势力，调入大批军队，战事结束后，有相当一部分军队留下屯垦戍边。明朝军队的锻造技术也在阿昌族中得以传播与发展，至今阿昌族仍保留有完整的锻造技术，所打造的刀具以锋利、耐用、美观而著称于世。

(二) 阿昌族宗教与民俗

阿昌族有着多元的宗教信仰，崇拜对象也多种多样，既有对自然、图腾的崇拜，也有对鬼神、祖先以及英雄等的崇拜。经过漫长的社会发展与民族交融，阿昌族的宗教信仰越来越多地受到外来信仰的冲击，并逐渐接纳吸收了佛教与道教的教义，至明清时期，已经呈现出多元化的宗教信仰格局。阿昌族所信仰的佛教属于南传上座部佛教，其村寨中的奘房即为南传上座部佛教的寺院。此外，他们还信奉传统的巫教，他们把巫师尊称为"格那升"（在梁河县称为"活袍"）。

阿昌族传统民俗丰富而又个性突出，它主要表现在节庆、婚俗、食俗等方面，形成了既有宗教意味又有民族特色的宗教节日，其中以"进洼"（关门节）、"出洼"（开门节）与"烧白柴"最为知名。至今仍保留有一些特别的节日，如"浇花节"与"阿露窝罗节"。阿昌族是个能歌善舞的民族，其传统歌舞总称为"窝罗"，意为"围拢来"，动作偏重于节奏感很强的"足蹈"，而不是表现多变化的"手舞"。"足蹈"场合往往是以圆桌或火塘为中心，舞蹈队列形式都是定型化的"锅庄"模式，体现了阿昌族浑厚、质朴以及尚古的民族特色，是阿昌族传承至今的一块文化活化石。阿昌族对传统婚俗极为重视，程序众多，花样繁杂，反映了婚姻对于该民族的重要性。阿昌族婚俗中最有意思的是"串姑娘"，每个环节都十分讲究并配有相应仪式，亲朋好友与乡邻都会参与，并伴随有各种歌舞活动。阿昌族的传统饮食也有本民族的特点，他们以米饭为主，也常用大米磨粉制成饵丝、米线等食品。阿昌族的民俗既与本民族的生活习惯、宗教信仰有关，也与其物质文化生态密不可分，由此构成了一个丰富多样、多元共存的民族文化样态。

三、本卷选编的内容

本卷选取阿昌族传统造物共计50个案例，展开设计学解析。这些案例涉及了阿昌族传统生活与生产的各个方面，其中包括传统建筑、传统服饰、传统餐饮、传统生活用具、传统生产工具、传统手工艺、传统民俗和宗教造像七大部分内容。

"阿昌族传统建筑"部分，选取了德宏州陇川县户撒隆光乡曼弄寨、一字式院落李宅、四合院落曹宅、民居院落曹宅、民居院落虞宅、院落门头共6个案例。这些案例均具有一定代表性，具体可以分为：其一，阿昌族传统村寨，以陇川县户撒隆光乡曼弄寨为代表。村寨为阿昌族居民最主要的活动场所。这些村寨大多地理条件优越，历史悠久。在建成初期用土质围墙将整个村寨进行围合，再根据实际情况设寨门，此为阿昌族族系聚居的特征。村寨设有寨心，主要供村民平日集会和遇到重大节日时举办盛大欢庆活动，同时也是人们供奉寨神的主要场所。其二，阿昌族传统民居建筑，包括梁河县曩宋乡曹家、曹明发宅院、虞加平宅院、一字式院落、院落门头。其中，梁河县曩宋乡曹宅由正房、厢房、庭院、牲畜棚四个区域构成。曹宅正房为落地式结构，中间为堂屋，两侧分隔成四间厢房。西侧厢房下层为厨房，二层存放粮食。东侧厢房下层为入口空间，原为牲畜棚，牲畜饲养已从院内转移至院外，单独建造了牲畜棚，二层为储藏间。位于云南德宏梁河县九保阿昌族乡丙盖村的曹明发宅院，由正房、厢房、庭院、牲畜棚构成，是丙盖村保留较好的阿昌族传统民居建筑。该宅院为三合一照壁格局，体现了阿昌族人普遍的生活状态，在与汉文化频繁交融之时仍保有浓郁的民族特色。虞加平宅院，位于云南德宏陇川县户撒阿昌族乡万明大寨，由正房、厢房、庭院、牲畜棚构成。虞宅正房满足了居住和储存的两大功能，厢房用于储存生产资料，同时也具备一定的居住

功能。一字式院落为阿昌族居住院落较为简单的院落形式，由简及繁，由一般到特殊，呈现出既具我国传统建筑共性，又不乏自身特色的形制范式。阿昌族民居院落的门头作为建筑的重要组成部分，它的存在所反映的意义不仅在于门头木质结构本身，更多的是阿昌族传统建筑文化的体现。阿昌族的生产与生活互为依存，从起居生活到牲畜圈养，从生产工具到粮食存放，从储物空间到祖先祭祀，阿昌族民居的建筑规划中处处体现着生产与生活的互动关系。

"阿昌族传统服饰"部分，选取了包括传统女上装、缀花衣、男装、女子包头、筒裙、筒帕、女子腰饰、女子绑腿、银牌扣9个案例。这些案例以服装为主，以饰品为辅，体现了阿昌族因地制宜、兼具功能与美观的服饰审美理念，充分诠释了阿昌族鲜明的地域服饰文化特色。勤劳的阿昌族人民繁衍生息在这美丽富饶的土地上，用自己的聪明才智创造出了绚烂的民族文化。

阿昌族传统服饰不仅直接反映出传统的审美观念，还形象地记录着本民族社会历史的发展轨迹。从现有文献上看，阿昌族传统服饰与其生产生活方式及自然生态环境相适应。

阿昌族传统女式翻领对襟短上衣，是该民族妇女用自己纺织的棉线或丝线制成，一般只在节日庆典上穿着。缀花衣将边角面料剪成三角形，再通过有规律的排列和组合，利用传统的拼布工艺，在前门襟和前后衣片下摆组成有规则的几何形纹样。这些几何纹样不仅是阿昌族民间传统服饰的代表，也是民俗文化的代表。阿昌族传统男装，由对襟长袖上衣和长裤组成，是该民族男子在日常生活与生产劳作时的穿着。女子包头是阿昌族已婚妇女包裹或遮盖头部的特殊装束用品，禁忌甚多，包戴仪式神圣庄重，平时包取需要长辈晚辈互相回避，外人不可随意触碰。阿昌族筒裙是已婚女子的穿着，采用各色蚕丝作原材料，黑线为经，彩线为纬，并用腰机织出

细密、规则的几何形装饰图案，花纹图案皆源于阿昌族日常生活。与筒裙一致，阿昌族传统筒帕外观精美，以织锦为原料，采用直织型织法织成，兼具实用和装饰两个功能。阿昌族女子传统腰饰也称为"毡裙"，是系扎于腰间的布织物，起着连接上下装的过渡性作用，也是阿昌族女子日常生活服饰的重要配件。阿昌族传统绑腿也称为"绞脚"或"剋投"，从绑腿的色彩上可辨别她们的年龄层次。年轻女子绑腿常在黑底素面上装饰有五彩织绣、贝壳、流苏等，而老年妇女的绑腿则通过黑底素面的样式直观展示了稳重、厚实的精神面貌。阿昌族素有佩戴银饰的习俗，在阿昌族女子的整套配饰中，两排宽大的银质牌扣最为夺目，民众普遍认为佩戴银饰可以消灾辟邪，保佑人们平安吉祥。阿昌族服饰成为该民族重要的文化象征，通过独特的材料甄选、多元的款式创新、丰盈的装饰应用，剪裁出一部绵延古今的史书，它承载着本民族特有的历史与文化，并通过这种方式将民族的历史文化传承了一代又一代，成为传统文化中的一个重要组成部分。

"阿昌族传统餐饮"部分，包括了阿昌族传统经典菜式和传统饮食器具设计两个部分。主要传统菜式包括过手米线、酸辣谷花鱼、稀豆粉、猪肉冻等；传统饮食器具包括陶碗、铜壶等一共6个案例。以上案例是阿昌族人民日常餐饮的常见菜式和制作盛放食物的相关器具。食材原料以就地取材为基本原则，例如将大米作为主要食材就与云南地区盛产水稻的传统有关，同时掺以薯类、玉米，可起到营养均衡的食补作用。大米也可磨制成粉，作为饵丝、米线等主食的加工食材。肉食主要来源于本地饲养的猪和黄牛，另外他们还利用稻田养殖鱼类。本地猪被宰杀后去毛洗净，猪皮用麦秆或稻草烧黄，猪肉切成细条，加入大蒜、辣椒等佐料，再倒入少许陈醋，同米线一起食用，是为火烧生猪肉米线。稻谷鱼的烹制一般多

为油煎，再加入若干酸辣椒，用水煮熟，在稻谷丰收的季节食用，可以起到温补驱寒的功效。

整体上看，阿昌族传统餐饮表现出两点鲜明特征：其一，阿昌族传统菜式讲究营养搭配和主食的形态多样。其中米线作为代表性食品，其悠久的历史已衍化出诸多类型，可搭配不同成分比例的辅助食材，其口味与造型都充分体现了当地独特的饮食风格。其二，阿昌族传统饮食器具中，陶碗、铜壶是基本的盛放用具以及辅助食用的器具，具有形态的丰富性和使用便捷的基本特性，无论从器物的使用环境还是文化背景看，这些器物的实用性与装饰性都达到了高度的一致性，且都具有较强的视觉冲击力和观赏价值。在满足基本的造物规律之外，其装饰风格和色彩也反映出阿昌族人民的审美倾向和文化交融的现象。

"阿昌族传统生活用具"部分，选取了阿昌族日常生活中最为普遍使用的器具，其中包括户撒刀、竹编背篓、婴孩座椅、竹编水壶、黄鳝竹篓、葫芦丝、手摇纺车、手编凳共8个案例。阿昌族户撒刀的刀刃上刻有龙纹、凤纹等，木壳刀鞘为闭鞘型刀鞘，包铁皮，上面刻有吉祥纹样，不仅可供日常生活之用，也极具收藏价值。户撒刀在造型上依托制作工艺呈现多元化、专业化的特点，如史所称"柔可绕指，吹发即断，刚可削铁"。竹编背篓主体是由篾丝编织而成的，用来背载粮食作物或商贸货物，为阿昌族最常见的生产生活用具。婴孩座椅是由各个木构件通过榫卯工艺组合而成的，专为婴幼儿使用。竹编水壶是内部包裹一个天然葫芦，外部用细竹篾编织而成，供外出劳作存放饮用水的生活器具。黄鳝竹篓是通过就地取材编制而成的敞口圆鼓状的竹编器具。葫芦丝是用葫芦和竹子制作的吹奏乐器，常用于阿昌族男女传情、节日庆典、日常交往等场合。手摇纺车是一种通过手摇提供动力的纺纱或纺线工具，一般为

单锭纺车，具有结构简单、便于拆卸、易于维修、取材方便等优点，深受阿昌族群众的喜爱。手编凳是云南阿昌族当地居民家用坐具，款式多样，其凳面纹样丰富，是阿昌族各家庭广泛使用的生活器具。这些案例都是阿昌族百姓所使用的日常杂具，是阿昌族人民多年生活智慧的结晶。阿昌族在其历史发展的进程中，充分利用当地资源、因材施艺，创制出户撒刀等一大批具有民族特色的手工艺品，促进解决了全民族物质生存问题，这些器物中凝结着阿昌族人民追求人与自然和谐统一的哲学旨趣。

"阿昌族传统生产工具"部分，其中包括铁桦木架曲辕犁、木耖、石磨、木脚碓、木质风扇车、竹编簸箕、竹编鱼筌、平头木柄短刀8个案例。阿昌族以农业为主，铁铧木架曲辕犁是主要的耕作农具，常被用于土壤翻松，开拓耕田；木耖有良好的松土和碎土功能，用于犁耕后平整地面，破碎地表的土块或板结层；石磨是用人力或畜力把粮食去皮并研磨成粉的石制工具，节省劳动力的同时也提升了粮食加工的产量和质量；木脚碓是用于捣米的器具，造型别致，用材天然；木质风扇车是利用人工脚踏或手摇产生的风力扬去秕糠，得到净米的农具；竹编簸箕是用来簸去稻米中的杂质和空壳，也常用来晾晒谷物，其精致巧妙的编织纹样，凝聚了当地匠人的工艺技巧；竹编鱼筌是利用鱼类洄游或水力冲击原理工作的捕鱼工具；平头木柄短刀是劈柴、砍柴的常用工具，也是阿昌族佩戴刀具习惯的延续。阿昌族传统生产工具的设计、取材以及使用，是阿昌族人民历史传承、生活方式、文化习俗的自然体现。

"阿昌族传统手工艺"部分，选取了阿昌族纺织工艺、开口银手镯、圆形银帽花、银项链、银腰饰、藤编碗盒一共6个案例。织布为阿昌族主要的传统手工艺，工艺流程包括捻线、纺线、染线、打线、经线、织布等步骤。用红线、白线、黑线、黄线织成的花筒

裙、抠花带子等织物，具有浓郁的民族特色。开口银手镯是阿昌族女性戴在腕部或手臂的圆形或椭圆形的纯银质饰品；圆形银帽花是由18至20多枚同等大小的银戒指、花朵状银片、各色毛线及绒线球结合而成的头饰，专为阿昌族的年轻女子佩戴；银项链与银腰饰是分别佩戴于阿昌族女子颈部与腰部的链形装饰物。这些几乎是每一位阿昌族女性在日常生活、婚嫁礼俗、节日庆典必备的首饰。银饰品由白银经过化银、锻打、下料、粗加工、做铅托、精加工、焊接、酸洗錾花、镂空、花丝等工序制作而成，其做工精细，式样美观，不仅是青年男女之间的定情信物，也是女性主要的陪嫁物品。与锻造户撒刀一样，制银工艺也成为阿昌族的一张文化名片。藤编碗盒是将韧性好、易于获得的藤类植物，经过洗藤、拉藤、制藤、削藤、蒸藤、编织等工艺，制作成防腐、耐水、便携的藤编器具。对阿昌族传统手工艺进行有效的设计分析，在日益注重文化传承发展的今天，不仅有助于我们了解其特殊的社会物质形态，更加有助于了解和认识该民族的优秀文化传统。

"阿昌族传统民俗和宗教造像"部分，主要涉及"阿昌族传统民俗"和"阿昌族传统宗教造像"两个部分。"阿昌族传统民俗"包括传统婚礼、阿露窝罗节、上奘、祭寨神色曼等案例。阿昌族传统的结婚仪式既独特又有趣，为避免近亲婚姻，阿昌族青年男女通过"串姑娘"到周边的阿昌族村寨寻找结婚对象。阿露窝罗节是阿昌族的传统节日，节日当天阿昌族人身着盛装，和着象脚鼓、铓锣的节奏，伴随着声韵对仗、即兴变化的古老民歌，唱起歌、跳起舞，欢庆佳节，赋予民族团结、欢庆丰收、祝福美好生活的含义。上奘意思为"到佛寺去"，是阿昌族人民对佛事活动的汉语称呼，是信徒到开展佛事活动的奘房去参加宗教仪式活动的行为。寨神是阿昌族原始宗教的产物，是阿昌族村寨的守护神，各村寨都有供奉，每年全寨都要举行庄严的

祭祀寨神的仪式，以祈求寨神佑护。阿昌族的寨神文化涉及原始宗教、自然崇拜等，是阿昌族人尊重自然、保护自然的意识来源，也是阿昌族先民对鬼神敬畏和崇拜的真实写照。

"阿昌族传统宗教造像"部分，以佛塔、奘房、色曼、青龙白象射日柱为代表。阿昌族信仰的佛教为南传上座部佛教，约公元15世纪以后德宏傣族地区普遍信奉南传上座部佛教①，其教派、教规、宗教仪式、宗教节日及其名称方面与傣族类似。佛塔由塔刹、塔身、塔基和底座构成，是佛教教义中最具代表性的象征物。奘房为阿昌族传统佛寺建筑的代表，建筑整体为干栏式木结构，屋顶为三重檐歇山式。阿昌族村寨中的奘房是僧侣生活、布道讲经、信徒从事宗教活动的重要场所，同时兼具文娱休闲、公共集会等社会功能。色曼为阿昌族民俗文化中幻化形成的寨神形象，用于族人祭祀，一般多以神石、神树的形象出现，如今的色曼已衍化为村寨内的石柱或石板。青龙白象射日柱是阿昌族人心目中代表幸福吉祥的象征物，青龙、白象与弓箭是阿露窝罗节的节日标志，如今各地阿昌族都在开展节庆活动的广场上修建由青龙、白象和弓箭构成的雕塑。

四、本卷编辑思路

阿昌族卷的编写工作始于2011年9月，前期主要通过实地调研与案头研究相结合的方式收集、整理相关案例资料。实地调研方面，编写团队多次派专人前往云南德宏等地区进行实地考察，特别是在中华民族博物院、云南省博物馆、芒市文化馆、阿昌族博物馆等单位，获得了大量的一手资料，实地考察路线详见图一。同时从中国国家博物馆、中央民族大学、上海博物馆少数民族工艺馆等单位对案例资料进行了补充性的采集。在案头研究方面，主要通过中国知

---

① 江应樑：《傣族史》，四川民族出版社，1983，第345页。

网、万方数据知识服务平台、维普期刊资源整合服务平台、超星数字图书馆等学术资源库，对案例的文字资料进行了收集整理工作。同时，编写团队还购买了大量参考书籍与图册，如《阿昌族》《阿昌族文化史》《阿昌族简史》《阿昌族文学史》《云南民族村寨调查——阿昌族陇川户撒乡芒东下寨》《阿昌族文化论集》《云南当代阿昌族简史》等，这些材料为项目的开展提供了必要的智力支持。除此以外，通过编委会推荐的几家大型图片供应商，进行相关案例图片及使用场景图片等信息的收集工作，收集过程中特别注意图片的出处，较多地选择了博物馆与展会上的影像资料。

图一　阿昌族实地考察路线图

　　经过前期调研，编写团队共收集案例95项，根据编写章节的安排以及案例的实际采集情况，通过层层筛选，最终敲定编撰案例50项，结合编委会的统一要求，本卷共分7个章节进行编撰，每章案例数量力求均衡得当，尽可能地将阿昌族的民族风貌作一次全面的展示。为了能够全面地反映阿昌族造物思想与设计思维，在案例的编撰过程中，编写团队主要围绕设计学本体进行内括与外延，通过对所选案例材质、色彩、外观、功能、工艺等几大方面的研究，归纳整理出能够较为全面反映案例设计特征的图例与文字。具体到每个章节，案例的制图类型与分析短文内容可能略有不同。

　　制图方面：第一章以阿昌族传统建筑为主，图例的编撰主要围绕建筑学相关制图规范展开，主要包括反映建筑外观全貌的案例主图（全景图、透视图）、反映建筑整体规划水平的平面图、反映建筑施工方法的立面图、反映建筑自身结构的剖面图、反映建筑构件位置及构成原理的分解图，以及其他一些反映建筑物外观、内饰等细节的图例。第二章阿昌族传统服饰的制图内容主要依托服装设计相关专业制图手法，除了反映服装整体效果的主图外，还涉及服装设计专业领域内的尺寸图、开片图、工艺图以及穿着效果图的制作等。在表现手法上，充分借鉴服装设计的专业表现技法，增加了制图的专业性，增强了案例的解析度。第三章阿昌族传统餐饮的编撰内容涉及两个方面，一是具体的饮食，二是制作与盛放食物的器具，对两者的制图略有不同。饮食方面，主要围绕制作流程展开，重点展示食物原材料、加工工具、加工过程和最终展示效果。为了能够更加充分地反映阿昌族传统餐饮的制作过程，编写小组还深入阿昌族餐厅后厨，通过影像、照片等方式记录了大量的餐饮制作信息。饮食器具方面，与第四章阿昌族传统生活用具、第五章阿昌族传统生产工具制图类型相同，主要围绕产品设计的相关规范展开，

除了案例主图，还包括反映案例各部分名称的结构图、反映案例结构特征的分解图、反映案例尺度的三视图、反映案例制作方式的工艺分析图、反映案例如何使用的操作分析图以及反映案例使用环境的使用情境图。第六章阿昌族传统手工艺主要以阿昌族传统装饰纹样为载体进行编撰，制图包括图案构成分析图、设色分析图、三视图、工艺分析图与使用情境图等。最后一章阿昌族传统民俗和宗教造像主要是对当地重要的节日行序进行分析，主要对节日活动的日程、宗教礼节、祭祀器具等方面进行了全方位的解析，以此为切入点更容易了解阿昌族的整体精神面貌。

分析短文方面：除了介绍案例基本的年代、背景等情况外，主要立足于设计学本体展开，从案例的外观特色、设计风格、尺度、结构、功能、材料与制作工艺、使用环境等方面入手，并结合制图内容综合反映案例的特有价值。与制图内容一样，由于各个章节所涉及的内容存在差异，分析短文的内容也因案例而略有不同。

本卷的编写工作得到了王琥教授的悉心指导，从案例采选、格式、行文、注释等诸多方面提供了纲领性的建议。诸多同仁对本卷的撰写工作提出了许多中肯的建议。在实地考察过程中，云南艺术学院曾金华教授，德宏州文化馆支部书记、馆长穆贝玛途，德宏州梁河县"非遗"办主任杨春菊，陇川县户撒民俗文化博物馆馆长虞加平，陇川县县级非物质文化遗产代表性传承人李换芝，梁河县阿昌族学者杨叶生，陇川县户撒阿昌族乡户撒刀制作者戚候志以及沿途各地博物馆工作人员、民间学者、手工艺人、乡民对于案例的采选和编写给予了诸多帮助，为案例的进一步完善提出了宝贵意见和建议，在此，一并表示最真挚的感谢。本卷的撰写是建立在前人研究的基础上的，他们的研究成果廓清了本卷诸多案例的研究思路，在此向本卷所引用参考文献的作者表示深深的谢意。

　　在阿昌族卷编写完成后，编撰团队严格按照编撰委员会的要求进行了细致的自查自纠工作，排除潜在的知识产权隐患，提升制图的质量，规范文字的内容与格式。历时6年的编撰工作于2017年8月基本结束，编撰团队自始至终全情投入，以极大的热情与责任心对待这份史无前例的重任。尽管编撰团队查阅了大量的文献资料，进行了多次的实地考察，通过不同渠道获取了大量的一手资料，但终因学识水平有限，再加上受到案例体量与篇幅等方面的制约，无论是在案例选择的典型性方面，还是具体案例分析的全面性方面均存在诸多不足，难免出现疏漏与以偏概全等情况，恳请广大读者批评指正。

编者

2017年10月

目录

第一章　阿昌族传统建筑
阿昌族村落曼弄寨　002
阿昌族一字式院落李宅　008
阿昌族四合院落曹宅　011
阿昌族民居院落曹宅　017
阿昌族民居院落虞宅　021
阿昌族民居院落门头　026

第二章　阿昌族传统服饰
阿昌族女上装　032
阿昌族缣花衣　038
阿昌族男装　042
阿昌族女子包头　047
阿昌族筒裙　051
阿昌族筒帕　056
阿昌族女子腰饰　059
阿昌族女子绑腿　064
阿昌族银牌扣　068

第三章　阿昌族传统餐饮
阿昌族过手米线　074
阿昌族酸辣谷花鱼　078
阿昌族稀豆粉　081
阿昌族猪肉冻　084
阿昌族敞口陶碗　086
阿昌族提梁铜壶　089

第四章 阿昌族传统生活用具

阿昌族户撒刀　094
阿昌族竹编背篓　098
阿昌族婴孩座椅　102
阿昌族竹编水壶　107
阿昌族黄鳝竹篓　111
阿昌族葫芦丝　115
阿昌族手摇纺车　119
阿昌族方形手编凳　122

第五章 阿昌族传统生产工具

阿昌族铁铧木架曲辕犁　128
阿昌族木耖　132
阿昌族石磨　137
阿昌族木脚碓　142
阿昌族木质风扇车　147
阿昌族竹编簸箕　152
阿昌族竹编鱼筌　156
阿昌族平头木柄短刀　160

第六章 阿昌族传统手工艺

阿昌族纺织工艺　164
阿昌族开口银手镯　168
阿昌族圆形银帽花　172
阿昌族银项链　177
阿昌族银腰饰　180

阿昌族藤编碗盒　184

第七章　阿昌族传统民俗和宗教造像

阿昌族传统婚礼　188

阿昌族阿露窝罗节　192

阿昌族佛塔　196

阿昌族佛寺奘房　201

阿昌族宗教活动上奘　207

阿昌族村寨寨神色曼　211

阿昌族青龙白象射日柱　217

第一章 阿昌族传统建筑

阿昌族村落曼弄寨

图一 阿昌族村落曼弄寨主图

本案例为阿昌族人传统聚居村寨曼弄寨，位于云南省德宏州陇川县户撒阿昌族乡隆光村，村寨坐北朝南，形成于清末年间，村寨建于坝子边缘的山麓上，背靠山坡，面向田坝，北面建在地势较高处，村寨整体形态呈三角形由北向南依势而下，逐渐进入开阔的平原地区。村寨占地面积约40亩，有居民数十户，民居排列整齐，形成规整的街巷，村寨后有大面积的树林，寨边有沟渠，村寨是居民进行生产生活的主要区域。

隆光村曼弄寨在靠近山麓的一侧称之为"寨子头"，临近田坝的一侧称之为"寨子脚"，寨子两侧称之为"寨子边"，寨子中央即为"寨子心"。一般在"寨子脚""寨子边"设立寨门，曼弄寨至今设置过七道寨门，皆为砖土材质，较为简陋，大多建于坡地，并不具有防御功能，只是象征性的村寨入口，用来划分村寨内外的界限。村寨内道路若干，其中主干道有3条，大多为东西走向，连接起整个村落。巷道修建均用0.2米宽的石板铺砌，形成石板路，铺起的路面略高于两旁地面，石板路在铺设时略有倾斜，有利于雨水通过石板路面流向道路两旁低洼处，形成流水渠道，使道路不至于泥泞湿滑。阿昌族

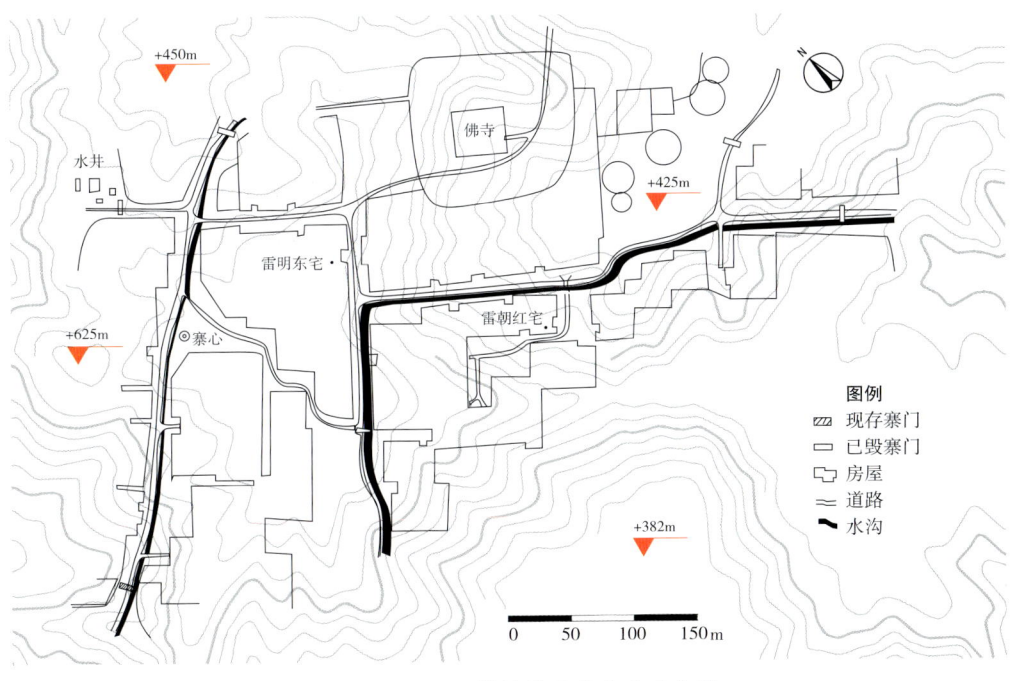

图二　阿昌族村落曼弄寨平面示意图

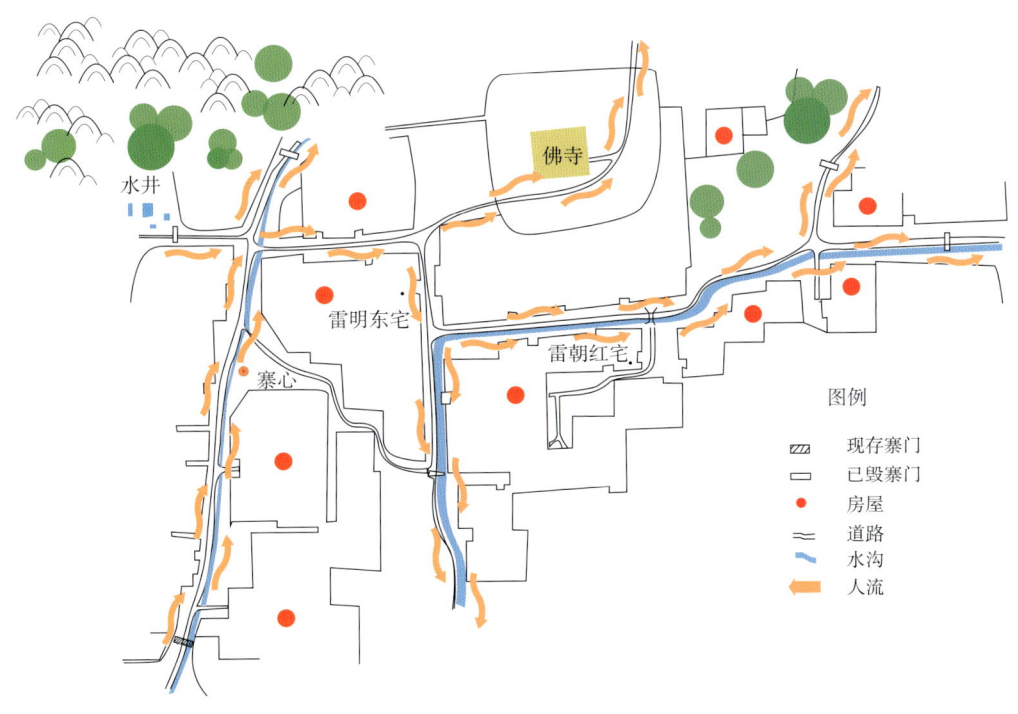

图三　阿昌族村落曼弄寨交通流向分析图

村寨具有浓郁的宗教色彩，每个寨子通常都设有供奉寨神、寨心神和井神的祭坛。阿昌族人多饮用井水，寨中西北角设有水井供村民使用，水井旁建有井亭，除井水外，村民还将山泉水引入寨内，山泉沿着寨侧小溪流经各户，形成水系，在地势较高的地方，修砌了4个蓄水池，其中一处作为饮水池，便于村民洗衣、洗菜等日常生活取水使用。沿着南北的主干道，设有寨心，寨心用石块堆积而成，高度约1.2米，直径约1米，顶上插有木条。村民在平日集会或遇到重大节庆活动时都会来到寨心进行祭拜，同时寨心也是当地居民供奉寨神的主要场所。阿昌族普遍信仰南传上座部佛教，多数村寨建有佛寺，也被当地人称为"奘房"。曼弄寨中的奘房位于寨子东北角，奘房高22米，占地面积约400平方米，进深15米，有48根承重柱，属于干栏式建筑，三层屋顶从下而上，由大至小，结构精密，重叠美观，寺中主殿供奉着佛像。奘房大多建在地势显要、环境清幽、绿树环抱的地方，使其更显神圣、庄严、肃穆。奘房在宗教上的特殊意义使其在村寨中具有举足轻重的地位，同时也是阿昌族人重要的公共活动中心，它承担着一定的文化教育等社会功能。沿着寨与寨之间的道路行走，在村寨附近的山坡上有大量坟墓，装饰颇为精美，传统上阿昌族人对身后事较为重视，常花大量钱财用于修建墓穴。但随着时代变迁，很多人现已提倡火葬形式。

20世纪50年代以后，隆光村曼弄寨随着社会的发展、人口的增加，建房区域已超出原有范围，很多寨门已被破坏，加之与其

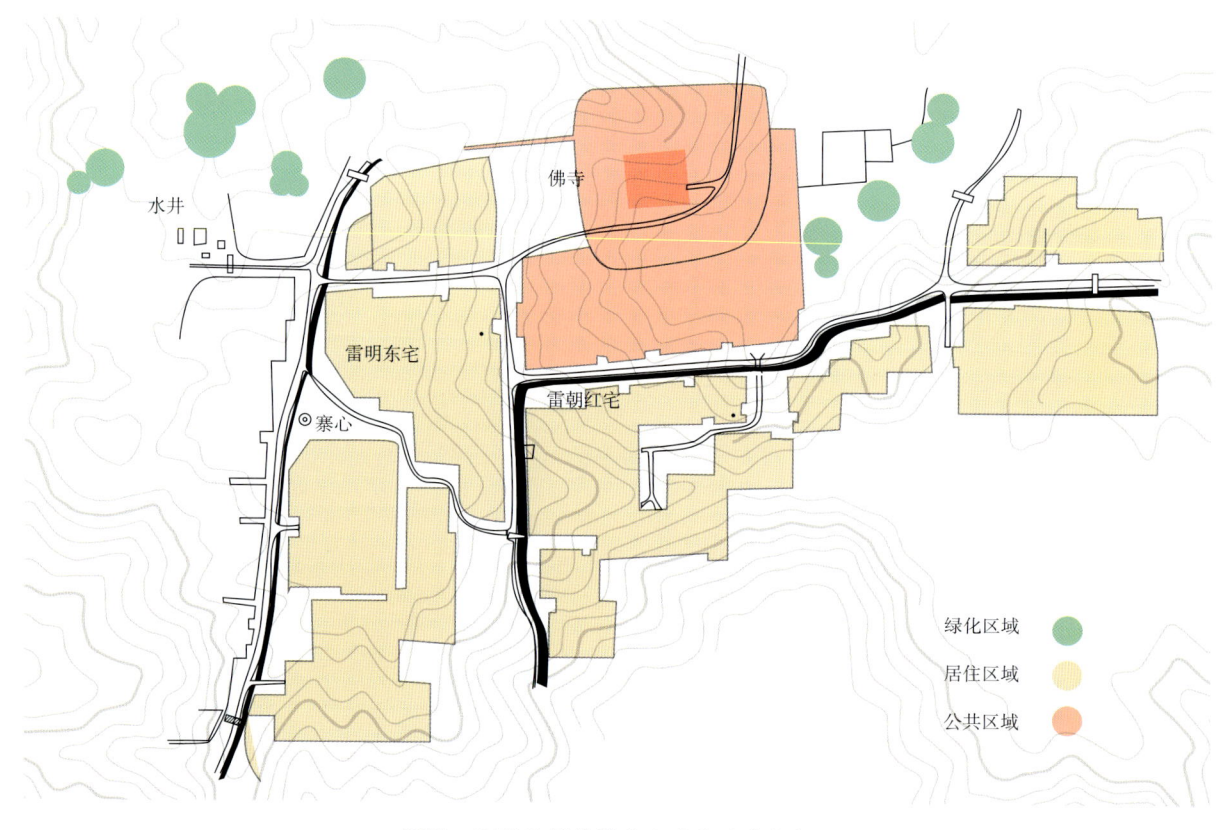

图四　阿昌族村落曼弄寨功能区域分析图

他民族的交流融合，尤其是与汉族通婚日益增多，氏族血缘关系日渐松弛，传统的单一姓氏的阿昌族村寨趋于减少，更多的则是不同家族、不同民族的聚集型村寨。隆光村曼弄寨的传统民居建筑保存较为完整，为阿昌族传统民居的建筑研究提供了宝贵资料。

图片来源

图一、图五　张智桐　制图

图二至图四、图六　赵晨序　制图

图七至图十一　魏溥均　制图

图五　阿昌族村落曼弄寨寨门效果示意图

图六　阿昌族村落曼弄寨道路节点效果示意图1

图七　阿昌族村落曼弄寨道路节点效果示意图 2

图八　阿昌族村落曼弄寨寨侧小溪效果示意图

图九　阿昌族村落曼弄寨犟房效果示意图

图十　阿昌族村落曼弄寨奘房内部效果示意图

图十一　阿昌族村落曼弄寨佛塔效果示意图

阿昌族一字式院落李宅

图一　阿昌族一字式院落李宅主图

本案例为阿昌族传统一字式院落李换芝宅院，位于云南省德宏州陇川县户撒阿昌族乡。李宅整体为单檐悬山顶，坐北朝南，占地面积约为200平方米。宅院主要由堂屋、卧室、门廊以及院墙构成，院落俯瞰近似规整的矩形，门廊较为宽敞，农忙时节可供人们晾晒谷物。

一字式院落是阿昌族民居建筑成形初期的典型范式，是阿昌族人民最基础的院落居住形式。该形式主要包括堂屋、卧室和厨房，有二层空间，院落四周以墙环绕。李宅建筑整体进行了抬高，门廊抬高0.45米，正房主体抬高0.5米。面阔三间，东西宽约6米，进深约6米，廊距宽约5米，中间为堂屋，左侧为厨房，右侧一间为卧室。卧室之上另设一间，作为放置杂物的储物空间，楼梯设置在卧室窗前，方便上下，南面墙体均饰以白色。入户的大门朝东，开在院墙一侧。堂屋以四扇木门出入，屋内左右两侧放置沙发，供人休息。北侧堂屋后部设置的"家堂"供奉着列祖列宗、天地君亲师、灶君。原有的火塘已经移至厨房内，堂屋里增加了电视机、冰箱等现代化的设施。因主人是制银手工艺人，堂屋内外摆放了阿昌族银饰制作的各类工具，墙面上挂有制作精巧的银腰饰、银手链、银镯等银制品，还有一个玻璃展示柜，内有工艺精巧的银壶，摆放整齐，可以看出主人对制银的自豪和热爱。厨房内的陈设随着生活条件的改善，添设了灶台等，但仍保留火塘，可见阿昌族人对火塘的依赖已经成为一种精神因素存在于他们的生活中。屋内房梁上挂有不少玉米、辣椒等，灶台后摆放了大量柴火，以及刚收割下的农作物。卧室内摆放了床、衣柜、储物柜等木制家具，陈设简单。主人因制作银制饰品售卖，生活条件较好，窗户都安装有玻璃，可防风。从门廊的楼梯可步入二层，楼梯宽约0.6米，二层既是储物空间也可作为临时卧室，被主人收拾得干净清爽，家中有亲朋到访时可临时居住。二层空间仅为一楼卧室上部，不与堂屋相连。卧室入口处有一蓝色储物柜，摆满主人的各式制银工具，屋外门廊种植了大量花草，后院有一小块菜地种植蔬菜。阿昌族一字式院落可以理解为是一种基于简单的设计理念而建造的既具有传统建筑的共性，又不乏自身特色的建筑形式。

李宅一字式院落使我们得以窥探到阿昌族早期民居的建筑形式，以及一字式与四合院等其他民居的不同之处，尤其是正房三间单独成屋的空间布局，与传统阿昌族民居中卧室由堂屋出入的形式有明显区别，其简单质朴的结构形式也多被后期其他院落形式继承与发展。阿昌族人民对于居住环境的早期探索，为我们今后的设计行为提供了宝贵的历史参考资料。

图片来源
图一　刘翔宇　摄影
图二至图四　华建业　制图
图五至图六　张金威　制图

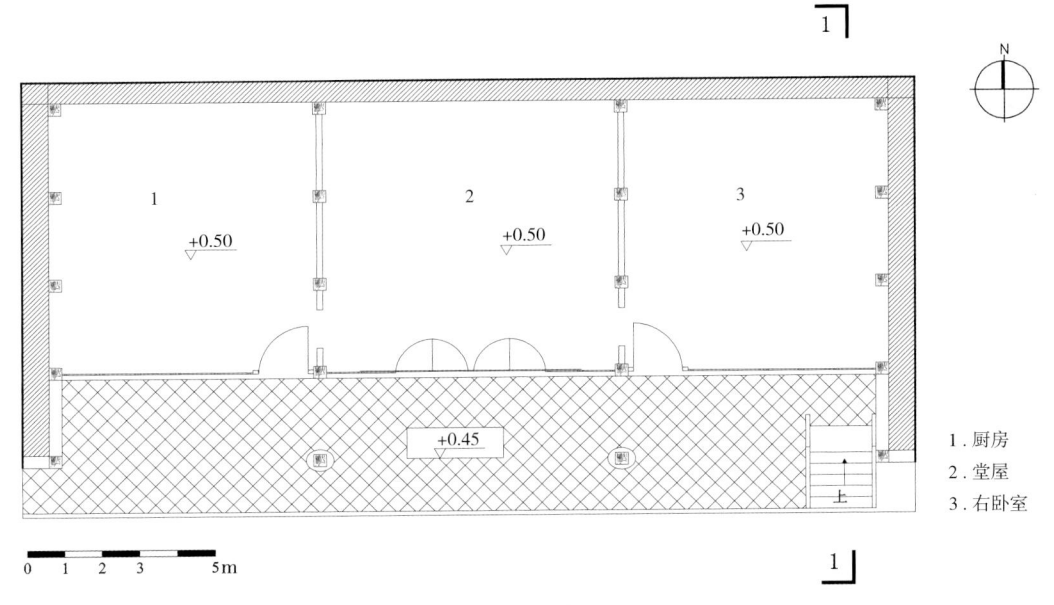

图二　阿昌族一字式院落李宅平面图

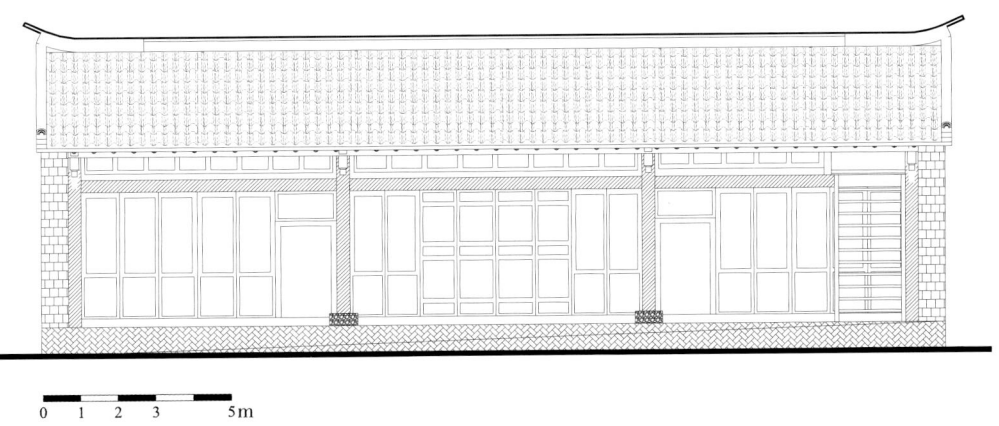

图三　阿昌族一字式院落李宅立面图

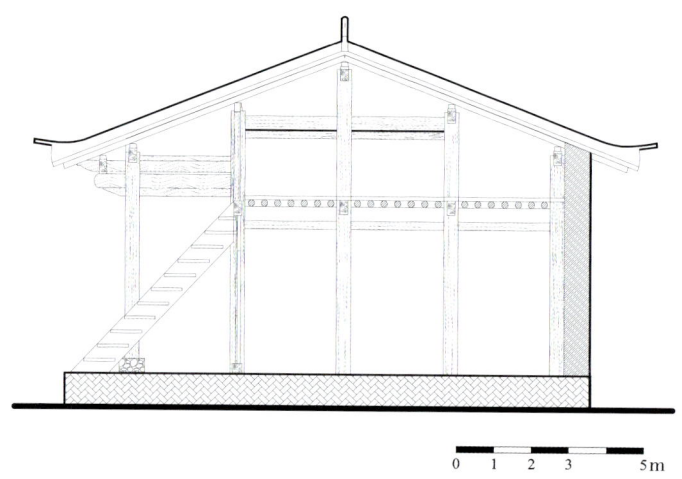

图四 阿昌族一字式院落李宅剖面图

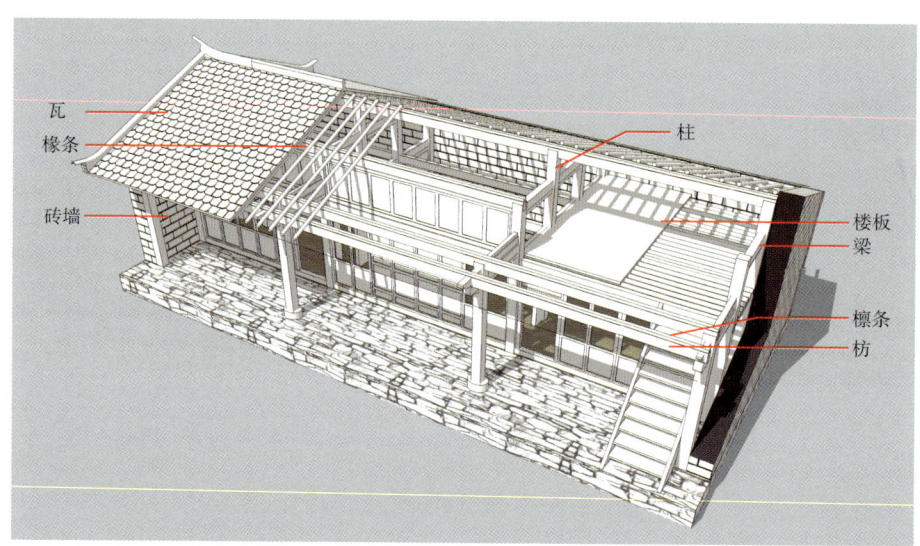

图五 阿昌族一字式院落李宅结构名称图

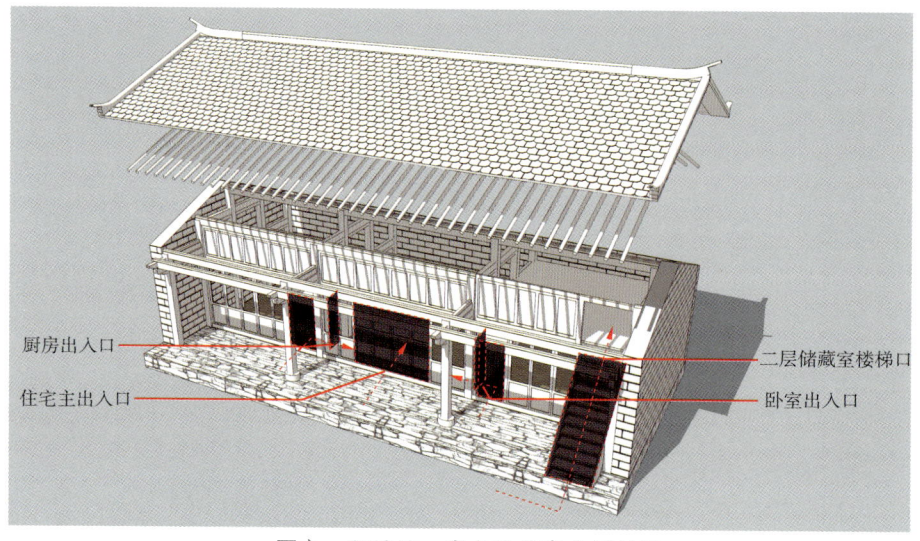

图六 阿昌族一字式院落李宅解析图

阿昌族四合院落曹宅

图一　阿昌族四合院落曹宅主图

本案例为阿昌族曹姓传统四合院落，位于云南省德宏州梁河县曩宋阿昌族乡。宅院坐北朝南，始建于清末年间，占地面积240平方米。曹宅由正房、厢房、庭院、牲畜棚构成，正房、厢房均为两层，墙体为土坯墙，高5.4米，住宅整体平面近似规整的矩形。建筑部分为穿斗式木结构，主要建筑材质为楠木，建筑构件至今保存完好。

曹宅正房为落地式结构，建造在长方形石条加土垒起的屋基上，现已浇筑水泥，屋基下为庭院，以两层石阶上下，左右两侧是厢房。正房面阔三间，进深6.74米，面积30.19平方米，四排五柱，中柱起脊，形成双斜面悬山式结构屋顶，屋顶覆瓦。正房中间为堂屋，两侧分隔成四间房间。堂屋宽4.48米，是家中主要活动区域，堂屋后部的"家堂"从左至右依次供奉着列祖列宗、天地君亲师、灶君，逢年过节、丧葬婚庆、疾病灾害时都要祭拜祖先，以祈福消灾。正房左右两间被分隔成家庭成员的卧室，一侧是已婚夫妇的卧室，另一侧是家中老人的卧室和储物间，室内隔墙均为木板，茶桌、储物柜等家具也多为木制。堂屋由上至下互为贯通，无二层空间，与两侧房间的上部空间相连，与屋顶的夹层形成了储物空间，家中杂物堆放在两侧房间之上，保证其通风干燥，避免虫鼠破坏，可由门厅走廊两侧楼梯出入。门厅走廊铺有黑色瓷砖，连接着一米多宽的楼梯过道。堂屋中心的右侧设置火塘，阿昌族人日常起居、生活饮食、招待客人、家庭成员开会等都离不开火塘。火塘的构造方式多种多样，主要有平摆和悬挂两种，也有的在地面上挖掘浅穴，曹宅主人在堂屋地面上支一口铁锅即可生火做饭，非常简便。当商讨大事时，家庭成员围绕火塘按照自己的年龄、辈分来确认自己的位置，火塘的向心性逐渐形成，使其成为家族成员现实生活中的核心。庭院两侧厢房同为穿斗式木构架，屋顶覆瓦，层高较低，以木板梯上下，西侧厢房下层为厨房，二层存放粮食。东侧厢房下层为入口空间，原为牲畜棚，由于生活环境的改善，牲畜饲养已从院内转移至院外，为牲畜家禽单独建造了牲畜棚，二层作为储藏间使用，堆放劳作用的农用器械，二层栏杆可晾晒衣物和粮食。院外另建的牲畜棚是阿昌族家庭必不可少的组成部分，它是家庭财富的象征。牲畜棚为上下两层布局，中间用木隔板分隔，上层摆放农用器械，下层饲养牲畜，设有鸡棚和猪圈两部分。鸡棚四周用木质护栏围合，半封闭式，便于空气流通。猪圈用砖石墙进行围合，上半部通透，猪圈入口设置栅栏门，处于半封闭状态。

阿昌族人民向来对牲畜有着深厚的情感，家家户户都建有牲畜棚，它的存在表明了阿昌族人民与牲畜家禽密切的依存关系，以及与动物和谐共处的生活状态。它的建造是家族兴旺、经济发展的生动阐述。历史上阿昌族与汉族通婚、交易，互相往来，逐渐吸收了汉族文化，住宅结构逐渐演变成类似汉族四合院的形式，院落结构有了很大变化，由正房、厢房组成一个围合院落，形成今天我们所见到的传统民居曹宅。

图片来源
图一　李瑞　摄影
图二至图十四　李瑞　制图

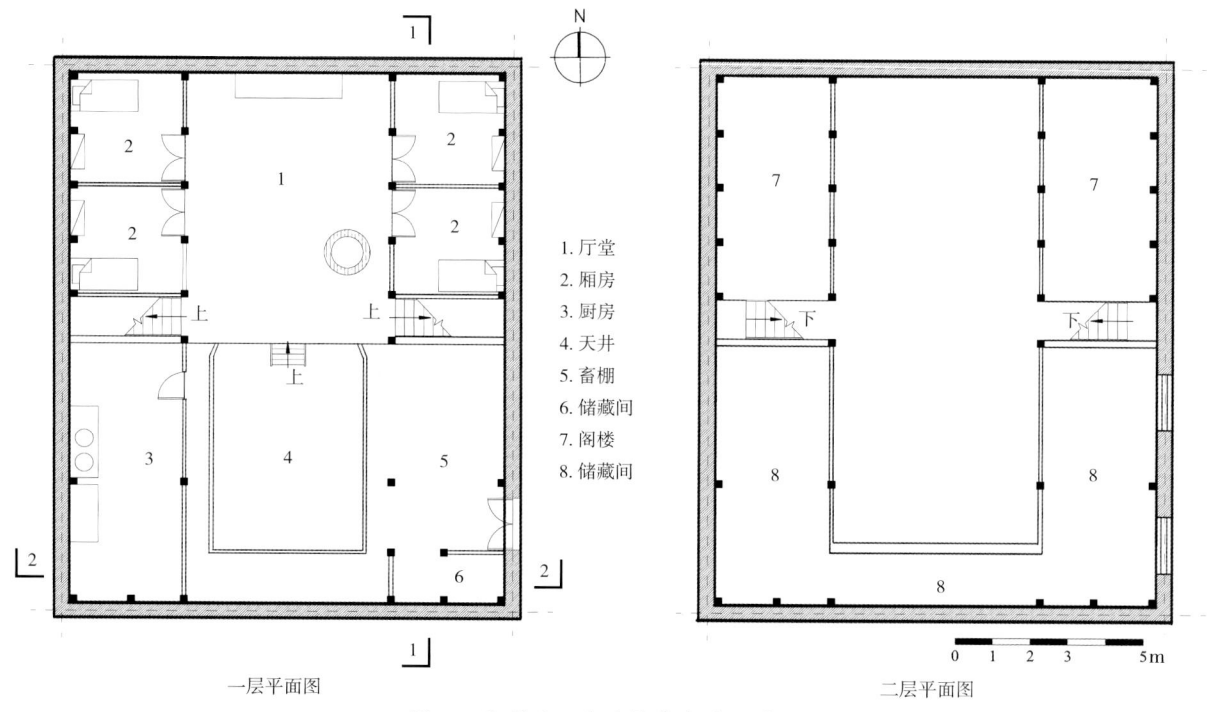

图二　阿昌族四合院落曹宅平面图

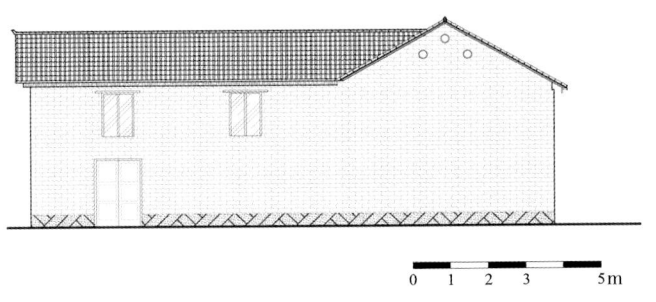

图三 阿昌族四合院落曹宅立面图1

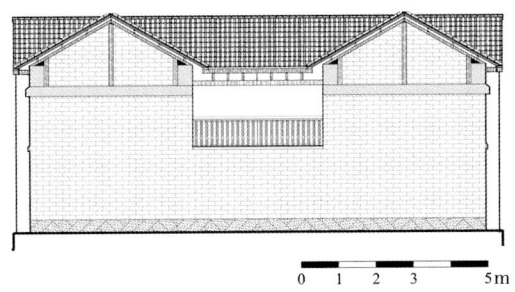

图四 阿昌族四合院落曹宅立面图2

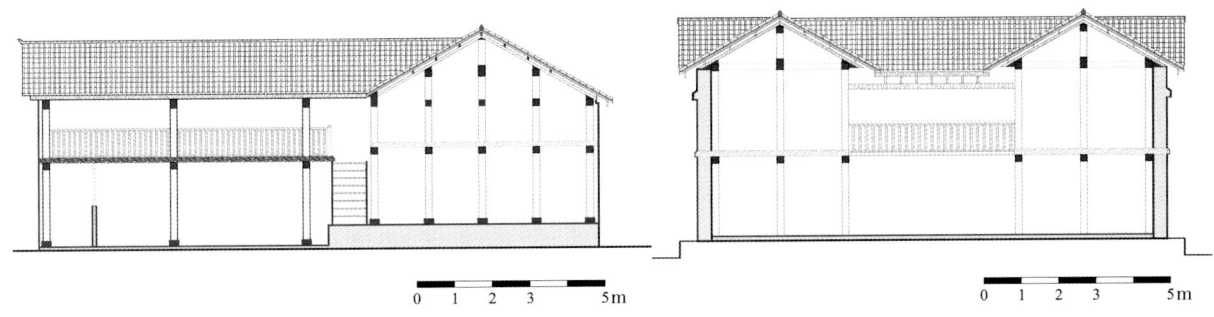

图五 阿昌族四合院落曹宅剖面图1

图六 阿昌族四合院落曹宅剖面图2

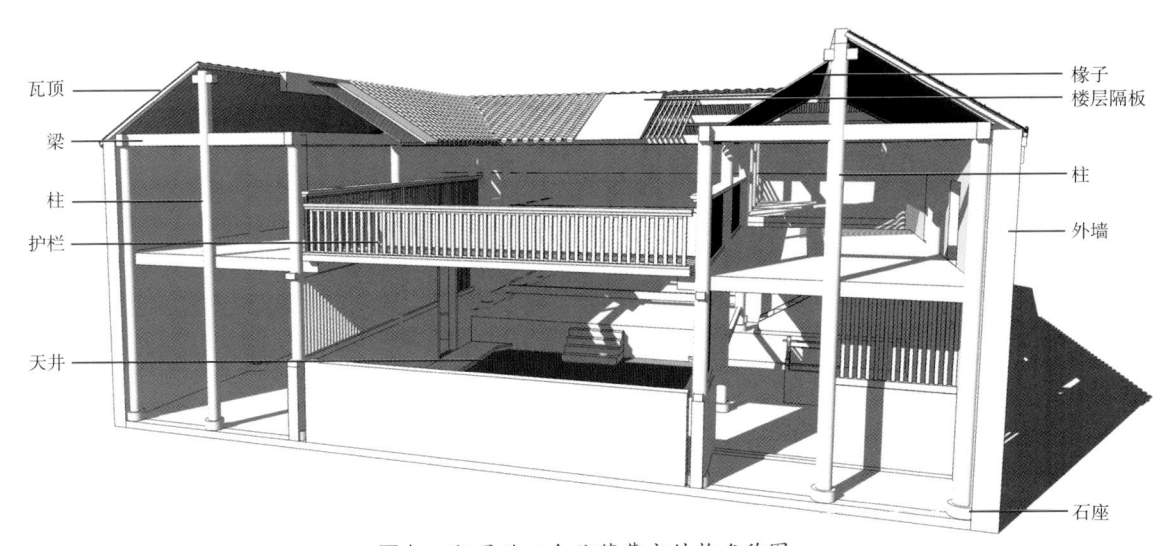

图七 阿昌族四合院落曹宅结构名称图

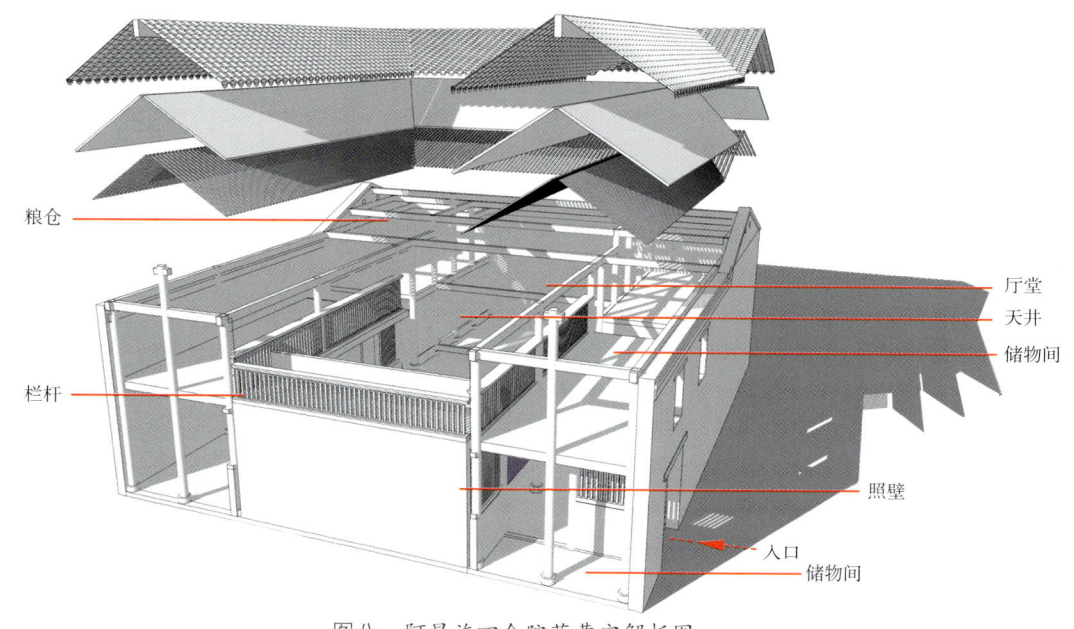

图八　阿昌族四合院落曹宅解析图

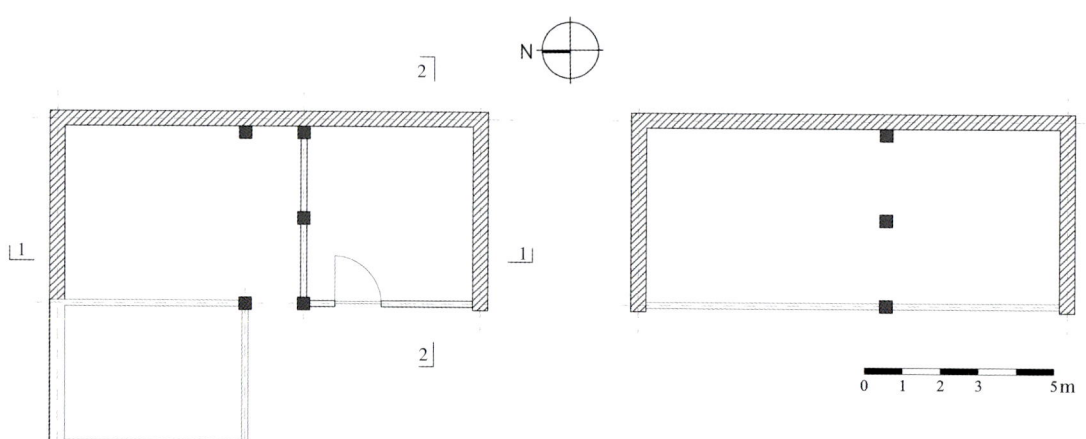

图九　阿昌族四合院落曹宅牲畜棚平面图

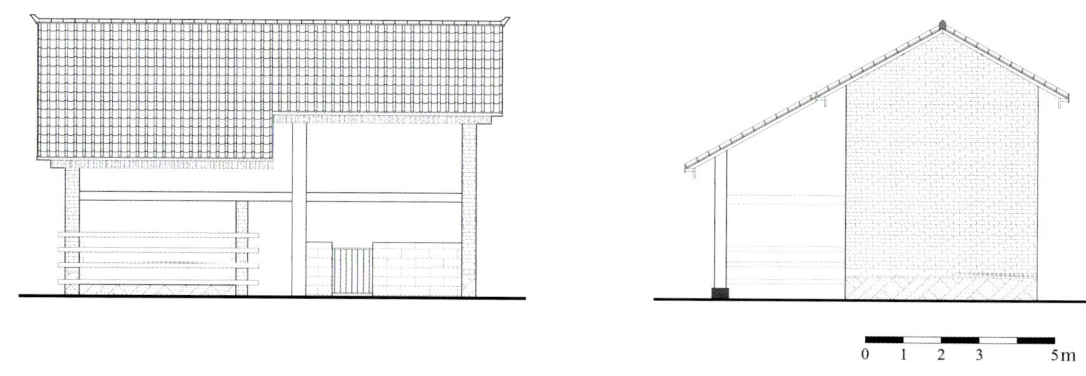

图十　阿昌族四合院落曹宅牲畜棚立面图

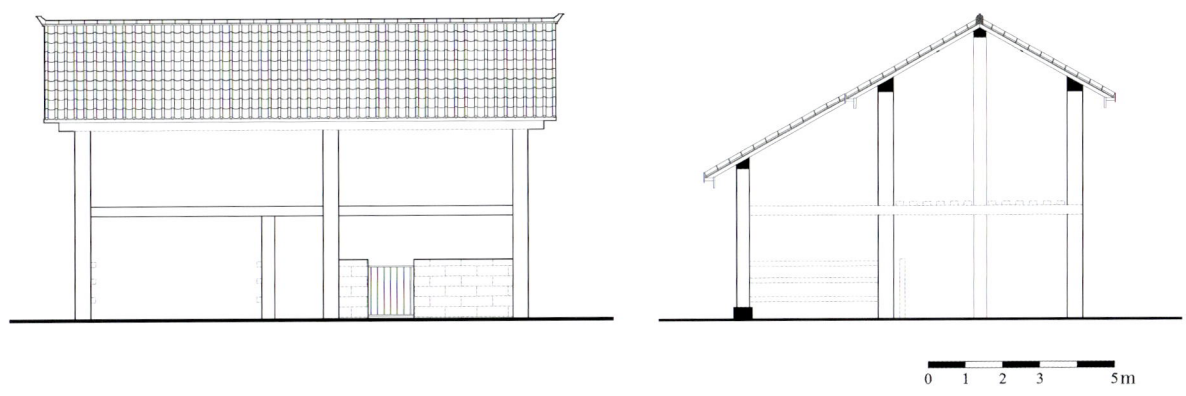

图十一　阿昌族四合院落曹宅牲畜棚剖面图

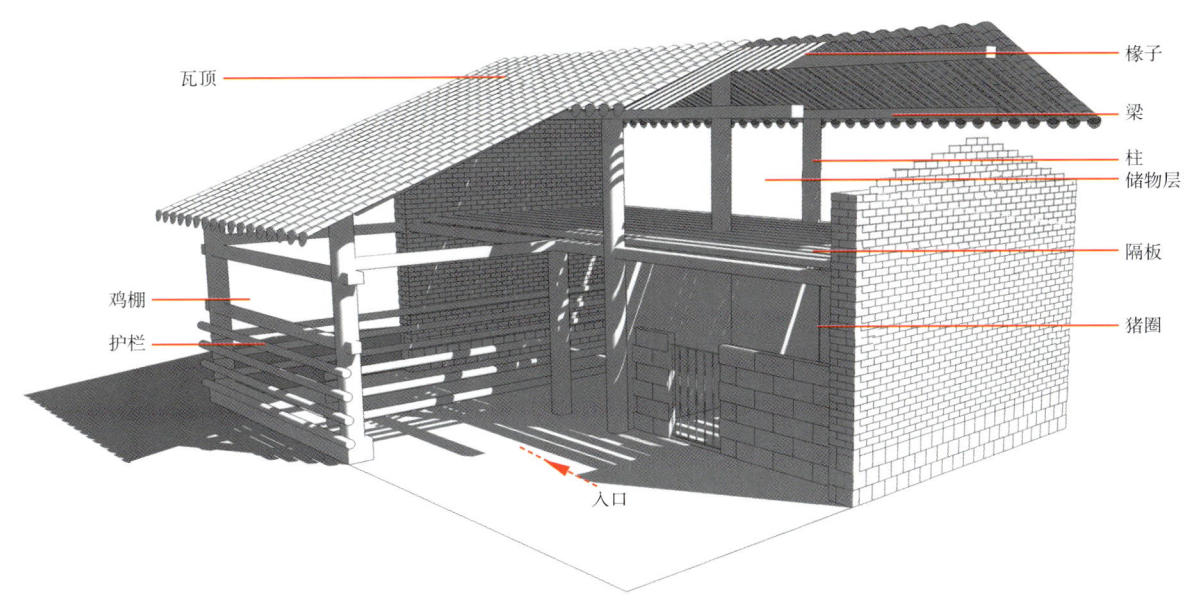

图十二　阿昌族四合院落曹宅牲畜棚结构名称图

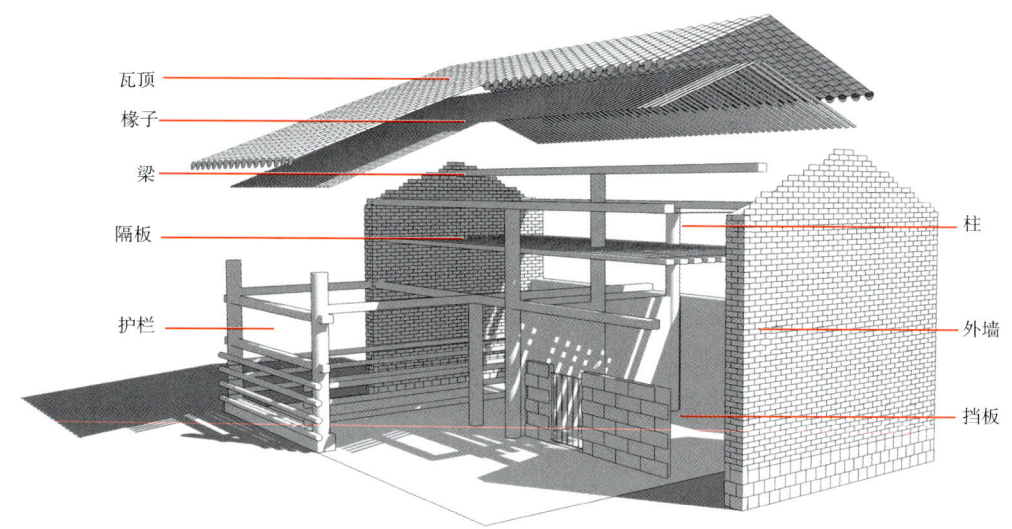

图十三　阿昌族四合院落曹宅牲畜棚解析图

图十四　阿昌族四合院落曹宅火塘操作示意图

阿昌族民居院落曹宅

图一　阿昌族民居院落曹宅主图

本案例为阿昌族传统民居院落曹明发宅院，位于云南省德宏州梁河县九保阿昌族乡丙盖村，宅院坐南朝北，村中民居大都相邻，院落间距较小。曹宅由正房、厢房、庭院、牲畜棚构成，整体平面近似正方形。建筑部分为木质结构，以木石材料为主，屋顶覆瓦，围墙为砖石材料，四面合拢，正房、厢房保存较为完好，是丙盖村留存较好的阿昌族传统民居建筑。

曹宅正房为落地式结构，建造在长石条垒起的屋基之上，面阔三间，进深5.5米，长11.7米，面积64.35平方米。堂屋为敞开式，无门，高4.5米，面积约22.55平方米，木质门槛高0.17米。阿昌族民居内的门槛普遍偏高，门槛关乎着自家门风的好坏和家道人丁的盛衰，提醒着家庭成员和来访之人，进入堂屋前注意整理自身的着装仪表，端正言行举止。屋基下为庭院，以三级石阶上下，台阶高0.6米。卧室分布在堂屋两侧，左侧用木板隔成两间，入口一间为储物室，里间为家中老人居室。堂屋右侧为主人卧室，卧室门口附近放置火塘，火塘的火终年不灭。火塘在阿昌族人民心目中是神圣崇高的，家中商讨大事时，长辈会坐在火塘靠上方的位置，晚辈则相向而坐，以火塘为中心的议事方式是阿昌族传承已久的模式。当有贵客来访时，主人也会在火塘边迎候，围坐攀谈，火塘是阿昌族人民情感交流的地方，也是民族文化世代传承的重要场所。堂屋后部设置的"家堂"供奉着列祖列宗、天地君亲师、灶君，据村寨中的老人杨叶生讲述，"家堂"就是祭坛，是阿昌族传统文化与汉文化交流融合的一种标记。正房与屋顶的夹层被用来作为储物空间，堂屋与左右两侧间在上半部分互为贯通，杂物储存在堂屋两侧房间之上，既保证通风干燥，又避免虫鼠破坏，可从走廊楼梯进入。走廊宽 1.1 米，分别连接堂屋、楼梯和东边厨房。厢房共分两层，下层为入口空间，高 2.5 米，内设粮仓，堆放平日劳作使用的农具和柴火。通过木板楼梯进入二层，层高较一层略低，为 2.1 米。二层用木板墙隔成劳作空间和储物空间，储物间原为子女的卧室，现堆放家中谷物。厨房位于宅院东南角，面积约 22.96 平方米，大小与堂屋相仿，由于生活环境的改善，厨房里建造了灶台以便生火做饭，角落堆放着柴火及蔬菜瓜果。厨房前有面积约为 42.23 平方米的牲畜棚，依次设有鸡棚、猪圈以及储物空间 3 部分，其间以砖石墙分隔，农用器械放置在储物间中。鸡棚四周用横木条进行围合，便于空气流通。

猪圈用 1.5 米高的砖石墙围合，入口用木隔板进行封闭。牲畜棚和庭院之间用宽 0.17 米的砖石墙隔开，使生产与生活空间进行合理划分。曹宅庭院面积约为 59.28 平方米，受汉文化影响，西北角种植石榴树一棵，取多子多福之意。宅院北侧即为墙体，围墙高 5.2 米，有较好的私密性，与邻家相隔的山墙之间共建一牛棚，方便牲畜的进出。

曹明发宅院呈阿昌族传统民居三合一照壁的格局，体现了阿昌族人普遍的生活状态，在与汉族频繁交融之时仍保有浓郁的民族特色。阿昌族的生产与生活互为依存，两者的关系集中体现在日常民居的建筑规划中，从生活起居到牲畜圈养，从生产工具到粮食存放，从储物空间到祖先祭祀，院落之中处处呈现出阿昌族人勤劳刻苦、勤俭持家的动人景象。

图片来源
图一　刘翔宇　摄影
图二至图六　承恺　华建业　制图
图七至图八　张金威　制图

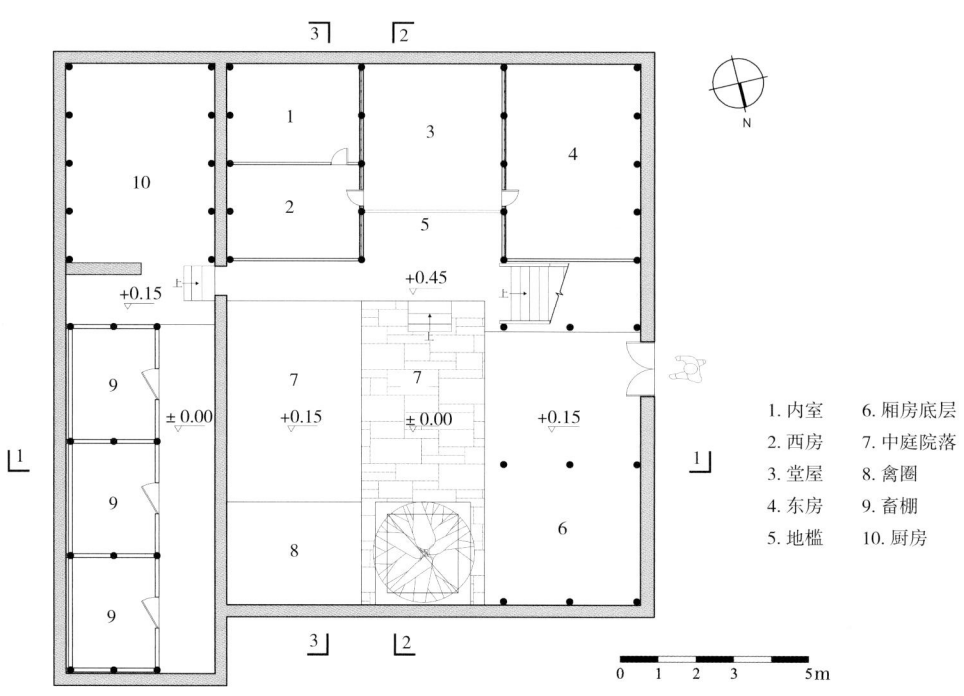

1. 内室　6. 厢房底层
2. 西房　7. 中庭院落
3. 堂屋　8. 禽圈
4. 东房　9. 畜棚
5. 地槛　10. 厨房

图二　阿昌族民居院落曹宅平面图

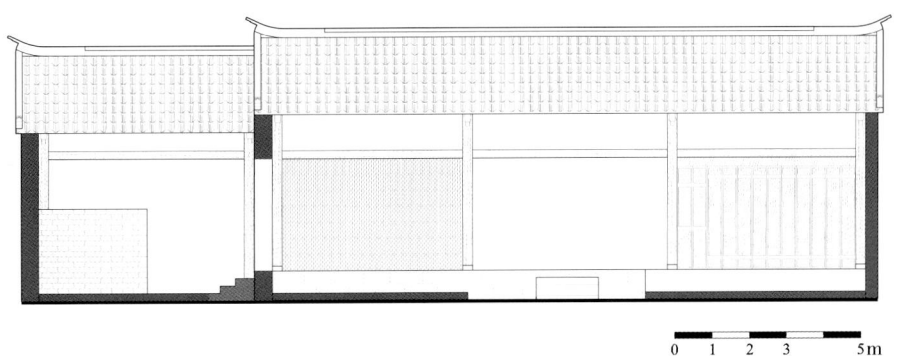

图三　阿昌族民居院落曹宅立面图

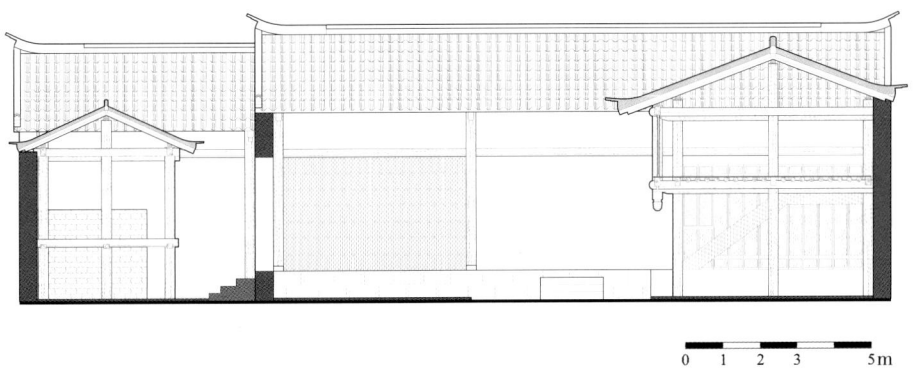

图四　阿昌族民居院落曹宅剖面图 1

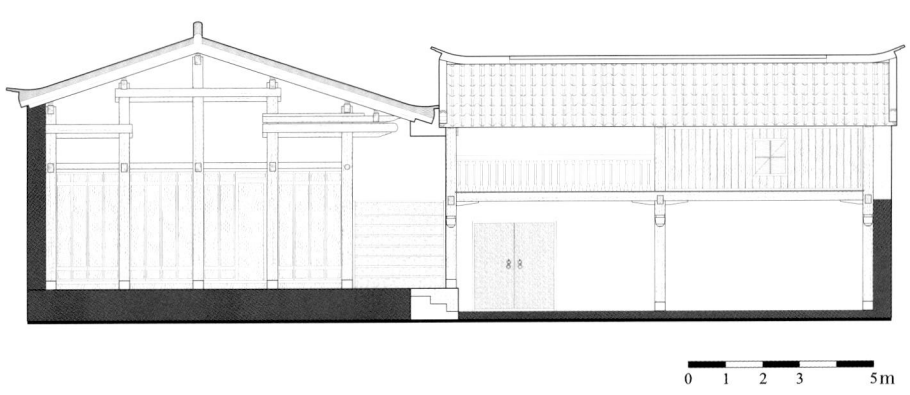

图五　阿昌族民居院落曹宅剖面图 2

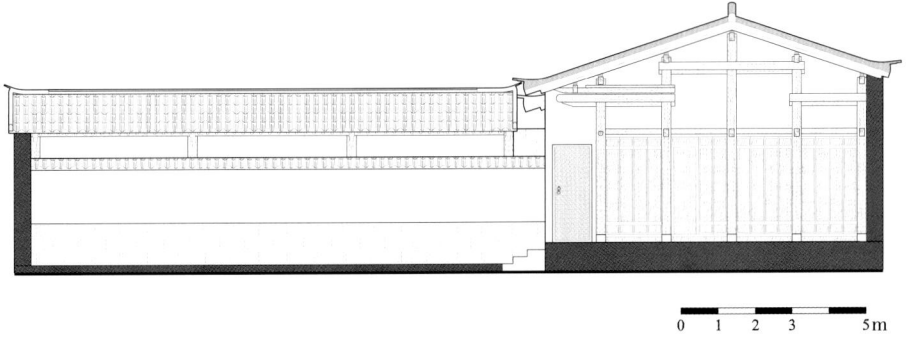

图六　阿昌族民居院落曹宅剖面图 3

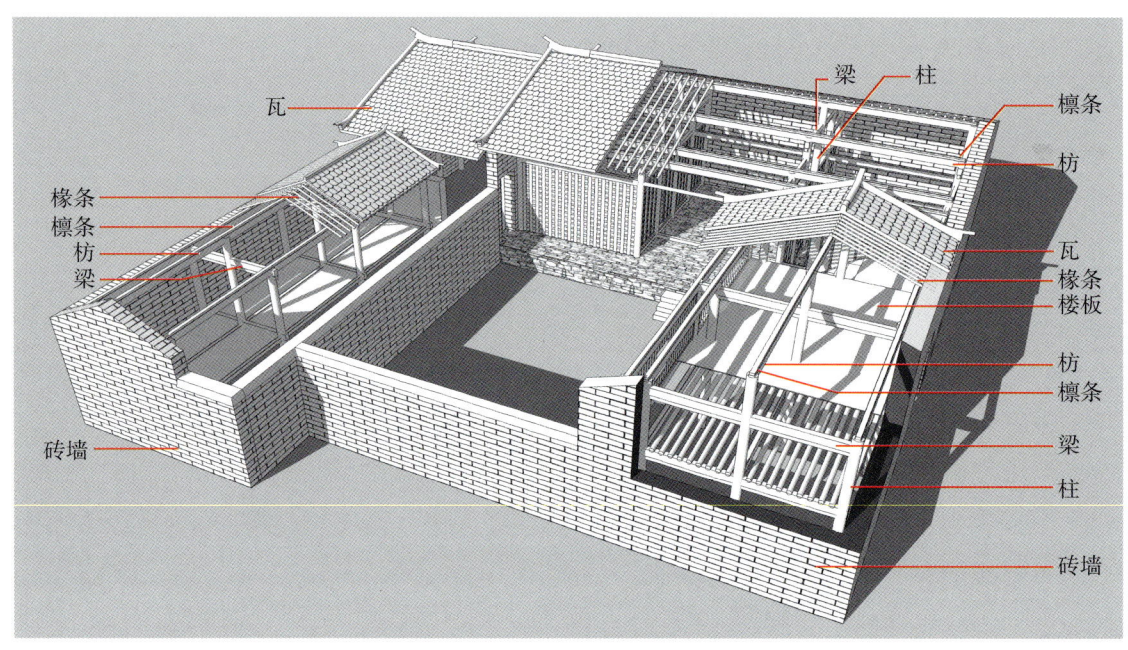

图七 阿昌族民居院落曹宅结构名称图

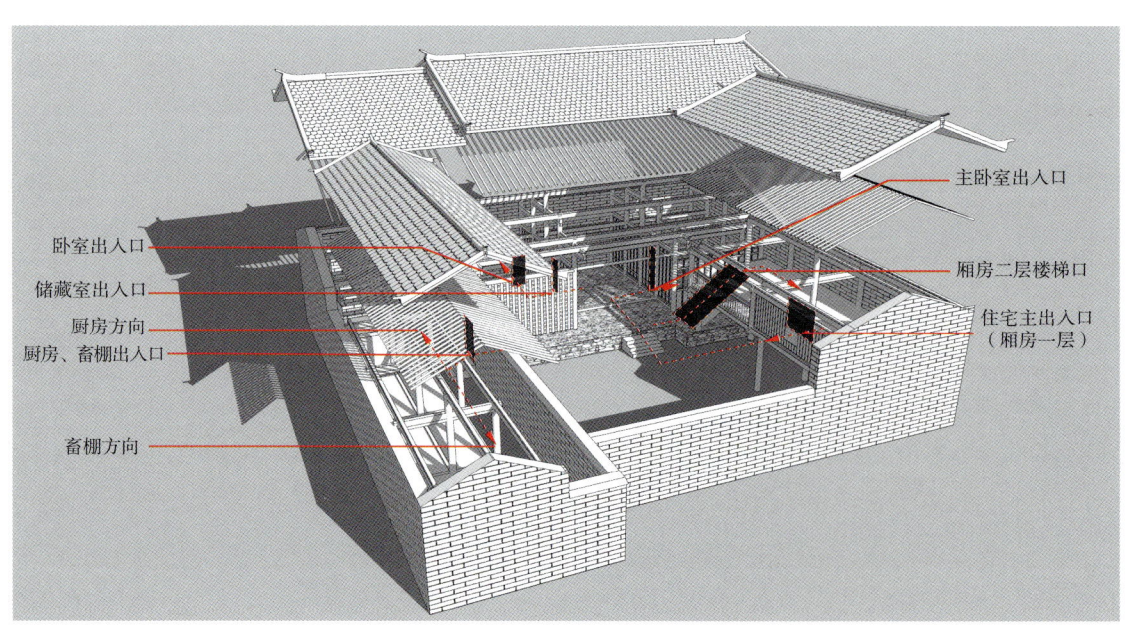

图八 阿昌族民居院落曹宅解析图

阿昌族民居院落虞宅

图一　阿昌族民居院落虞宅主图

本案例为阿昌族传统民居院落虞加平的宅院，位于云南省德宏州陇川县户撒阿昌族乡万明大寨。宅院坐西朝东，位于村寨口不远处，与周边民居间距较小，形成寨中小巷的布局。虞宅由正房、厢房、庭院、牲畜棚构成，住宅整体平面近似规整的矩形。建筑部分为穿斗式木结构，建筑材料主要为土、木、石，屋顶为悬山式，覆瓦，是万明大寨中传统建筑保存较为完好的民居之一。

虞宅正房为落地式结构，建造在大小不一的石块垒起的屋基上，屋基下为庭院，以4层石阶上下，台阶高1米，庭院左侧为厢房，右侧为土坯墙，墙体与邻屋相连，庭院满铺石料。正房面阔3间，长11米，宽4.4米，面积48.4平方米，中柱起脊，高3.7米，有2.5米宽的走廊，廊中4根木柱撑起前屋檐，廊柱雕饰有精致的万字纹、祥云纹、花草纹，平日在走廊上晾晒衣物、堆放粮食，家人劳作之后也在此休息或围坐聊天。堂屋后部设有供桌和"家堂"，"家堂"从左至右依次供奉着列祖列宗、天地君亲师、灶君，设有蜡烛、鲜花和香炉。"家堂"木质装饰柜雕刻讲究，刻有万字纹和吉祥花草纹，装饰柜和堂屋内的墙面满贴红底黄字的吉祥语，既是一种装饰又是对美好生活的寄语。堂屋左侧放置了电视机、冰箱等家电，右侧放置供人休息的藤编沙发，沙发前面原有火塘，现已用水泥浇筑封存起来，火塘移至厨房内，方便烧水做饭。堂屋左间是家中老人的居室，右间是长子的居室，次子已在不远处另建宅院，方便就近照顾老人。南侧厢房为落地式结构，有一层石阶上下，南厢房分为厨房和储物间。储物间在左侧，厨房在右侧，靠近正房，面积17.22平方米，以木条栅栏为门，厨房内有火塘，西侧有门进出，屋外有一小块菜地。东侧也有厢房，还有一个入口，东厢房为干栏式结构，长11.5米，宽4.7米，面积54.05平方米，用木板隔成两层，分3间，一间牛棚和两间储物间，牛棚与入口相邻，四周用粗木条围合，半封闭，便于田间耕作的牛自行回到家中，同时也保证了空气流通。两间储物室之间用木板分隔，堆放杂物和农用器械，二层空间可晾晒衣物。入口过道长4.7米、宽3.1米、高2米，与庭院相连，入口上方有一处用木板隔开的屋顶夹层空间，高约1米，为敞开式储物间，可堆放干草饲料等。北侧土坯墙用长约30厘米、宽约15厘米的土块夯实堆砌而成，土块之间存有缝隙，主人巧妙地将镰刀等较为纤细的农用器具插入墙体缝隙中，垂挂于墙上，这是阿昌族人民生活智慧的体现。

阿昌族传统民居建筑中，正房满足了居住和储存的两大功能，厢房的作用更多的是储存生产资料，同时也具备一定的居住功能，起到了辅助空间的作用。随着阿昌族人民生活水平的提高，另建的牲畜棚形成人畜分离的空间格局，使功能分区更为合理。火塘的取暖、照明等功能逐渐被其他现代化手段所取代，阿昌族家庭逐渐使用炉灶或建造专门的厨房来满足做饭的需求，但火塘作为阿昌族人民的精神元素依然保存于他们的住宅中，阿昌族人民对火塘的依赖进而转化为对民族文化的传承。

图片来源
图一、图九　刘翔宇　摄影
图二至图六　承恺　华建业　制图
图七至图八　张金威　制图

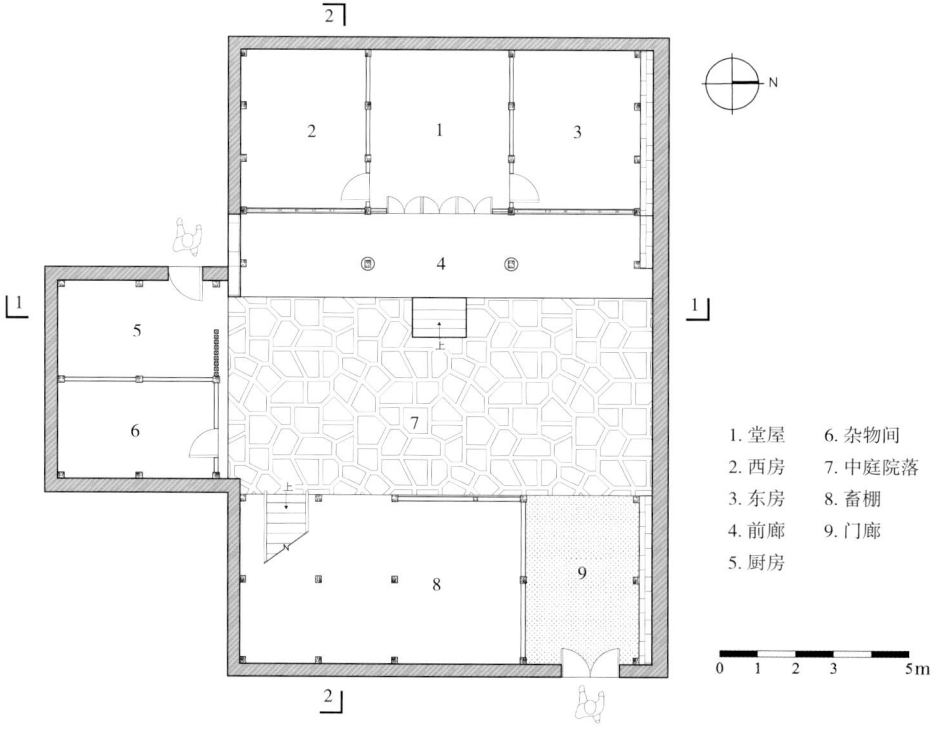

图二　阿昌族民居院落虞宅平面图

1. 堂屋　6. 杂物间
2. 西房　7. 中庭院落
3. 东房　8. 畜棚
4. 前廊　9. 门廊
5. 厨房

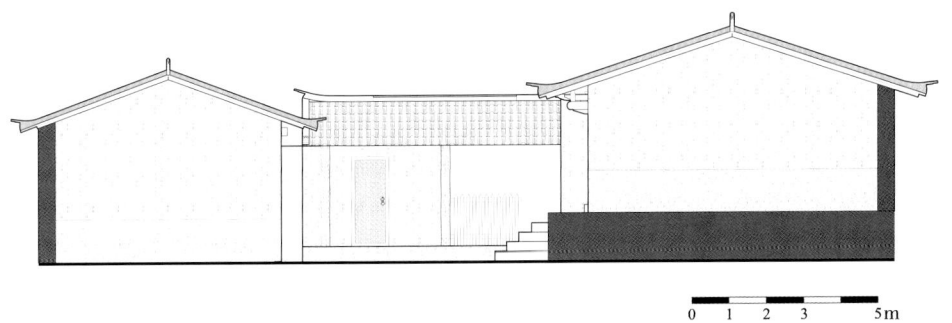

图三 阿昌族民居院落虞宅立面图1

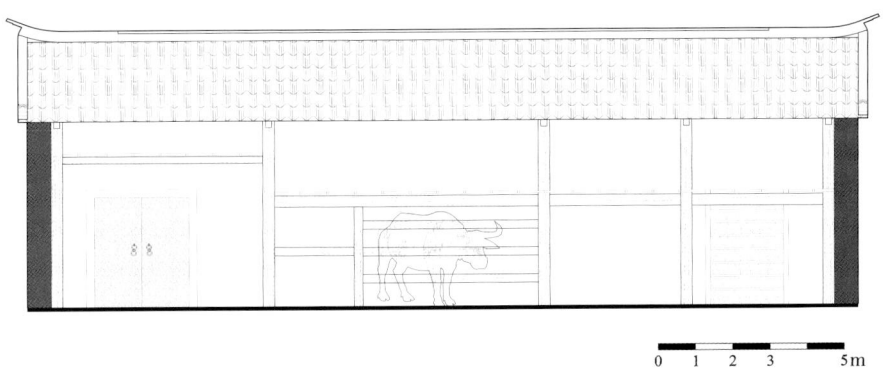

图四 阿昌族民居院落虞宅立面图2

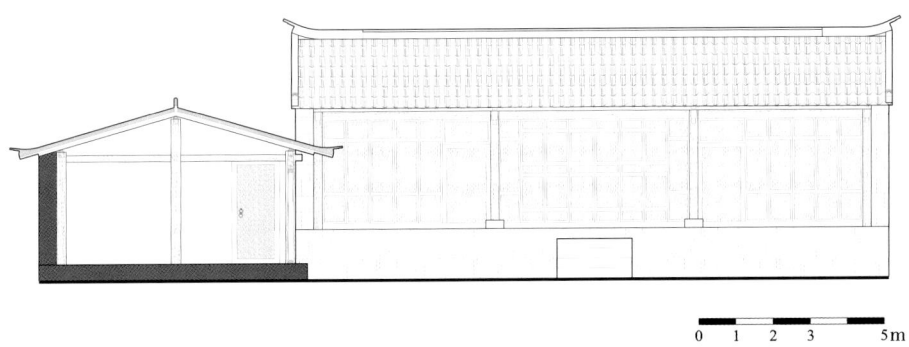

图五 阿昌族民居院落虞宅剖面图1

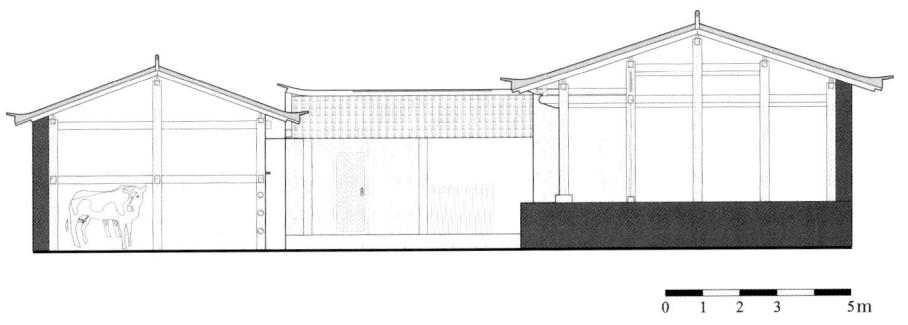

图六 阿昌族民居院落虞宅剖面图2

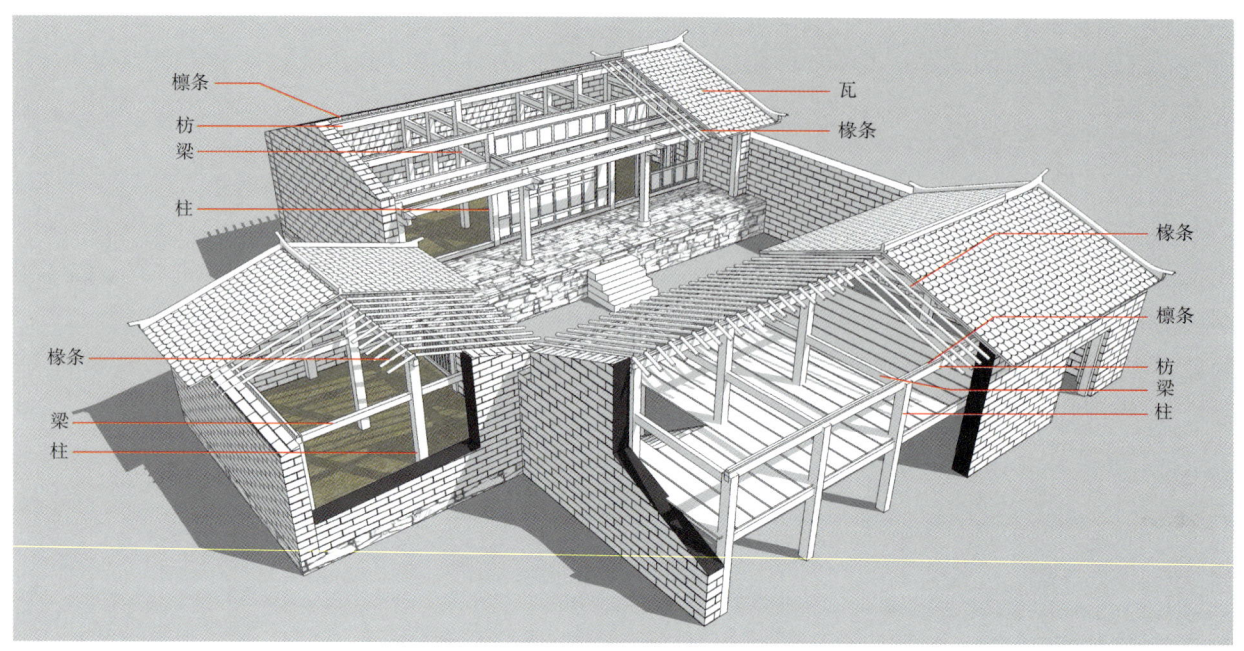

图七　阿昌族民居院落虞宅结构名称图

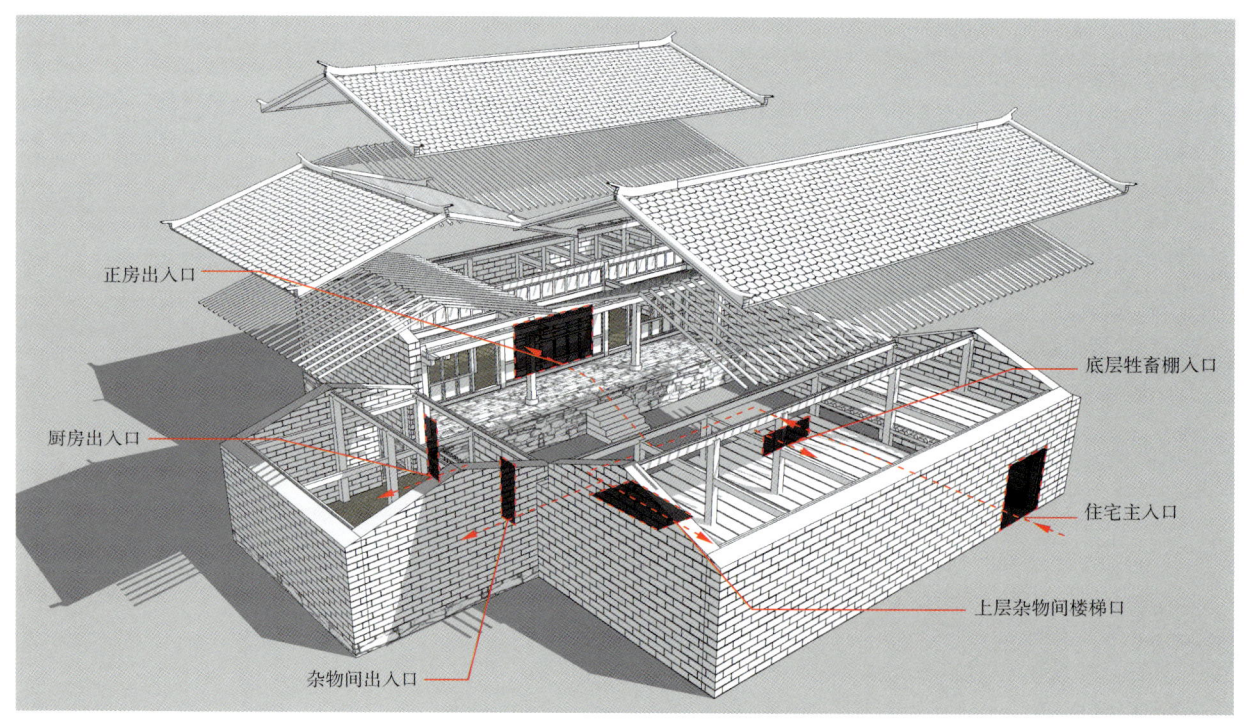

图八　阿昌族民居院落虞宅解析图

图九　阿昌族民居院落虞宅堂屋"家堂"

阿昌族民居院落门头

图一 阿昌族民居院落门头主图

本案例为阿昌族传统民居院落门头,位于云南省德宏州梁河县九保阿昌族乡丙盖村杨家宅院东侧,整体为穿斗式木质结构,高3.1米,立柱之间宽2.6米。门头是阿昌族传统民居建筑中一个重要的组成部分,它的存在所反映的意义不仅在于门头结构本身,更是阿昌族传统建筑文化的体现。

阿昌族传统民居院落门头大多为木结构,两边木质立柱之间架有横枋,屋檐下有椽,屋檐上有屋脊,顶面覆瓦。杨宅门头由立柱、门框、木门以及屋顶构成。门头左右两侧各两根木质立柱支撑,在立柱三分之一处插入横条木以稳定立柱结构,立柱下方均有石质柱础,上面架横梁,多条横木组成门框,门框上方为屋顶,屋面材料为瓦。阿昌族门头一般以间数和柱数界定门头式样,可分为一间两柱式、两间四柱式等，一般以一间两柱式最常见，这种形式构造简单，且具有较大的灵活性。屋顶形式为坡屋顶，用来遮阳挡雨。步入屋檐下，门框内装有两扇木板门，门上贴有对联，挂饰红灯笼，充满了浓郁的生活气息。门头是民居的入口，也是建筑内外空间的界限。门头的结构设计首先要考虑到门头在整个建筑范围内的空间尺度，还需要考虑到人站立在门头前的视觉范围。门头一侧，柱与柱之间的距离与立柱高度的比例约为2：1，柱子的宽度一般为大门宽度的四分之一到五分之一之间的距离，这样的比例关系使人的视觉点锁定在一定范围内，当人步入时能够更好地看到门头上的木雕装饰，精美的木雕也是阿昌族民居建筑本身独特的民族文化。阿昌族门头多铺设有瓦，最顶端有用瓦搭建的牛角状装饰物，是阿昌族人民对牛这种动物特殊情感的体现。阿昌族人家几乎家家户户圈养牛，用来耕作或代替人力拉车运输；农忙时节使用铁犁等铁质农具时，用牛来进行拖拽提高耕地效率；用牛代替人力拉车运送粮食、木材、烟草等，节省了时间和体力。即使家中圈养的耕牛随着岁数增长，没有足够的体力再下田耕作分担家中劳务时，主人也会善待其终老。这体现了阿昌族人民的善良，更是阿昌族人民将牛与勤劳刻苦、不畏艰辛、无私奉献的精神联系在一起的体现，这种精神也正是阿昌族人民所倡导的精神所在。

阿昌族传统民居院落门头所展现出的结构样式、文化内容和情感，与中国传统文化中的文明观、造物观等有着密切的联系。阿昌族传统民居门头的结构样式大致相同，按照宅院规模的不同，门头在用料、装饰的规格和繁简程度上也有所区别，但无论是简单还是复杂，都延续着传统门头的造型结构，门头的木雕装饰也遵循着端庄大方的传统，处处维护彰显着阿昌族的民族文化。

图片来源
图一　李瑞　摄影
图二至图八　李瑞　制图

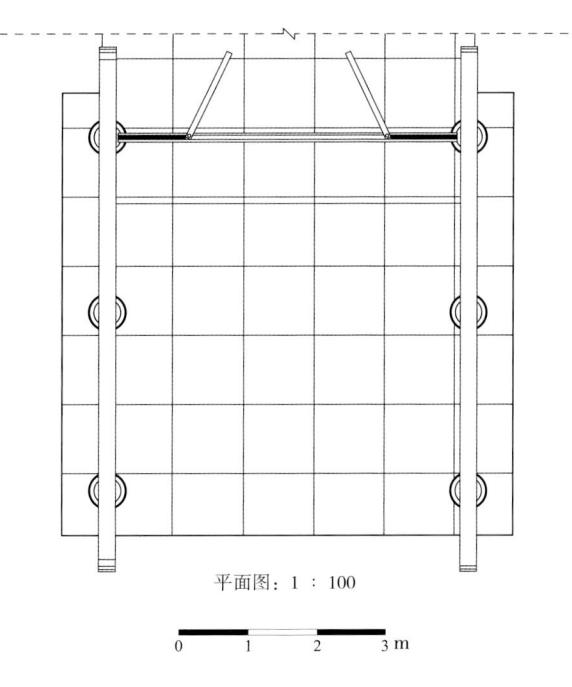

平面图：1∶100

图二　阿昌族民居院落门头平面图

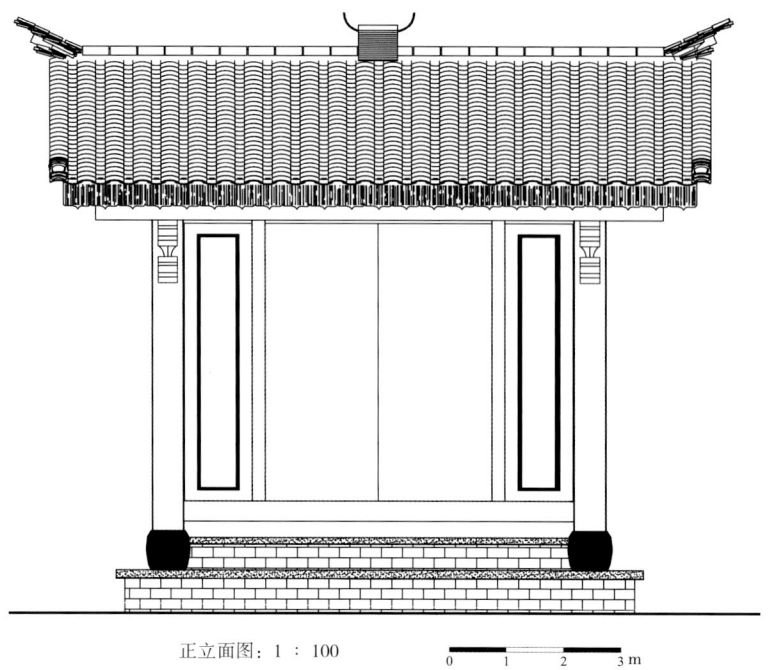

正立面图：1∶100

图三 阿昌族民居院落门头立面图

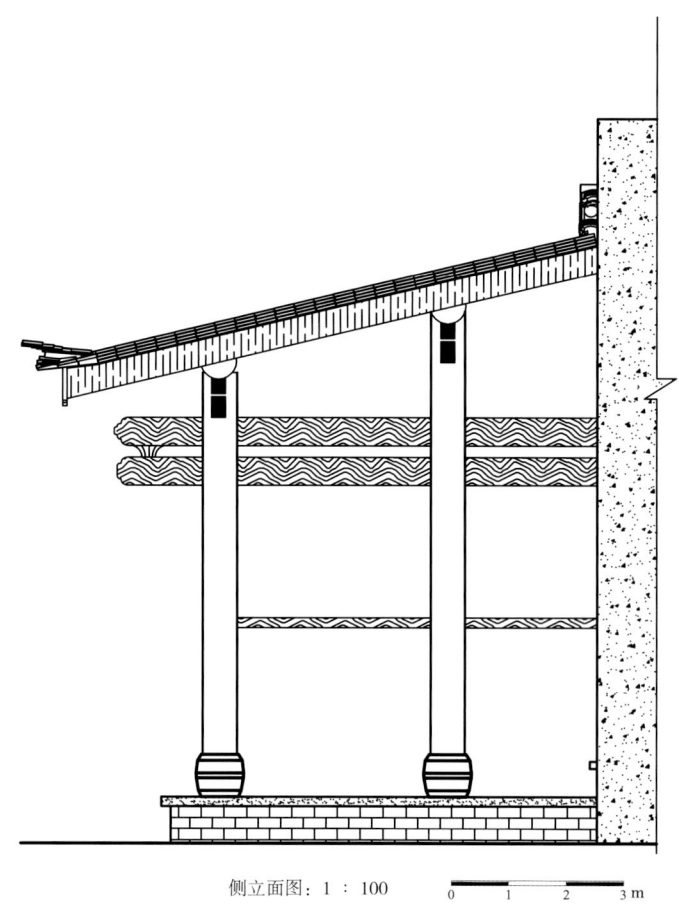

侧立面图：1∶100

图四 阿昌族民居院落门头剖面图

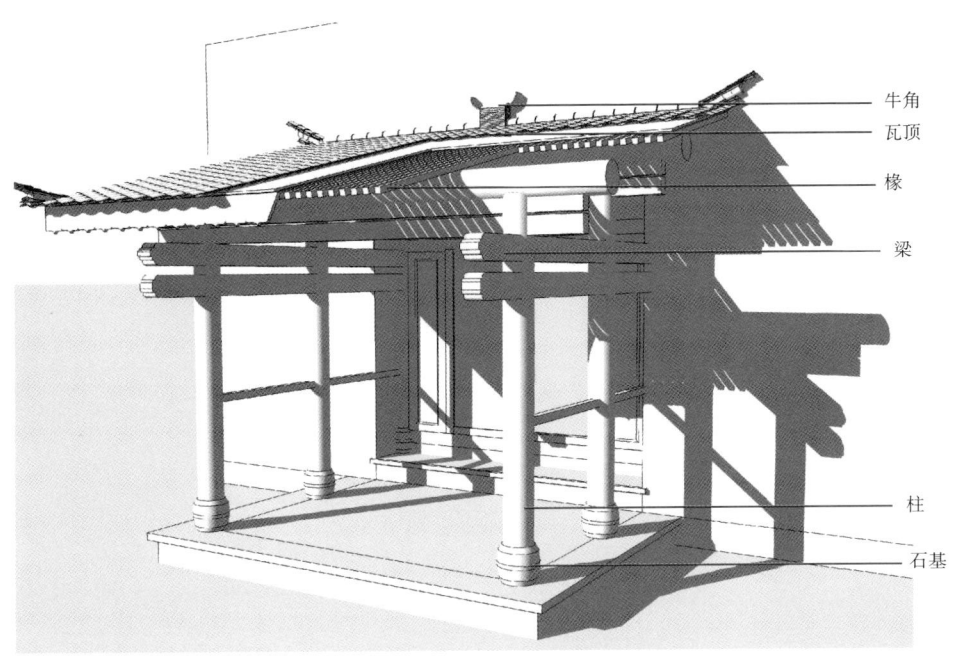

图五 阿昌族民居院落门头结构名称图

图六 阿昌族民居院落门头解析图

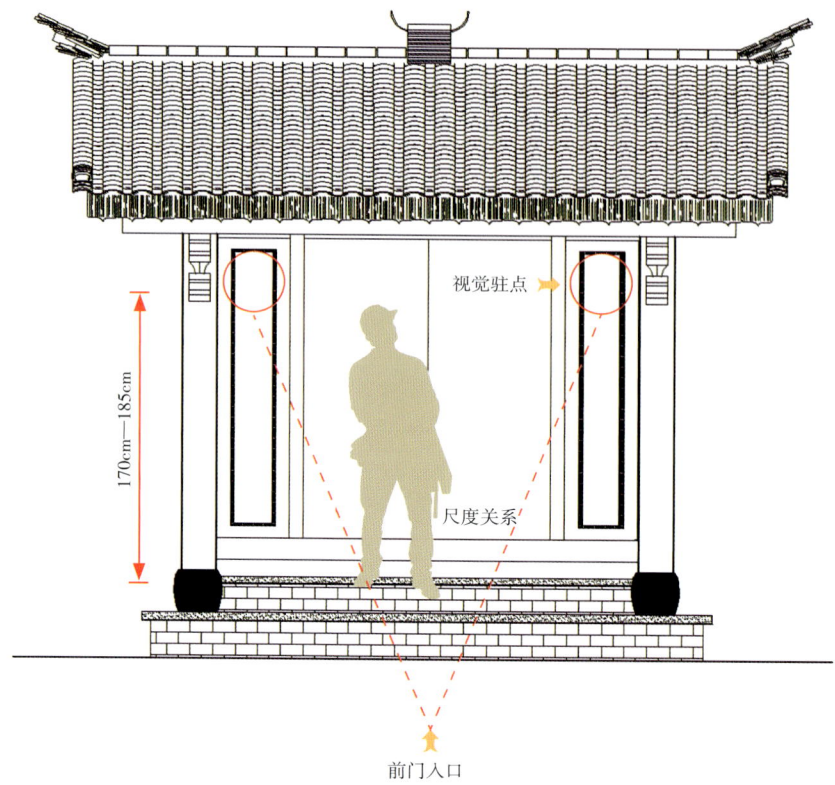

图七　阿昌族民居院落门头视觉分析图

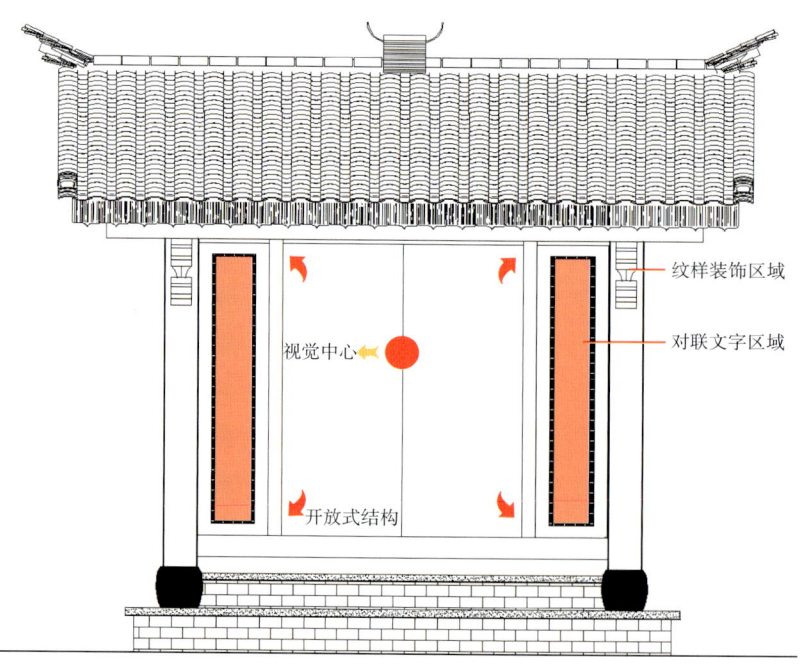

图八　阿昌族民居院落门头装饰分析图

第二章 阿昌族传统服饰

阿昌族女上装

图一 阿昌族女上装主图

本案例为云南腊撒阿昌族传统女式翻领对襟短上衣。衣长60厘米,袖长44厘米,套袖宽10厘米,下摆宽62厘米,盘扣间距12厘米。腊撒地区的阿昌族妇女一般会在节日庆典、结婚喜事上穿着整套的传统服饰。

阿昌族传统女装大部分都使用自己生产的棉线或丝线制作,少量使用购买的原料。在阿昌族,女装大致按地域可分为户撒地区女装、腊撒地区女装与梁河地区女装,其中腊撒地区的女装受外来文化影响最小,民族服饰最为纯正。本案例的女上装取材于腊撒地区。户撒与梁河地区的女装差别不大。户撒女孩从十几岁就开始穿着传统服饰,婚后与年老后都要更换服装式样,因此各个人生阶段的户撒阿昌族女子服装呈现不同的形制特点。未婚女子头顶盘辫子,上身穿对襟、圆摆的长袖上衣,以蓝色或白色为主。下身穿覆腰的围裙,与黑色、蓝色的长裤相配。结婚后则包黑色包头,将长裤换成筒裙。腊撒地区女子服饰未婚已婚区别不大,女子喜欢将上衣与长裤或筒裙以及各种饰品搭配。腊撒地区女子包黑包头,上身穿对襟、直摆的中袖上衣,以蓝色或黑色为主。下身穿筒裙,并与腰间的宽腰带和小腿的绑腿相呼应。本案例腊撒女子上装结构造型保持较为宽大的十字形平面结构，衣身左右对称，前后衣长一致，肩袖连体无拼接线，下摆止口为水平直线型。其中衣袖的白色套袖较为别致：采用白色或撞色面料拼接，宽为 10 厘米。这种拼接袖颜色鲜艳，视觉对比强烈，既美化了袖子又增强了袖子的实用功能。领口配有银挂饰，挂饰上部由 4 枚硬币大小的银牌构成，下部并列悬挂银链，挂饰底部平齐。银链在深色服装上发出银白色的光泽，极大地丰富了色彩明暗对比，尤其在行走过程中，银饰的晃动增加了服装的生动感。银饰一旁还别有彩色毛线装饰物，红色圆形中下方的毛线卷曲散开，自然活泼。毛线色彩有黄色、粉红色、大红色、浅蓝色、浅绿色等，均是色相明确、纯度较高的颜色。毛线饰物、铜扣、银挂饰、蓝色衣领并置在一起，形成上衣的视觉中心，增加了服装的可读性。从阿昌族女装的款式图和结构剖析图中，我们可以窥探出阿昌族女上装与汉族服装的基本结构有着千丝万缕的联系，二者都是采用平面直线裁剪，由通袖和直身为中轴线展开的平面结构，由此可以看出二者服装存在一脉相承的共同基因。

通过对阿昌族女上装的形制、装饰，以及服饰与人体的关系的分析，可以看出阿昌族是一个热爱生活、具有良好审美水平的民族。虽然总人口不多，但服饰造型各异，保留着浓郁的民族传统特色，具有极高的艺术价值和人文价值。

图片来源

图一　刘翔宇　摄影
图二　张义芳　制图
图三至图六、图八至图九　单文霞　制图
图七　邵盼盼　摄影

正面

背面

图二　阿昌族女上装彩色复原图

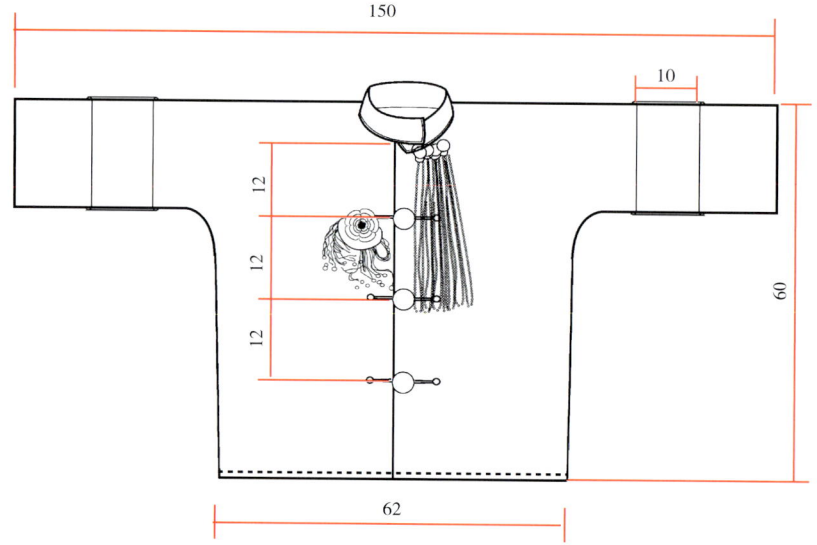

图三 阿昌族女上装平面尺寸图（单位：cm）

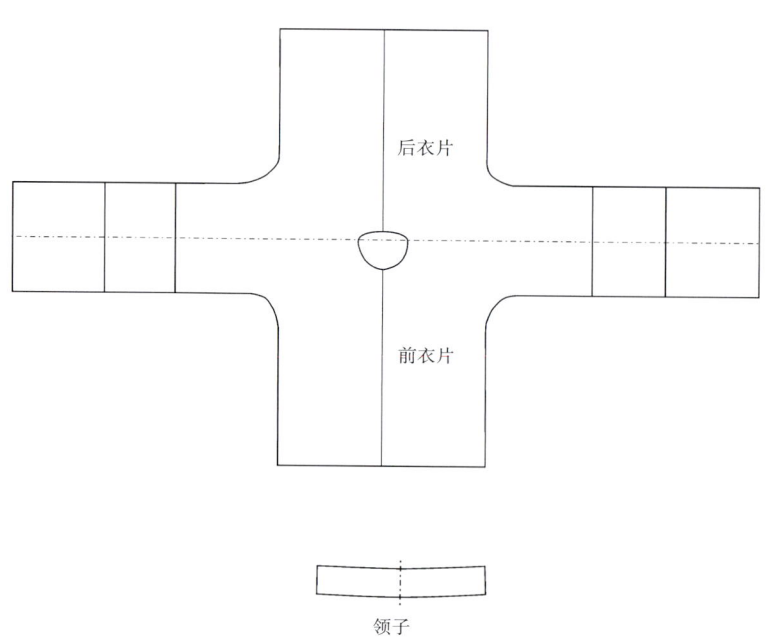

图四 阿昌族女上装平面结构图

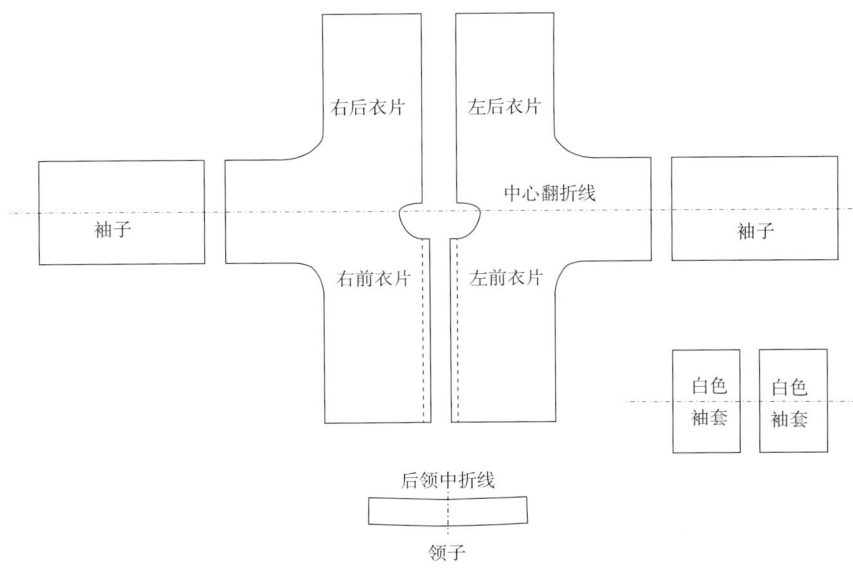

图五　阿昌族女上装开片图

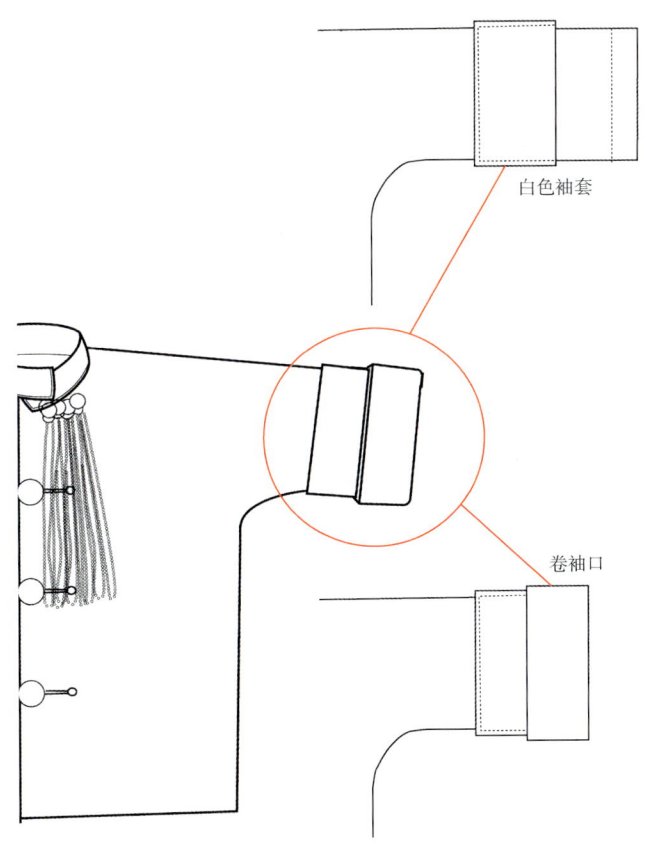

图六　阿昌族女上装袖子局部解析图

图七　阿昌族女上装穿着效果图　　　　图八　阿昌族女上装穿着效果线描图

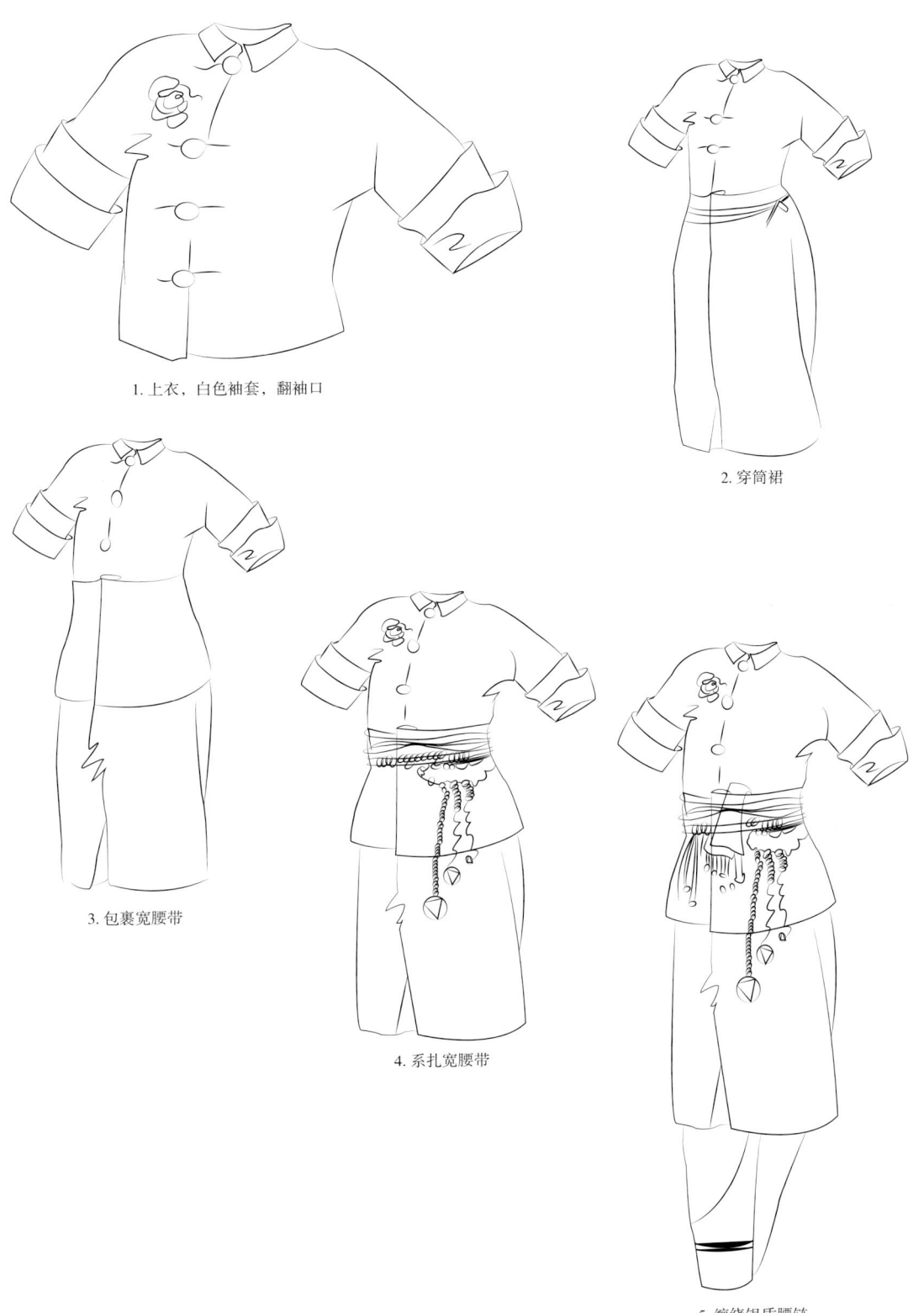

1. 上衣，白色袖套，翻袖口
2. 穿筒裙
3. 包裹宽腰带
4. 系扎宽腰带
5. 缠绕银质腰链

图九　阿昌族女上装穿着步骤示意图

阿昌族缣花衣

图一　阿昌族缣花衣主图

本案例为阿昌族传统缣花衣，属于拼接式长袖短上装，上衣长62厘米，胸围（1/2）66厘米，盘扣间距12厘米，采集于云南梁河县九保阿昌族乡丙盖村杨家。缣花衣的形制是传统的十字形平面结构，以前中轴线展开左右对称，其款式、纹样、色彩都具有显著的民族特色。

阿昌族家庭中的衣物通常都是由女性来制作的。从制线、纺线、染线、织布到制衣工序繁多，工作量巨大，因此阿昌族的女孩从小就被要求学习纺织技术，家族或村寨之间的女性相互学习，传授经验，共同进步。只有拥有一门熟练的纺织技术才能确保整个家庭冷暖无忧，而一个掌握了精湛的制衣技术的人更是众人模仿学习的对象。过去制作缣花衣的材料都是自给自足的布料和染料。织布所使用的工具是一种被称为"腰机"的踞腰织机，也是我国最原始的一种织布机。

纺织材料是棉花和蚕丝，阿昌族素有种植棉花和养蚕的传统，材料都能自给自足。织布前要先捻线、纺线、染线、经线，然后才进行纺织。棉线的染色一般有蓝、白、黑3种颜色。蚕丝的染色相对较丰富，有红色系的大红色、桃红色、石榴红；黄色系的大鹅黄色、小鹅黄色、荠花色，以及白色、翠蓝色等色彩。阿昌族也有使用购买的彩色毛线和棉线纺织的，虽然缩短了工时，但同时也降低了纺织品的精致程度。缣花衣结构为无领对襟"T"字造型，拼接式长袖短上装，前门襟四粒一字扣。其装饰则采用碎布拼接的方式，先用各种颜色的零碎布头拼接成规则的三角形或正方形，通过几何图案有规则地、连续地排列，再镶缝装饰于衣服的左右门襟、前后下摆处，同时在部分几何图案中夹杂些刺绣纹饰。前襟装饰拼布宽约8厘米，前后下摆装饰拼布宽约12~14厘米。阿昌族女子的缣花衣领内衬皆采用纯棉布，大身为手工机织面料，领口、门襟处撞色滚条约1厘米，长袖拼接面长30.5厘米、宽30厘米，袖口撞色布拼接宽约4.5厘米。缣花衣的主要装饰为前门襟和前后衣片下摆特殊的拼布艺术。拼布艺术是一门传统的手工艺，它是将零碎的布块进行拼接设计，最后形成色彩丰富的图案。缣花衣的拼布工艺是将边角面料剪成三角形，再通过有规律的排列和组合，拼接成规则的几何形纹样，之后再连接成宽约8厘米的长方形装饰条覆盖于前门襟、前后衣片下摆处。布料的拼接讲究工艺和匠心，能使视觉效果丰富而强烈。这种拼接装饰艺术，传统上称为"百衲"，是一种兼具欣赏性与实用性的工艺，蕴含着阿昌族传统文化的多元信息。

缣花衣不仅是阿昌族民间传统服饰的代表，也是民俗文化的代表，寄托着百姓祈福的夙愿，演绎着民俗百态的变迁。

图片来源
图一、图六　刘翔宇　摄影
图二、图四　华蔚玮　制图
图三、图五　单文霞　制图

正面

背面

图二　阿昌族缣花衣彩色复原图

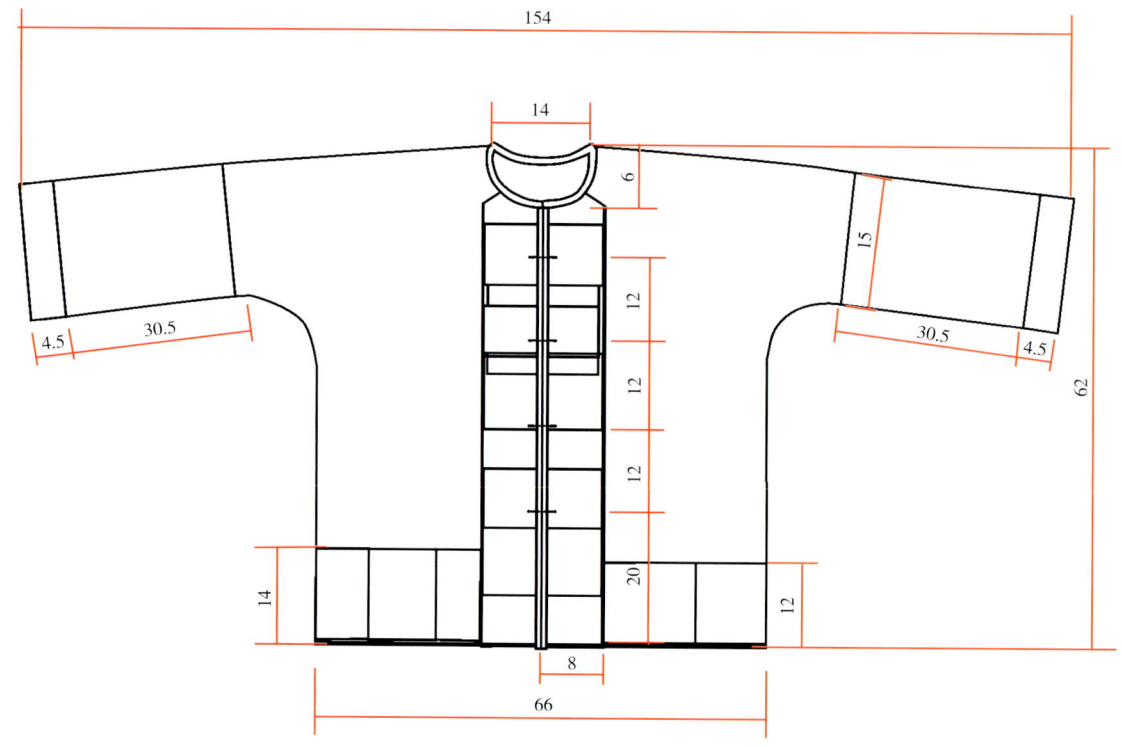

图三 阿昌族缣花衣平面尺寸图（单位：cm）

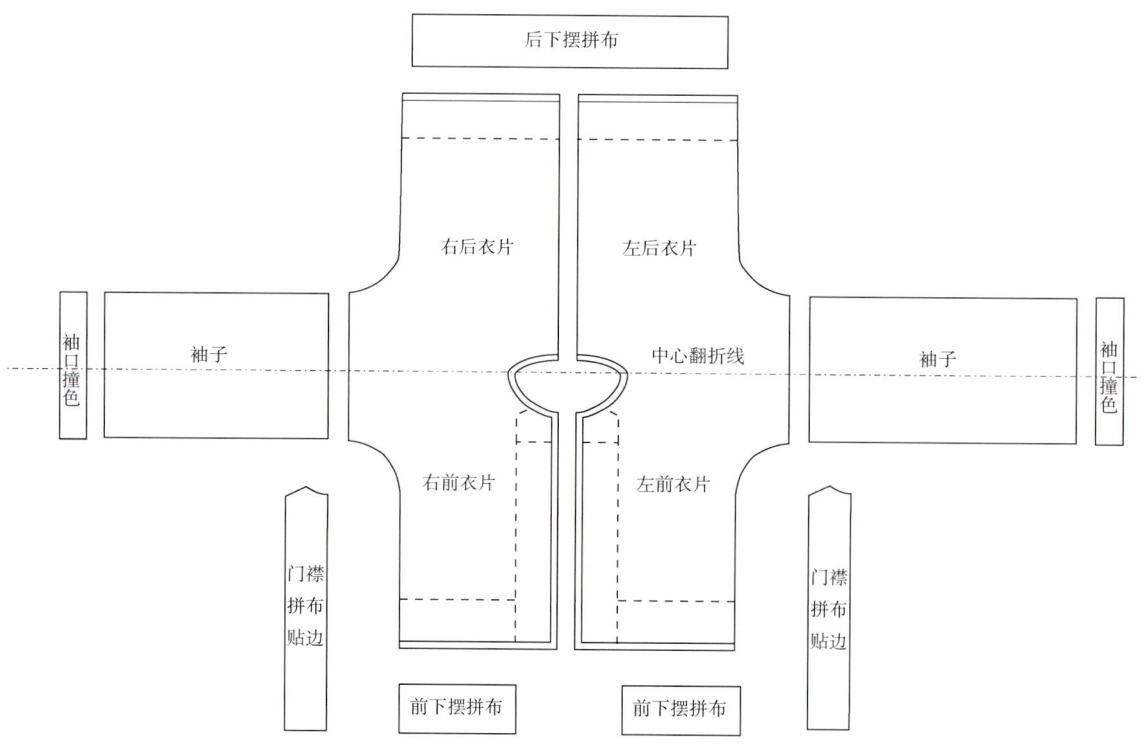

图四 阿昌族缣花衣开片图

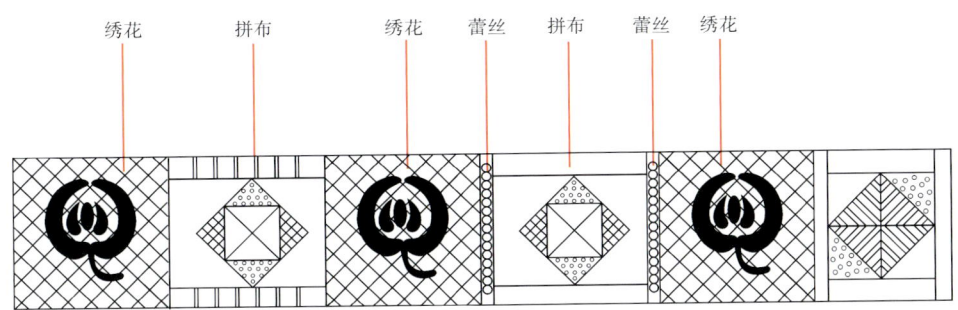

图五　阿昌族缣花衣局部细节分析图

图六　身着缣花衣的阿昌族女子新娘装效果图

阿昌族男装

图一　阿昌族男装主图

本案例为阿昌族传统男装，由褐色对襟长袖上衣和长裤组成。上衣下摆宽63厘米，袖口宽22厘米。裤腿长80厘米，腰围宽32厘米，臀围宽87厘米，裤口宽29厘米，采集于云南省陇川县户撒阿昌族地区。传统男装是阿昌族男子在日常生活与生产劳作时的穿着。

古代阿昌族人民长期居住于云南西南边陲的高寒山区，形成了以狩猎和游牧为主的生产、生活方式，受其影响，阿昌族传统服饰的材料来源、款型样式均与自然环境有着密切的关系，这集中反映在作为生产主力的男性服饰上。早期的阿昌族男装服饰原料大部分源自捕猎动物的皮毛，其服装形制无领无袖，并佩戴包头，由此构成了该民族传统男装的雏形。随着生产力的不断发展，同时与汉民族以及其他少数民族的广泛交流，阿昌族逐渐从狩猎游牧过渡为以农耕为主的定居生活。传统男装的面料也多为手工纺织和染色的土棉布，并形成了白、蓝、黑三色为主的配色体系。服饰形制以及剪裁方式则多借鉴汉族手法，主要特征为衣领至下摆的门襟形式。

户撒阿昌族男装按照门襟的不同，还可分为对襟衫和偏门襟衫。对襟衫，上衣保持较为宽松的十字形平面结构，前中为一字盘扣对襟上装，中式立领，并与衣身面料同色。衣身左右对称，前后衣长下摆水平一致，前衣片左右各有一个大贴袋，肩袖连体，袖身为拼接式九分袖，下摆止口为直线。偏门襟衫，衣身为右衽偏门襟一粒扣结构，中式立领，长至脚踝，左右侧开长衩。本案例中的上衣为褐色对襟衫，立领、直摆、布疙瘩盘扣、一片式连袖，颈部挂有银项链，胸前配有彩色丝带饰物。前襟左侧中部有小口袋，下方左右均有一个大口袋，用于携带常用的小物件。裤子为大裆式的宽腿裤，腰系约2厘米宽的窄布条。有的在小腿裹三角形绑腿，周边钉有齿状装饰物，起到防护和保暖的功能。阿昌族的青壮年男子常佩戴包头，打包头时留出约40厘米长的穗头垂于脑后，并在包头上插花或彩色绒球等饰品作点缀。日常外出赶集或节日聚会时，阿昌族男子上衫下裤，头围包头，身挎"筒帕"（类似一种斜挎包），并携佩特色的户撒刀，整体展现出该民族男性的勇猛与潇洒。

民族服饰是一种无声的语言，它承载着本民族的历史、文化，素有"将历史穿在身上"的说法。阿昌族没有独立的文字，他们通过民族的服饰样式和制作工艺，借助服饰材料、图腾纹样、手工印染等媒介，将社会发展的历史事件、神话传说转化为服饰图案、装饰风格，并通过这种方式将民族的历史文化传承了一代又一代。

图片来源
图一、图五　邵盼盼　摄影
图二至图三　单文霞　制图
图四　张义芳　制图

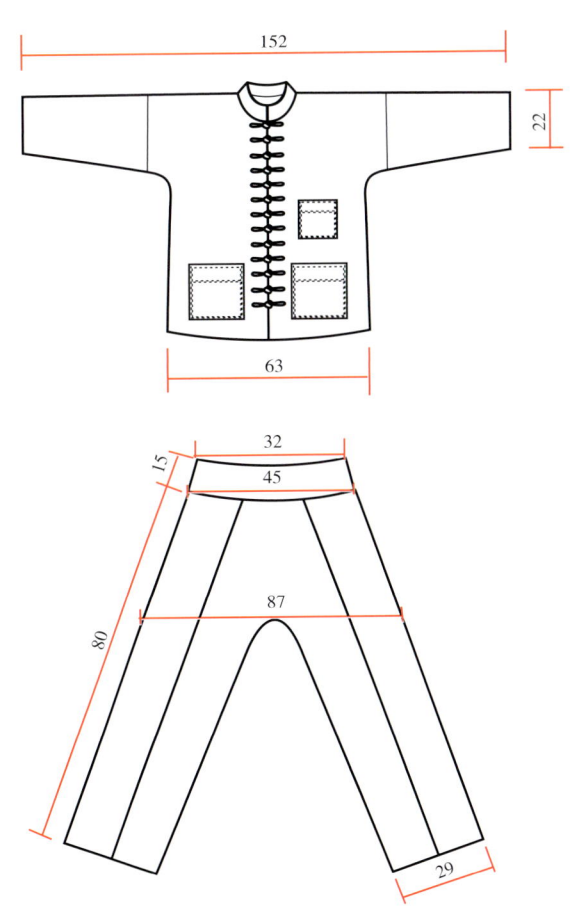

图二　阿昌族男装平面尺寸图（单位：cm）

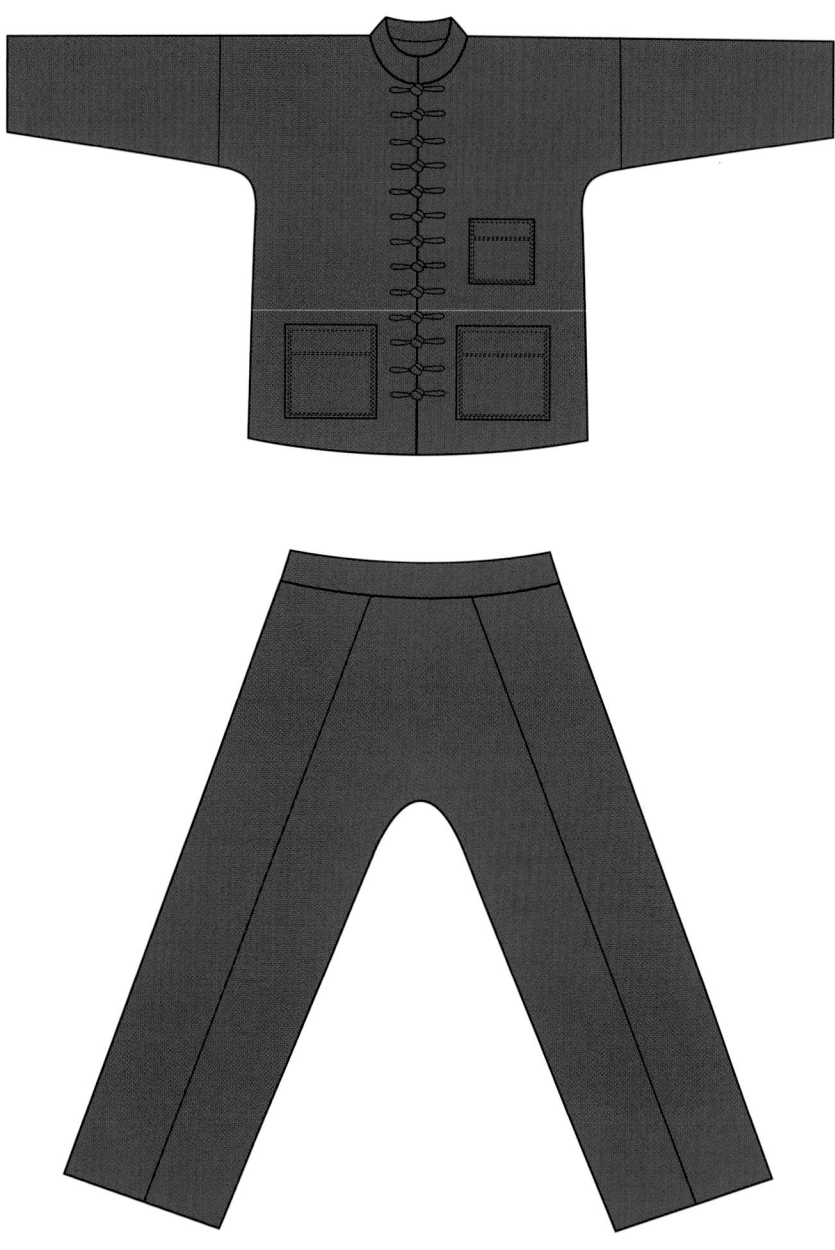

图三 阿昌族男装外观图

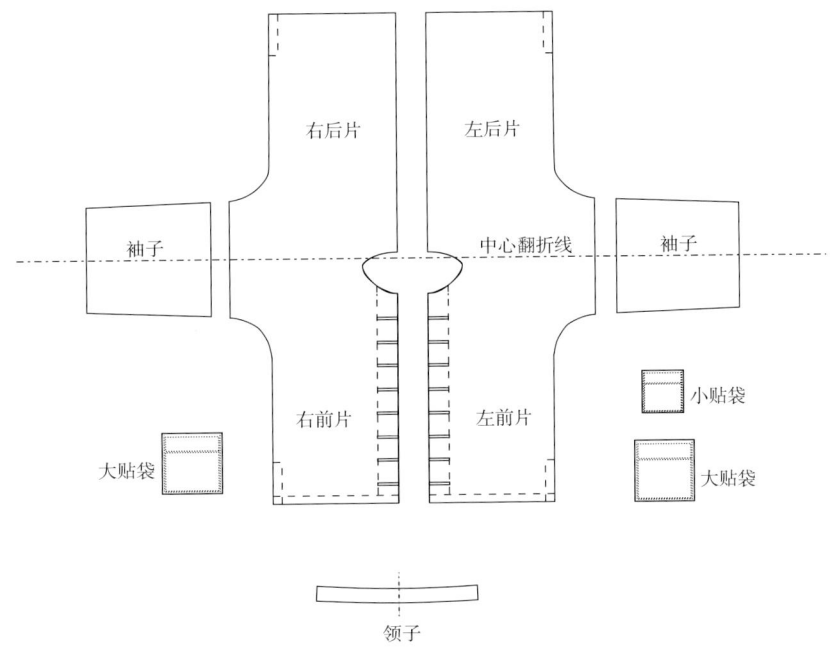

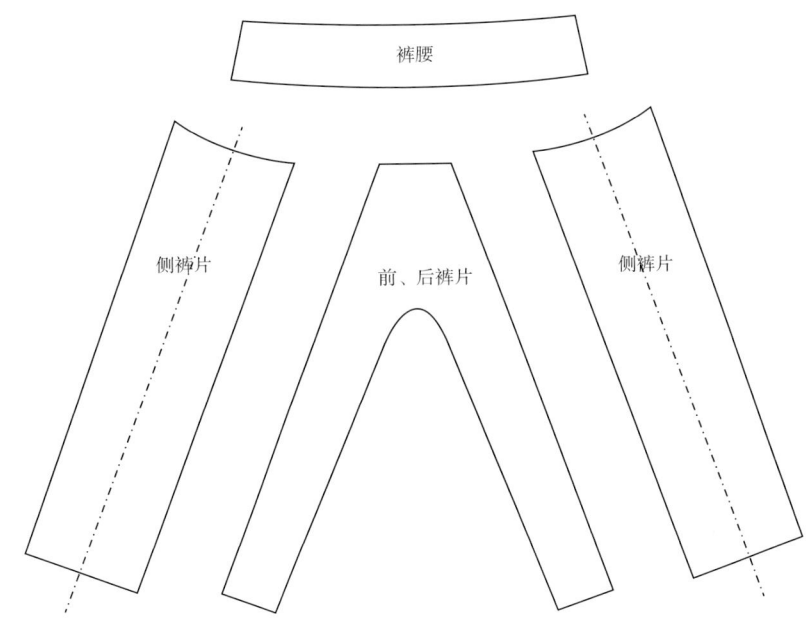

图四 阿昌族男装开片图

图五　阿昌族男装穿着效果图

阿昌族女子包头

正面　　　　　　　　　背面

图一　阿昌族女子包头主图

本案例为阿昌族传统女子包头，通高 23 厘米，下沿直径 22 厘米，采集于云南梁河县九保阿昌族乡丙盖村杨家。女子包头是包裹或遮盖头部的女性装束用品，它是阿昌族文化、宗教、审美等多种因素综合的产物。

阿昌族人非常重视头部的装饰，历来都有男女包头的风俗。传说古代有外族入侵阿昌族地区，阿昌族全民抵抗敌人，眼见箭矢不足，危急时刻，一位妇女心生一计，用几丈高的布缠在头上，形成一个高高的箭垛，在界壕里引诱敌人将箭射进垛里，其他妇女纷纷响应，用同样的方法收集了大量箭矢，最终打败了来犯者，从此已婚妇女的高包头成为勇敢智慧的象征，并流行开来。阿昌族女子包头形状丰富多样，不同地区、不同年龄、是否结婚等因素都影响着包头的造型。包头的颜色以黑色最常见，蓝色次之，花包头较为少见。包头的造型分为碟子包头、狗牙包头、小包头、软包头、方形包头和插花包头等。包头材料简单，一般以自己染织的蓝色窄幅布条为主，幅宽为 6.5 厘米左右。常使用色彩艳丽的绒球、鲜艳夺目的鲜花（或假花）作点缀，也有一些使用少量的银制饰品来装饰，使包头的色彩在庄重中不失活泼和俏丽。阿昌族女子包头的包戴仪式神圣而庄重，分为日常包戴和婚礼包戴两种。日常包戴时，必须回避所有的长辈和晚辈，且外人不能随意碰触包头；婚礼包戴时，必须在举行婚礼后，由子女全的中年妇女在新房中为新娘打上包头，寓意多子多福。此外有的已婚妇女头缠高达 67 厘米的包头，佩戴直径约 6.7 厘米的大圆耳环，有的还穿上一件两襟缀方银牌扣的小坎肩。其中被称为"屋摆"的高包头是阿昌族梁河地区已婚妇女具有代表性的头饰，包头造型高耸而挺拔，高达 0.5 米左右，平铺开长约 5 至 6 米，材料以手工自织自染的黑色土棉布为主。

纵观阿昌族女性的包头，种类、形式繁多，装饰富有个性化。再如阿昌族户撒女子的高筒包头，造型前高后低，呈前端高 14 厘米、后端高 10 厘米、直径为 16 厘米的圆柱状。它的材质还是以浆过的土布为主，在柱状的基胎上层层缠绕而成，包头顶部的图案则由布条一点一点盘饰而成。有时在节庆日，还要在高筒包头上点缀色彩靓丽的鲜花或假花，其简洁的外观更类似于现代的藤编帽。而阿昌族腊撒的女子包头同样具有鲜明的地域特色，造型呈圆盘状，用长达 3 至 4 米的宽布条缠绕，布头两端留出长长的线穗装饰垂于脑后，同时在包头的前端和顶端用鲜花或金属制品作装饰。

阿昌族女子包头具有浓郁的民族特色和丰富的文化内涵。通过对包头的研究，我们可以了解阿昌族人的生活习惯和生存环境，从而进一步挖掘出蕴含在包头中的文化信息。

图片来源
图一　刘翔宇　摄影
图二至图三、图四、图七　单文霞　制图
图五、图六　邵盼盼　摄影

参考文献
殷广胜著.少数民族服饰（下）.北京：化学工业出版社，2013.

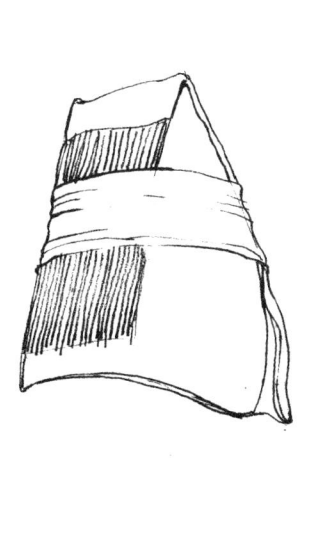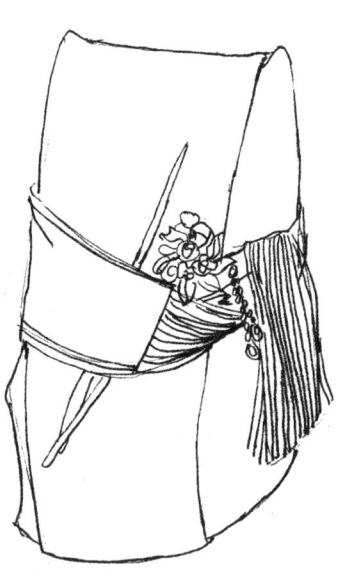

图二　阿昌族女子包头多角度线描图

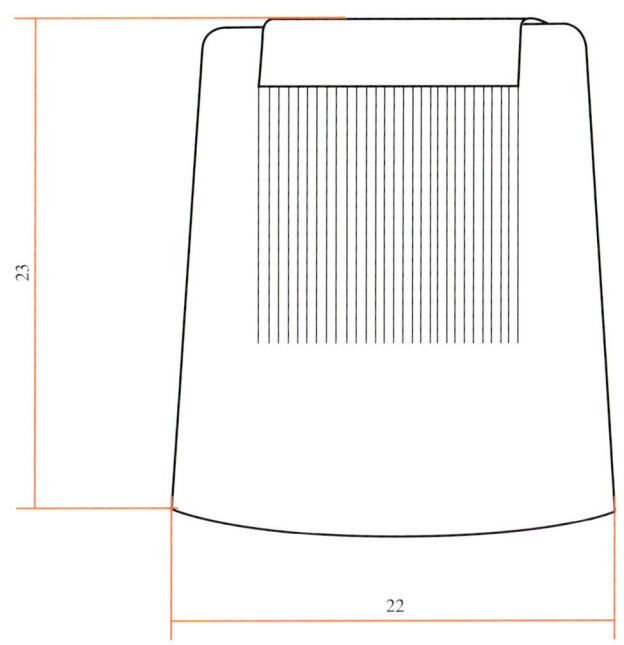
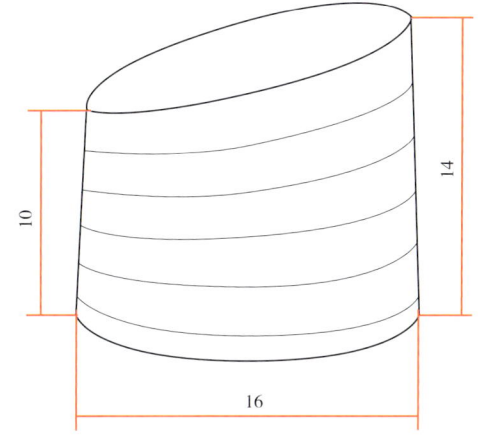

图三 阿昌族女子包头平面尺寸图1（厘米：cm）　　图四 阿昌族女子包头平面尺寸图2（厘米：cm）

俯视图　　　　　　　　　　　　　正视图

图五 阿昌族女子包头效果图

图六　阿昌族腊撒女子包头佩戴效果图

图七　阿昌族腊撒女子包头佩戴效果线描图

阿昌族筒裙

图一　阿昌族筒裙主图

本案例为阿昌族传统筒裙，展开后呈倒梯形，通高 117.9 厘米，顶宽 144.8 厘米，底宽 139 厘米，采集于云南省德宏州梁河县九保阿昌族乡丙盖村杨叶生家。筒裙分为 4 个部分，从上至下依次长为 18.6 厘米、42.9 厘米、46.4 厘米、10 厘米。阿昌语称筒裙为"姆支"。按照筒裙的颜色可分为黑色素筒裙和彩色筒裙两类。

我国很多民族都有筒裙，其中阿昌族筒裙最有代表性。它采用珍贵的蚕丝作原材料，多以黑线为经线，彩色线为纬线，阿昌族妇女用织机织出各色几何纹样，细密排列成有规则、有次序的装饰图案。阿昌族未婚女子穿长裤，只有已婚女子才可以穿如此绚丽的彩裙，这似乎不符合"轻花老素"的常理，故而使阿昌族服饰显得更加神秘。本案例为包裹式长筒裙，上宽下窄呈倒梯形，裙身覆盖五彩装饰纹样。从腰身至裙摆按黄金比例分割，分割连接处巧妙地运用手工装饰线进行处理，既装饰了裙面又解决了手工织机面料门幅窄的问题。阿昌族筒裙的突出亮点是手工织机织出的几何纹样，如藤纹、指纹、鱼纹等，均以几何样式予以归纳强化。我国的几何纹图案源远流长，历史悠久，而阿昌族筒裙的几何纹图案则为我们传递了来自远古的神秘气息。筒裙的装饰图案以平铺为主，但也不乏渐变的装饰效果，其中以与阿昌族日常生活密切相关的"节子花""阿波花""叉子花""细脚花""香炉花""梨翁花"的图案最为突出，丰富的几何纹图案使得阿昌族筒裙别具一格。再例如，阿昌族筒裙的裙边都镶有几道条纹，意为水沟，象征着其从古至今的农耕传统。图案设计是服饰设计的重要组成部分，阿昌族的图案设计着重将其中一个规则的几何纹重复使用，并多次以连续的形式拼接，使之成为服饰中最典型的装饰图案。筒裙规则的几何纹给人以平稳、均衡、朴素之感；不规则的几何纹，则在传统中透出时尚、跳跃、超前之感，富有夺目的装饰效果。阿昌族筒裙上形式感极强的几何纹饰，为现代服饰的图案设计提供了精美参照。

无论是无花纹的素筒裙还是有花纹的彩色筒裙，均采用阿昌族本民族传统的手工艺织成，用料考究，制作精良，其工艺在阿昌族的传统服饰中具有代表性和典型性。筒裙背后蕴含着阿昌族人独特的审美情趣和丰富的文化内涵。

图片来源

图一、图五至图六、图八至图九　刘翔宇　摄影

图二　张义芳　制图

图三至图四、图七　单文霞　制图

正面　　　　　　　　　背面

图二　阿昌族筒裙彩色复原图

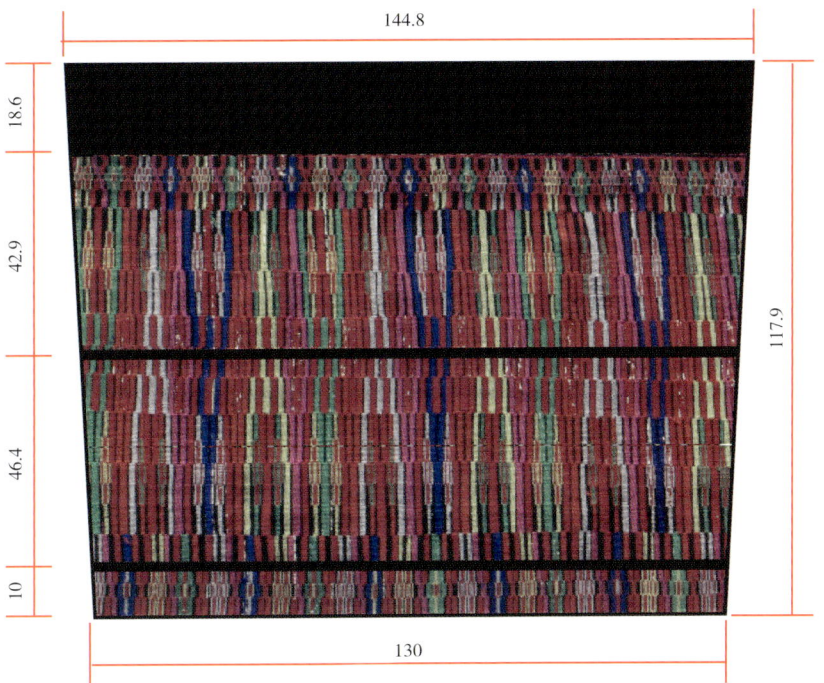

图三 阿昌族筒裙平面尺寸图（单位：cm）

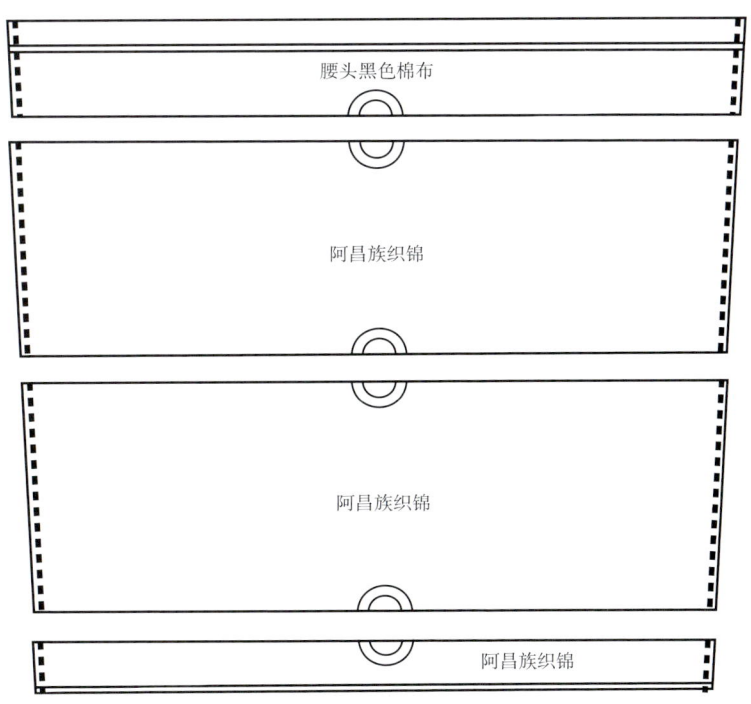

图四 阿昌族筒裙开片图

图五 阿昌族筒裙外观图——满花裙

图六 阿昌族筒裙穿着效果图

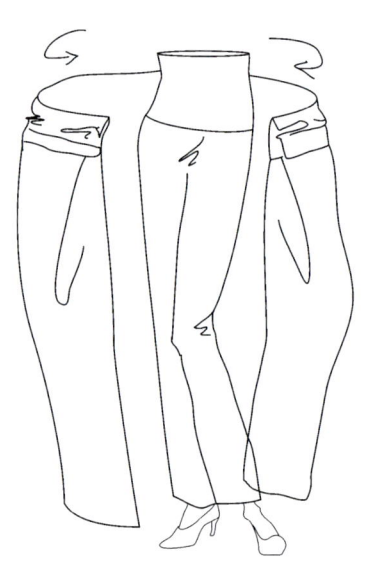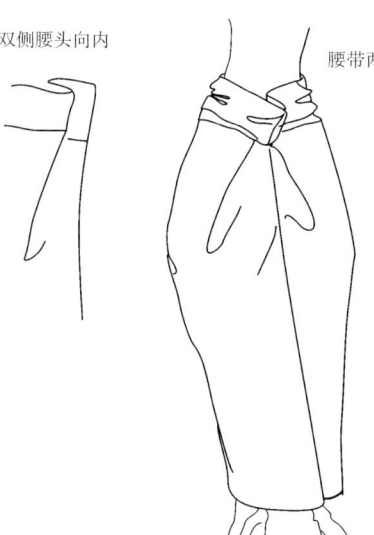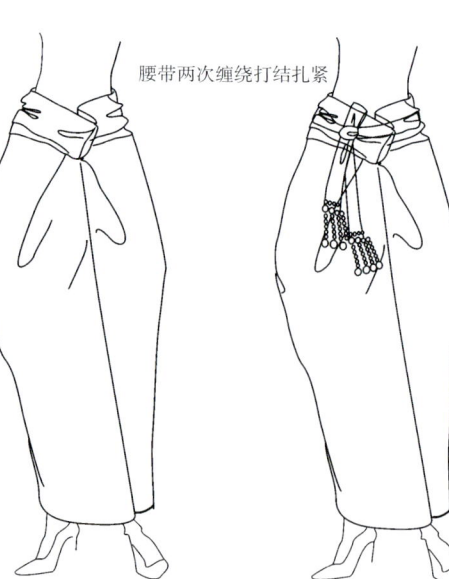

双侧腰头向内　　　　腰带两次缠绕打结扎紧

图七 阿昌族筒裙穿着步骤示意图

图八　阿昌族筒裙制作工艺细节图

图九　阿昌族筒裙制作工艺图

阿昌族筒帕

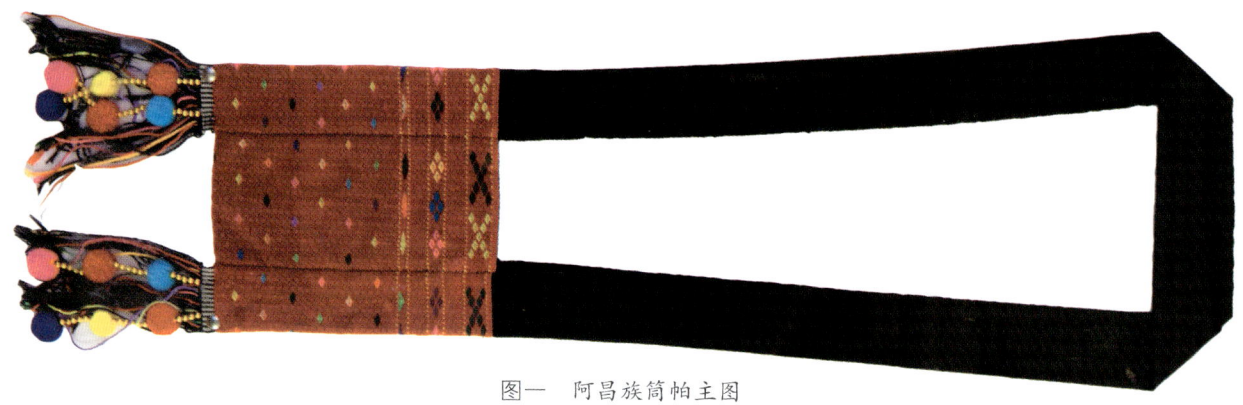

图一　阿昌族筒帕主图

　　本案例为阿昌族传统筒帕，即拐包。包带长120厘米、宽8厘米，帕身长37厘米、宽32厘米。采集于云南省德宏州陇川县户撒阿昌族乡文化站，筒帕以织锦为原料，采用直织型织法织成，兼具实用和装饰两个功能。筒帕按照新旧款式分为新庄和老庄两类。

　　包是人类用来装载物品的重要工具，从过去到现在只是在材料、形制、装饰上有所变化，但其最基本的功能从未改变。时至今日，云南少数民族仍广泛使用各种各样的包，包括一些原始形态的包。现在制作拐包的材料多种多样，既有现代化材料，也有传统的动植物材料，常用的有麻、葛、草、砍刀布、粗棉、粗毛线等。拐包种类繁多，其中阿昌族筒帕是最有特色的一类。不仅阿昌族的拐包称为筒帕，傣族、景颇族的拐包也称之为筒帕。筒帕依附于服饰，两者常搭配使用。制衣就要制包，因为制包工序和材质多和服装保持一致。与傣族和景颇族的拐包相比，阿昌族筒帕更为精美，主要材质为织锦，不亚于傣锦、景颇锦，采用直织型织法，与阿昌族妇女的筒裙一致，都是在腰织机上自织纹样、花型，非常精美。筒帕基本造型是由长方形包身和宽形包带组成。筒帕的装饰主要集中在包身，包身一般使用刺绣、银泡、银链、串珠和绒球等饰品做点缀，常见的图案纹饰有自然形、动植物形、生产生活用具形、几何形、文字形、人物形等几大类。从平面纹样上看既有适形纹样也有单独纹样和连续纹样。筒帕包面上的纹饰用很细的彩色线手工纺织而成，将简单的纹样上下左右进行重复排列，或者通过织纹的疏密变化，形成美丽的图案。包身多由色彩亮丽的丝线构成横向排列整齐的图案，色彩多以红、黄、绿为主色调，包底两侧饰以串珠、带绒球的流苏。相比于服饰的深色面料，筒帕显得十分醒目，图案更具有装饰感，制作工艺更加精湛。

　　作为一种实用的生活物品，筒帕本身既可与服装搭配，丰富和美化服饰语言，又可独立于服饰之外单独成为艺术品。作为阿昌族装载物品的重要工具，筒帕至今仍发挥着它的作用。而作为做工精湛的装饰配件，它显然已超出了实用功能，成为民族服饰中一种重要的装饰品和标识物，体现出阿昌族人民的智慧和审美。

图片来源

图一　刘翔宇　摄影

图二至图五　单文霞　制图

图六至图八　邵盼盼　摄影

图二　阿昌族筒帕彩色复原图

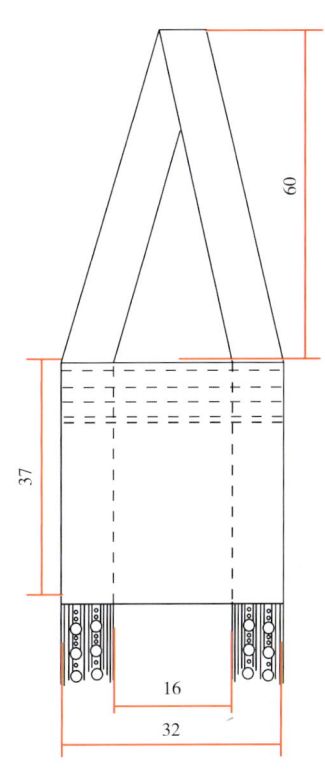

图三　阿昌族筒帕平面尺寸图（单位：cm）

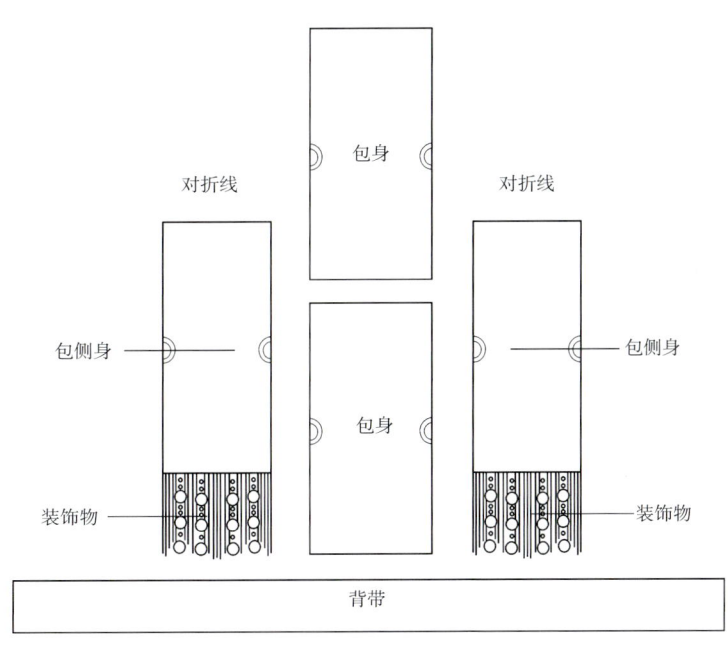

图四　阿昌族筒帕开片图

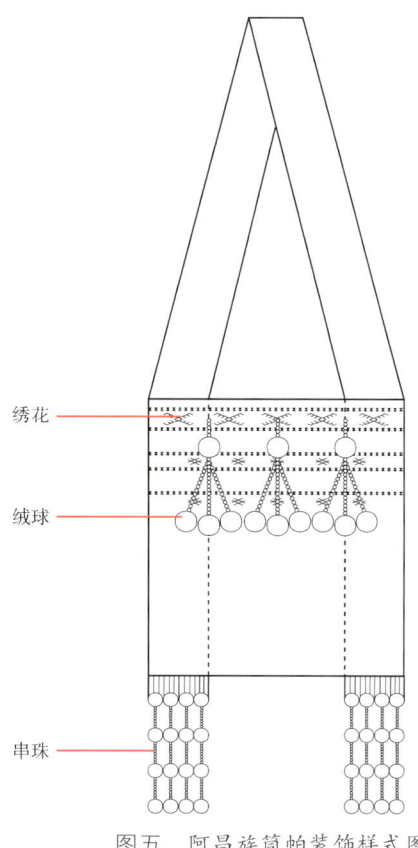

绣花

绒球

串珠

图五　阿昌族筒帕装饰样式图

图六　阿昌族筒帕佩戴效果图 1

图七　阿昌族筒帕佩戴效果图 2

图八　阿昌族筒帕佩戴效果图 3

阿昌族女子腰饰

图一　阿昌族女子腰饰主图

阿昌族女子传统服饰多为纯色上衣搭配满花或半花筒裙，上衣扎进裙腰中，还要在腰间佩戴腰饰，无论是出于美观还是日常收纳等需要，腰饰从来都不可或缺。腰饰主要指绣花围裙，即阿昌族人所称的"毡裙"，它是系扎于腰间的布织物，起着连接上下装的过渡性作用，是阿昌族祖先遗留下来的一种服饰形制，也是阿昌族女子日常生活服饰的重要配件之一。

本案例采集于云南省德宏州梁河县九保阿昌族乡丙盖村杨叶生家。阿昌族绣花围裙由裙头、裙面、侧绣片和裙带组成，总长约1米，宽35厘米。裙头宽约10厘米，多采用色彩艳丽的双层面料，留有口袋可装零钱、镜盒等小物件。裙面为黑色单层棉布，下摆边缘以彩线锁边装饰。围裙侧面缝着精致鲜艳的绣花布片，宽约5厘米，这些绣花布片多为黑底绣上各色花朵和藤蔓等纹样。围裙带总长约2米，宽为2.3至4.5厘米，由中间至两端逐渐变宽，顶端呈菱形，裙带两端镶有五色玻璃珠和彩色丝线编织的蚂蚱花，并绣着红黄白三色花朵，顶端边沿用各种彩线锁边，外缀彩珠和彩色毛线球。当阿昌族女子穿着筒裙系上绣花围腰时，裙带余下的绣花部分刚好垂至膝间，走路时犹如黑色底布上绽放着缤纷的花朵，飘逸而洒脱。

梁河阿昌族新婚女子系在腰上的花带子，阿昌语称"独其萨莱"，也是阿昌族腰饰的另一种重要形式。花带子是一条底布为红色的腰饰，中间为一条约1厘米宽的红条纹，带子两边各镶装一条约1.2厘米宽的抠花纹饰，多用红、黄、白、黑4色彩线手工织成，色彩艳丽，做工精致细密。花带子长约3.5米至4米，宽约7厘米，两端镶有彩色珠花，并缝制着长约15厘米由毛线、绒球、串珠等制成的流苏。花带子抠织的花纹有36种，多取自与阿昌族人日常生活密切相关的工具或动植物等图案，如象征阿昌族狗图腾崇拜的狗牙、寓意子嗣兴旺的瓜子、代表丰衣足食的谷穗等等，每种花纹都是一个特定的符号，象征不同的寓意，记录着阿昌族的原始崇拜和自然崇拜。婚庆中新娘子的花带子是她特殊的标志，待到婚礼结束后由新娘子取下珍藏，直到她年老去世后，留下的花带子被作为"灵带"（灵魂的象征物）接回娘家，祭奠满7日再归还夫家，由其后代妥善保存。

作为日常生活服饰配件的绣花围裙和象征婚俗礼仪与祭祀灵物的花带子，均为阿昌族女子服饰中特有的传统形制。其特有的图案和形状都拥有特定的象征含义，花纹中藏匿着阿昌族古老的文化密码，犹如一册"女书"，在阿昌族妇女中世代传承。阿昌族精湛的染织工艺正是通过花腰饰等一系列传统服饰得到彰显的，其取自于自然和生活的优美图案，丰富而协调的染织配色，无一不表达了阿昌族的精神追求和审美高度。而今，阿昌族优秀的染织品如绣花筒裙、花围腰正逐渐走向市场，受到越来越多消费者的喜爱和称赞。

图片来源
图一、图六至图七　刘翔宇　摄影
图二至图五　单文霞　制图
图八至图十　邵盼盼　摄影

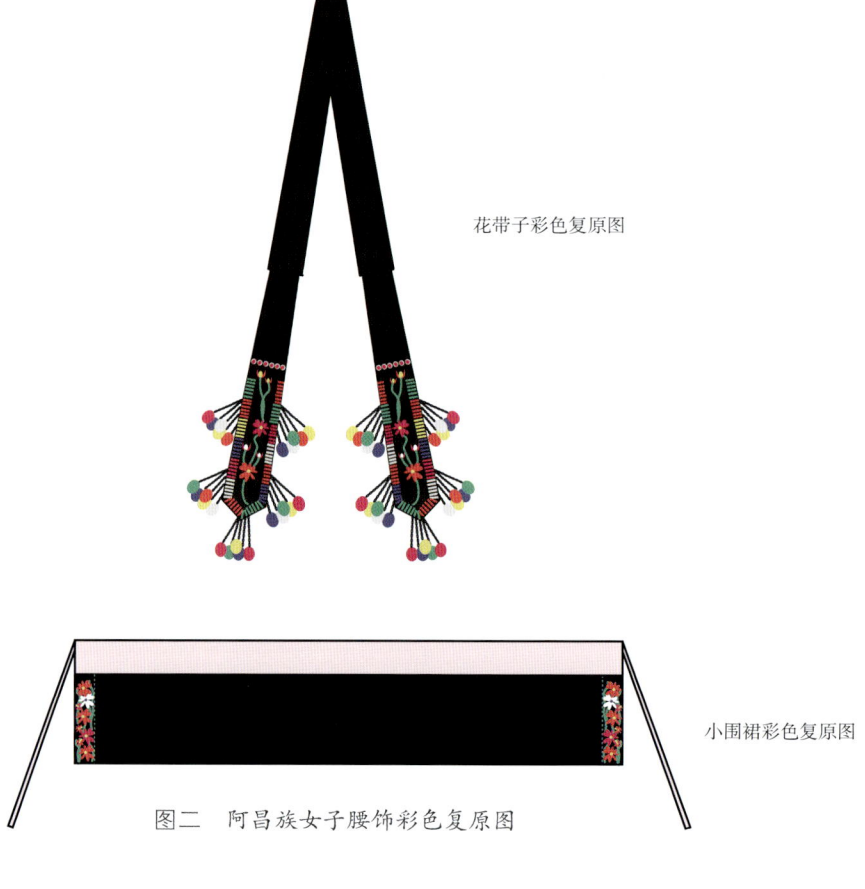

花带子彩色复原图

小围裙彩色复原图

图二　阿昌族女子腰饰彩色复原图

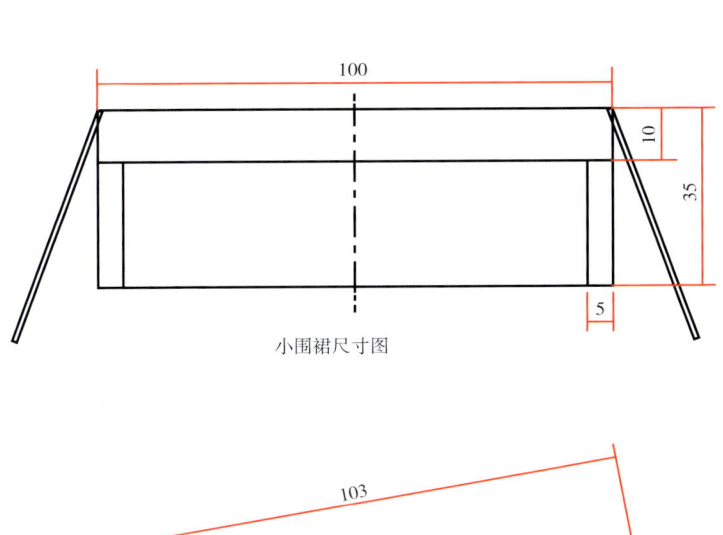

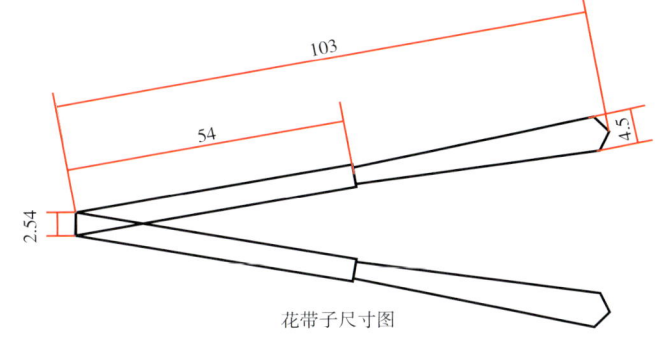

图三 阿昌族女子腰饰平面尺寸图（单位：cm）

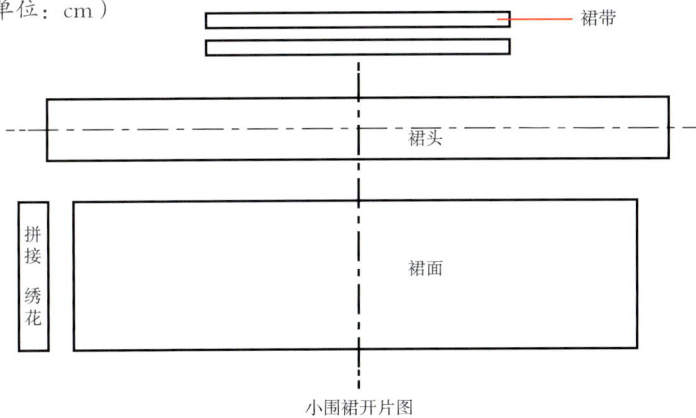

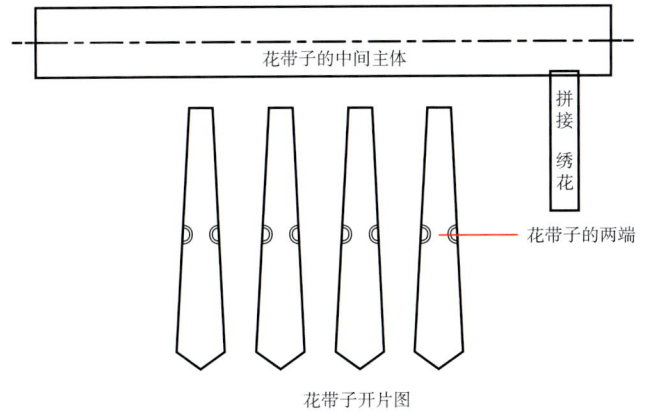

图四 阿昌族女子腰饰开片图

刺绣纹样蝶恋花

阿昌族小围裙绣花纹样

刺绣纹样蝶恋花

阿昌族腰饰绣花纹样

黄色花：寓意爱情

白色花：寓意纯洁

红色花：寓意欢乐

装饰锁边刺绣

图五　阿昌族女子腰饰装饰分析图

图六　阿昌族女子腰饰局部扎系图1

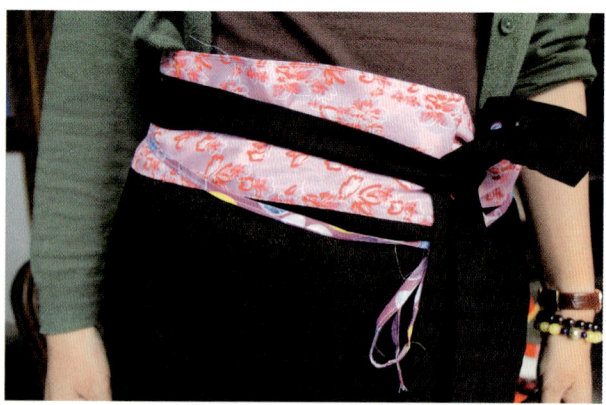

图七　阿昌族女子腰饰局部扎系图2

图八　阿昌族女子腰饰穿戴效果图 1

图九　阿昌族女子腰饰穿戴效果图 2

图十　阿昌族女子腰饰穿戴效果图 3

阿昌族女子绑腿

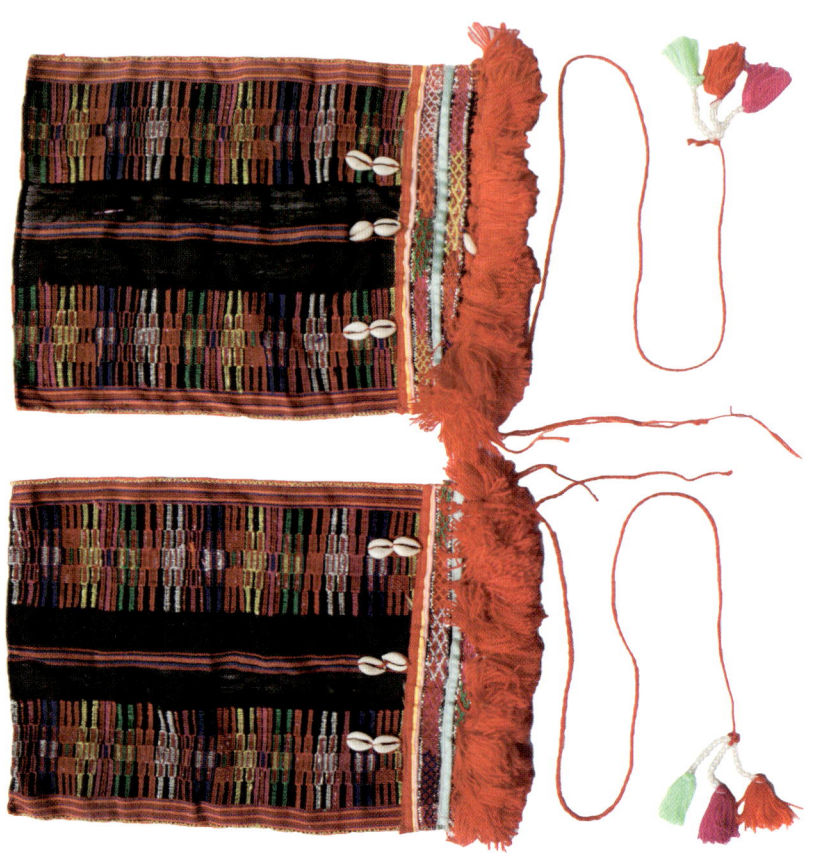

图一　阿昌族女子绑腿主图

绑腿，是云南少数民族地区女子服饰当中最为普遍的饰品之一。阿昌族的女性常在腿部添加绑腿作为装饰，绑腿缝织的图案常与筒裙一致，互为衬托。本案例采集于云南省德宏州梁河县九保阿昌族乡丙盖村杨叶生家，绑腿的外观造型为简洁的长方形，整体长约28厘米、宽约39厘米，其中底部有长约60厘米的绒线流苏装饰。

阿昌族称绑腿为"绞脚"，阿昌语为"剋投"，该服饰由阿昌族妇女独自织缝而成，适用于本民族所有女性。从梁河阿昌族女性绑腿的色彩上可辨别她们的年龄层次，通常年轻女子的绑腿在黑底素面上装饰有五彩织绣、贝壳、流苏等，靓丽斑斓的色彩、流动俏皮的线条展现了年轻姑娘的青春活力，而老年妇女的绑腿则通过黑底素面的样式直观展示了其稳重、厚实的精神面貌。绑腿制作精美，工艺精湛，由经纬纱平纹交织而成，机织黑色底纹，局部还织有彩色的规则而有序的几何纹样装饰。阿昌族女子除了掌握刺绣技术外，纺织技艺也是阿昌族女子必备的一项技能，它源于阿昌族一家的衣物制作都由女主人来完成的风俗。当地的俗语云："男看打铁，女看纺织。"因此，女孩子一般在十五六岁开始就会学习纺织，传统的纺织技术一般由妈妈传承给女儿，或由祖辈传承给晚辈，或由寨中经验丰富的妇女传承给姑娘们，使其织造技术和织造纹饰代代相传。

绑腿多用黑纱为经线、五彩纱为纬线的手工机织面料制作，在面料的拼接处绣有狗牙花边纹样做装饰，绑腿的脚口两端内缝细绳。绑腿与流苏拼接处有两条狗牙花边做点缀，绑腿脚口一侧有几根长短不一的绑带，绑带顶端缝有3个鲜艳的小毛绒线球，同时在绑腿上分布着纵向3条、横向3条粗细不等的装饰条，进一步强化了腿部的装饰效果。绑腿缠裹于膝盖以下至脚踝以上的部位，并用细绳扎紧固定于小腿上下两端，绑好后上方宽系带既起固定作用又有装饰效果，被筒裙遮挡，垂下来的毛线球会随着步伐左右摇晃。不同地域阿昌族的绑腿存在着较大的差异，腊撒阿昌族的绑腿，四周为黑底素面布料，中间用大块的红绿色缎面拼接而成，相交之处用绣片装饰连接。虽然绑腿的外形与梁河地区同为长方形，但其制作工艺和装饰则相对简单。

绑腿在盛夏时节可为在山间农耕的阿昌族女子防御蚊虫叮咬，寒冬之时又能为她们的腿部御寒保暖，甚至在妇女闲暇期间也可为她们提供纺织制作的工艺趣味。随着社会经济的发展，阿昌族的绑腿在传统手工的基础之上也融入了新的材料和工艺，如成品绣片、塑料串珠等新型材料的加入。时至今日，绑腿日渐成为阿昌族女子服饰中不可或缺的一个品类，从看似简单的形式当中，我们可以追溯阿昌族的历史。

图片来源
图一　刘翔宇　摄影
图二至图四　单文霞　制图
图五　邵盼盼　摄影

图二　阿昌族女子绑腿彩色复原图

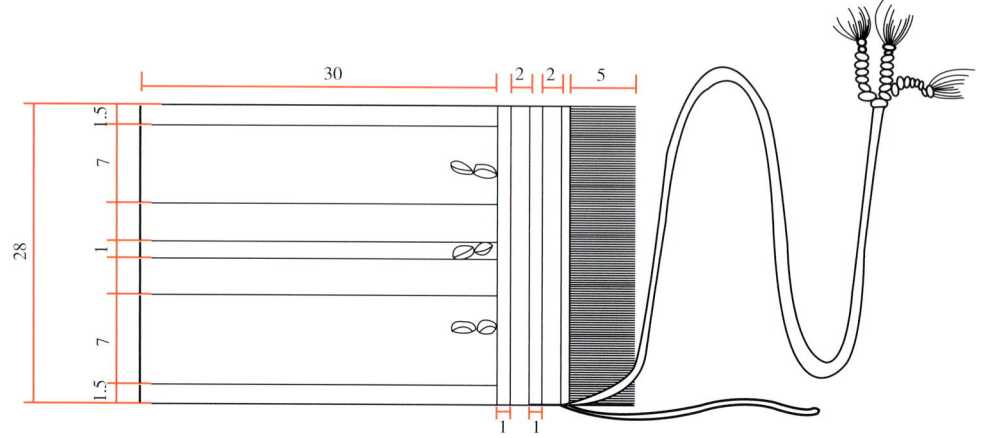

图三　阿昌族女子绑腿平面尺寸图（单位：cm）

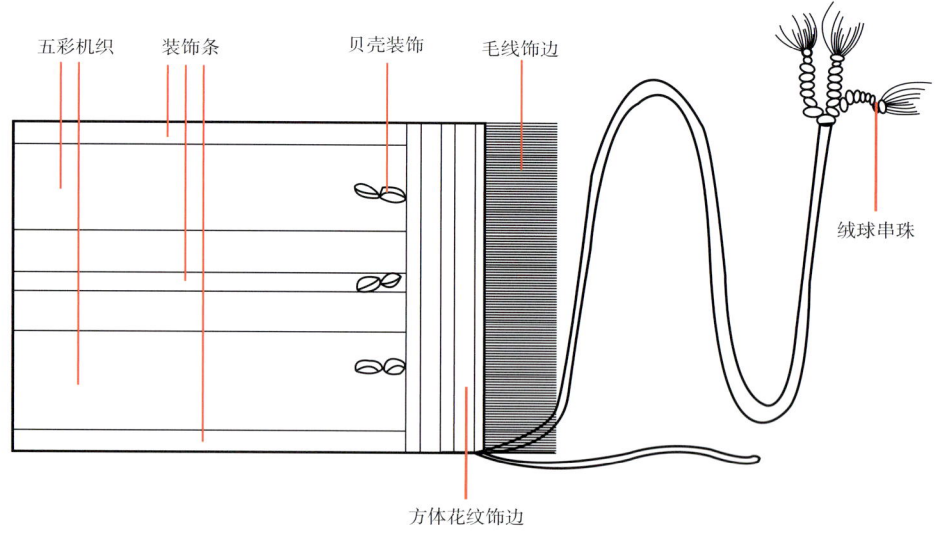

图四　阿昌族女子绑腿局部细节分析图

图五　阿昌族女子绑腿穿着效果图

阿昌族银牌扣

图一　阿昌族银牌扣主图

阿昌族服装配饰品类繁多，其中以银制饰品最具特色。本案例为云南梁河阿昌族银牌扣，其底座银片呈六角形，直径约为4厘米，每边长为1.5厘米，上缀四层拉丝立体银质花卉，不仅花型漂亮、制作精美，而且具有较强的实用功能。

银牌扣由上下两块正方形的银质牌组成，上下牌面均刻有凹凸花纹，其中上片中间留出扣眼，下片中间敲出凸起的圆泡形扣子，上下相叠后相互咬合成扣。阿昌族人民历来擅于打制银饰，与职业银匠不同的是，他们时常在农闲之时进行打造，几乎家家都有制银的能力。其精湛的银制技艺，与闻名于世的阿昌刀一样，为各族钟爱。传统银制的饰品，通常使用风箱、坩埚、铜埚、锤子、锥刀、拉丝钳、松香板以及各种花纹模型等来制作。一般在制作时，首先将银料放入银窝里，通过炉子慢慢融化成银水，然后将银水倒入相应的凹槽中，待银水适当冷却凝固后取出，趁热摊平。再使用工具敲打成所需的造型，一般有方形、圆形、三角形等基本形状。之后放入花模内压制成型，再贴在松香板上雕刻花纹，完成纹样的凹凸效果，全程手工雕刻各个细节部位。最后进行细致的修整和打磨，即完成了饰品的整体制作。阿昌族女子在民俗节日时穿戴盛装，头裹高高的包头，戴上耳环、手镯，身佩银制的项饰、胸饰等，全身笼罩在片片银光中，风姿万千，充满了节日的喜庆气氛。在阿昌族的整套银制服饰中，尤以缂花衣上的银质牌扣最为夺目，两排对称的银泡和宽大的银饰扣相衬，外挂银链，银光闪亮，其布局陈列犹如古代出征战士的战袍。云南阿昌族牌扣种类繁多、造型别致又各具特色，如户撒的银质和金质牌扣，既有几何形的花卉纹样，又有异形的动植物等纹样；而腊撒姑娘所佩戴的牌扣则更注重排列方式，她们常把银牌扣在领口处紧密地排列，其牌扣甚至直接选用旧时外国银币。由此可见，阿昌族女子对于牌扣装饰的重视程度。

阿昌族尚银，无论男女的饰品，绝大多数是以银为原材料的，当地人普遍认为银子代表光明与财富，人佩戴着用银制成的饰物可以消灾辟邪，保佑人们平安吉祥。阿昌族女性服饰中装饰于胸前的牌扣，因其占据着显著的视觉位置，所以它的造型、色彩、纹样都很考究，其中蕴含了丰富的设计启示。阿昌族的银牌扣不仅装点着阿昌族女子的日常生活，而且还彰显着该民族丰富的历史文化内涵。

图片来源
图一　刘翔宇　摄影
图二至图三　单文霞　制图
图四至图八　邵盼盼　摄影

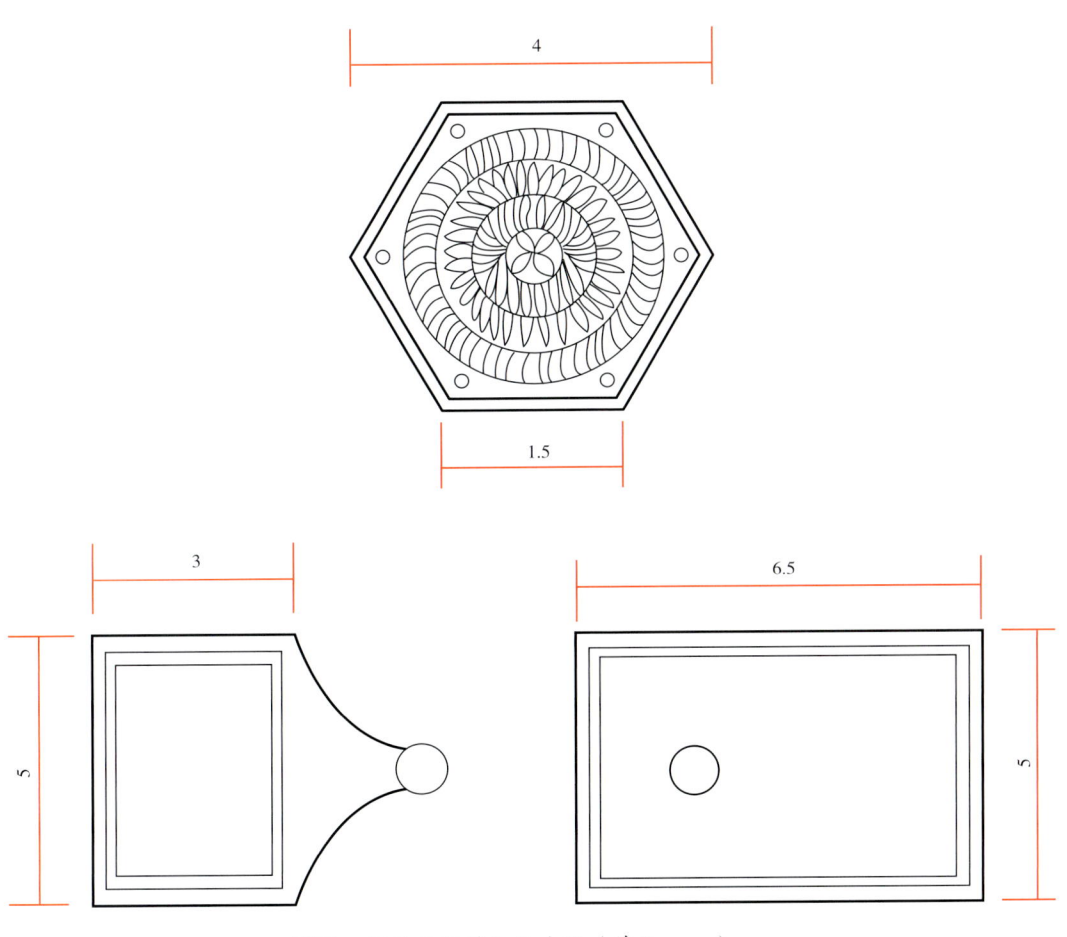

图二　阿昌族银牌扣尺寸图（单位：cm）

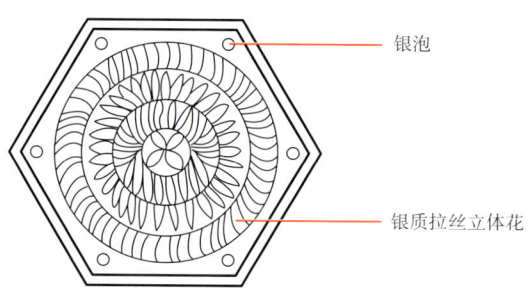

图三　阿昌族银牌扣局部细节分析图

图四　阿昌族银牌扣制作图

图五　阿昌族银牌扣佩戴效果图1

图六　阿昌族银牌扣佩戴效果图2

图七　阿昌族银牌扣佩戴效果图 3

图八　阿昌族银牌扣佩戴效果图 4

第三章 阿昌族传统餐饮

阿昌族过手米线

图一 阿昌族过手米线主图

　　米线在云南是一种很常见的食品,过桥米线、小锅米线、豆花米线等随处可见且品种繁多。本案例采选于云南省德宏州陇川县户撒阿昌族乡,过手米线也称火烧生猪肉米线,是将大米经过碾压、浸泡、煮熟制成米线,将烤猪肉、酸水、豆粉及其他特色调料搅成糊状,食用时先用筷子夹一撮米线置于手掌心,再挑一点糊状的佐料放在米线上"过手",然后送入口中,因食法而得名"过手米线"。过手米线制作简单,其味香辣爽口、清酸开胃,吃法朴素又随意,一直以来都是阿昌族家庭待客的佳肴,每逢婚丧嫁娶、逢年过节等更是必不可少的美食。

　　户撒地处狭长的河谷地带,水土肥沃,雨热同期,盛产水稻,其中尤以"红根细"的稻米最著名。世居于此的阿昌族人不仅是种植水稻的能手,还是制作美食的行家,他们能将收获的大米做出五花八门的民族风味小吃,米线便是其中最典型的一种。由于米线不怕冷暖、便于携带,阿昌族人上山砍柴、下地干活、赶摆集会等常常会带上制作好的米线共食。集会人多,分食米线的碗筷不够用,后来就逐渐演变成将米线与馅分开,右手拿筷,将米线与馅料夹于左手心再送入口中,不用碗只用手,就成了过手米线。过手米线发展至今已有近百年历史,做法越来越多样化，但火烧肉、豆粉、酸水这三大元素始终不变。最正宗的米线首选户撒特产的油润软糯的紫红米为原料，制成的红米线色泽鲜亮，筋道弹牙，软滑香糯，不结团也不粘手。然后就是制作"帽子"，将切成1~2厘米厚度的新鲜精瘦肉，在木炭火上翻转烘烤，至猪皮焦酥香脆，再将烤熟的猪肉切丁用酸醋拌匀；随后把瘦肉剁碎，豌豆凉粉塌成泥，与碎花生米、芝麻、大蒜、辣椒、香菜等调料搅拌成鲜香扑鼻、酸辣可口的糊状物；最后将用萝卜苗和发酵的米汤熬制而成的酸水拌入馅中，一套过手米线"帽子"便大功告成。食用时右手抓一撮米线放于左手掌心，用筷子将拌好的烤猪肉馅料放在米线中间，再配一点特色调味料，用右手拇指、食指和中指将米线包裹住馅料送入口中。米线口感丰富，酸、辣、鲜、香共存，让人回味无穷。阿昌族的山歌唱道："户撒好、户撒好，户撒'过手'忘不了，吃了'过手'想'过手'，'过手'味道实在好。"云南陇川县户撒乡过手米线是民俗文化底蕴和风俗习惯在日常生活中的直接体现之一。

时至今日，过手米线这一制作原始、吃法独特的阿昌族小吃，因其无法掩盖的美味和民族魅力而逐步扩散开来，从户撒一路流传到陇川、芒市，乃至昆明。过手米线以它百年的历史积淀，将会如户撒刀一样成为阿昌族的名片，成为众多云南民族风味小吃中的新锐。

图片来源
图一　刘翔宇　摄影
图三至图六　赵思颖　制图
图二、图七至图八　赵思颖　摄影

图二　阿昌族过手米线食材图

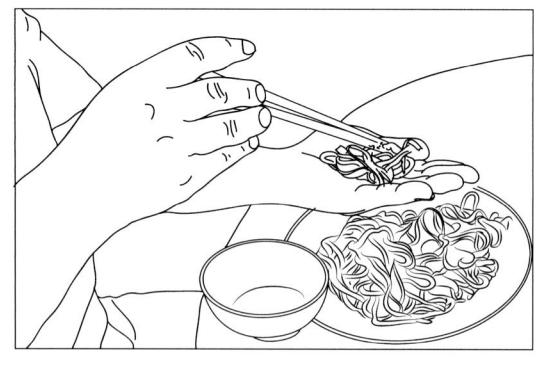
1. 用筷子取适量米线，卷于手心

2. 再取少量"帽子"放置于米线之上

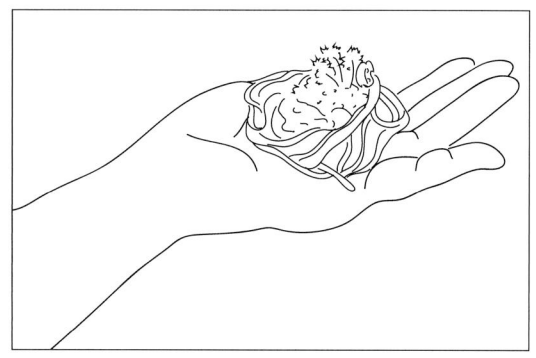
3. 根据口味还可以添加一些辣椒酱等调味

4. 将手中搭配好的米线一口塞进嘴中

图三　阿昌族过手米线食用步骤示意图

图四　阿昌族过手米线食材制作场景示意图

图五　阿昌族过手米线配料制作场景示意图

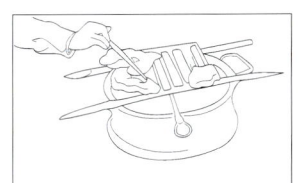 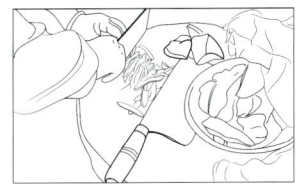 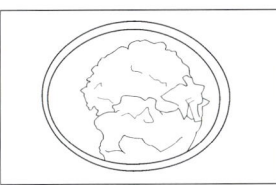 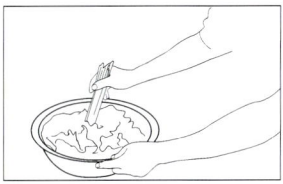

1. 带皮猪肉烤熟备用　　2. 剁碎的火烧猪肉　　3. 在剁碎的肉中加入少量稀豆粉与水　　4. 将肉和稀豆粉拌匀

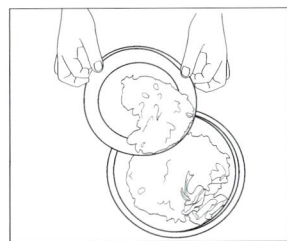  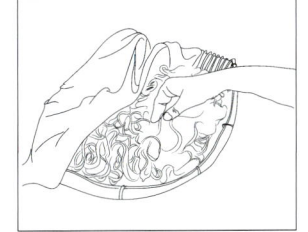 

5. 在肉糜上放入猪肉片等　　6. 装盘，撒上花生米和搭配的蔬菜　　7. 取出准备好的米线，单独装盘　　8. 用酸水、黄瓜丝、剁椒、萝卜干等制成调味小菜

图六　阿昌族过手米线加工步骤示意图

图七　阿昌族过手米线食用情境图1

图八　阿昌族过手米线食用情境图2

阿昌族酸辣谷花鱼

图一　阿昌族酸辣谷花鱼主图

本案例为阿昌族酸辣谷花鱼，是云南省德宏州梁河阿昌族地区最具特色的传统美食之一。谷花鱼因养殖在稻谷田间而闻名，它只有在秋收季节才可食用，故谷花鱼的捕食也意味着农家粮食丰收时刻的到来。

阿昌族人世居的云南省德宏州，地属亚热带地区，这里的人喜食酸辣口味，这除了酸辣能够刺激胃口增加食欲外，还有助于驱寒祛湿。阿昌族人擅长种植水稻，在赶插幼苗时一并放入鲤鱼或鲫鱼的鱼苗进行养殖，不投喂任何饲料，任其在稻田中自由生长。因而小鱼多以杂草、昆虫以及飘落的稻谷花为食，随着谷熟稻香，小鱼也体硕肥美，故名谷花鱼。待到秋熟之时，农民赤脚走入稻田，在田埂上扒开数个出水口，支上鱼笼等捕鱼工具，用锄头在稻田中挖开一条条水沟，田间水流由高向低不断向外流出，游弋在禾苗间的谷花鱼便顺着流水进入鱼笼之中，奋力洄游的则因水竭而被捕。谷花鱼常见的吃法有清炖、油煎等，其中酸辣口味的谷花鱼最受德宏地区的阿昌族人喜爱。其制作方法是将谷花鱼清水洗净，去鳃去鳞净膛，在鱼身两侧各切斜刀花数道，用小火油煎至鱼身双面金黄为宜。之后需另起油锅放入洗净切碎的生姜、蒜、生辣椒和小酸茄，直至翻炒出香味，再将鱼放入锅中，并加少量老醋、生抽，适量的白糖和盐，倒入可覆盖到鱼身顶部的热水。先用大火烧开后再转为小火慢炖，待汤汁变少时倒入青椒等其他配菜，大火炖煮片刻至青椒变色，最后配以缅芫荽、苤菜等作为点缀。谷花鱼的肉质嫩滑，营养价值颇高，加之味道鲜美，菜式饱满，摆盘美观，烧熟上桌后常常被当做整桌的主菜。又因其麻辣可口、辣中带酸、酸中回甘的独特口感，每到秋收季节总引得周边地区的人们慕名而来。阿昌族百姓也常用谷花鱼款待远道而来的亲友，在觥筹交错中将秋收的美味同他人一起分享。

阿昌族人所钟爱的酸辣谷花鱼是在特定的生产与生活环境下逐渐发展成形的。他们巧妙地利用稻田水域的空余之处，将稻谷和鱼苗两个完全不同的物种有机地结合起来，产生了和谐共生的生态互补关系。这一创造集中体现了阿昌族人民面对自然环境所展现出来的生存智慧。

图片来源
图一　李亚平　制图
图二　刘翔宇　摄影
图三至图六　刘翔宇　制图

图二　阿昌族酸辣谷花鱼食材图

图三　阿昌族酸辣谷花鱼捕捞场景示意图1

图四　阿昌族酸辣谷花鱼捕捞场景示意图2

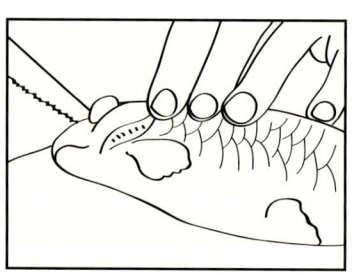
1.清水洗净后去鳃去鳞净膛

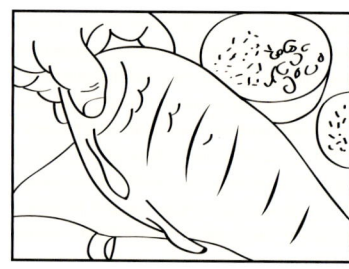
2.鱼身两侧各切斜刀花数道

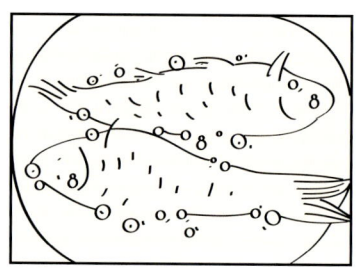
3.用小火油煎至鱼身双面金黄

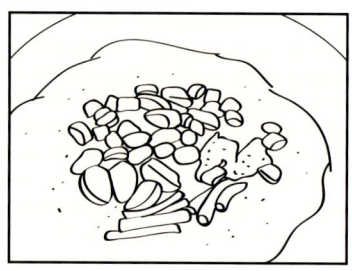
4.另起油锅放入调料翻炒出香味

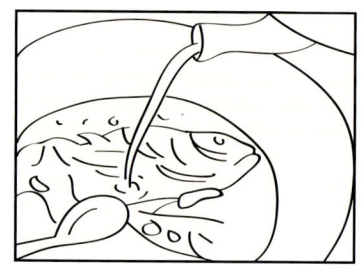
5.倒入可覆盖到鱼身顶部的热水用火慢炖

6.最后配以缅芫荽、苤菜等作为点缀

图五　阿昌族酸辣谷花鱼食材加工步骤示意图

图六　阿昌族酸辣谷花鱼食用情境示意图

阿昌族稀豆粉

图一　阿昌族稀豆粉主图

　　本案例为阿昌族稀豆粉，系云南省德宏州梁河县九保阿昌族乡丙盖村农家自制。稀豆粉是阿昌族人民对淀粉类食品深加工而生产出的具有新物理状态的食品，稀豆粉在德宏地区不仅作为小吃，而且也作为早点被该地区人民食用。稀豆粉冷热皆可，十分爽口，具有消暑热的功效，是云南特色小吃之一，也是云南地区很受欢迎的夏季消暑佳品。

　　阿昌族稀豆粉的制作是以上好的白豌豆为主要原料，研磨成粉后加入一些佐料烧煮成稀糊状。制作稀豆粉的原料及工具皆为常见材料，制作方法也很简单，一般家庭日常都可自制。阿昌族妇女一般会在制作的前一天将上等的豌豆放入盆中进行浸泡，待浸泡一天或一夜后将豌豆沥干，用石磨研磨成豆瓣，去皮后再磨制成粉，然后过箩筛筛出细面备用，再将大蒜和生姜分别切成碎末，加入少量水后调制成姜蒜水以备用。正式制作时，首先将经过箩筛筛过的豌豆粉倒入碗中加水，加水时需要边加水边搅拌，直至将豌豆粉调制成均匀的糊状，面糊顺滑且不含颗粒为最佳。汤锅内加入清水，待水煮沸，转至小火，以画圈形式将豌豆面糊淋入沸水中，并且一边淋入一边快速搅拌，以防溢出。豌豆面糊完全倒入锅中后，将火力保持最小并且要耐住性子不停地搅拌，直至锅中面糊颜色变浅，当面糊表面出现气泡时，关闭火源将汤锅端离开。食用时取一只大碗，加入一小勺调制好的姜蒜水，盛入熬好的稀豆粉，撒上辣椒面等佐料，即可食用。食用前可在碗内加入少许食盐，能够防止稀豆粉泄掉，食用也更为爽口。熬煮好的稀豆粉清香宜人、滑糯香辣，虽有多种调料混合，但豌豆的香味不仅没被夺去，反而更加能够凸显。

稀豆粉的食用方法多种多样，既可热吃也可冷吃。食用热的稀豆粉时，可以在稀豆粉中加入米线、饵丝、饵块、卷粉等云南小吃，也可以用稀豆粉泡油条、泡面条、泡米饭。稀豆粉汁米线即是稀豆粉与米线所搭配出的阿昌族老少皆宜的另一种小吃。稀豆粉冷却凝固后则成为另一种特色小吃——豌豆黄。除云南省德宏州外，会泽、临沧、保山、腾冲等地也都有食用稀豆粉的习惯，而且每个地方的味道各有不同，独具地方特色。稀豆粉是阿昌族人民通过对豌豆的深加工而得到的一种新的饮食方式，其制作方式和食用方法与中原地区的豆汁、藕粉等饮食类似，这也可以看出中国人独具特色、一脉相承的"厨炊精细加工方式"。

图片来源
图一　赵思颖　摄影
图二　何卓嫔　摄影
图三至图四　赵思颖　制图
图五　邢楚君　制图

豌豆

食盐

辣椒面

油条

图二　阿昌族稀豆粉食材图

1. 碗内盛装豌豆粉备料

2. 加冷水调制成稀糊状

3. 稀糊倒入锅内，小火慢煮

4. 加热的同时不断搅拌，煮好后盛入装有米线的碗中

5. 按照个人口味选择配料

6. 搅拌后即可食用

图三　阿昌族稀豆粉食材加工步骤图

图四　阿昌族稀豆粉食用情境示意图

图五　阿昌族稀豆粉售卖情境示意图

阿昌族猪肉冻

图一　阿昌族猪肉冻主图

本案例所选取的阿昌族猪肉冻，采集于云南省德宏州梁河县九保阿昌族乡丙盖村，是云南梁河阿昌族传统风味凉菜之一。猪肉冻作为一道风味极佳的菜肴，因地域差异导致其在味道与制作方法上略有不同。

云南梁河阿昌族猪肉冻的制作原材料主要有猪头、猪脚、猪肉以及新鲜的苤菜根，并配以精盐、草果面、味精等调料。其制作过程也较为简便，日常家庭即可操作。制作方法大致分为以下几步：首先将猪肉、猪脚等原材料洗净去毛后，放入清水中浸泡约2个小时，使肉质软化，这样有助于猪皮表面的毛孔扩张；猪脚、猪肉等经过清水浸泡后取出，使用锋利的快刀将皮肉两侧的多余油脂层切除，并将猪皮表面残留的余毛去除，因浸泡时间足够长，猪皮表面的毛孔已张开，猪毛的清除更为方便；待余毛、油脂层等一并清除干净，用刀将猪肉切成条放置一边备用，然后在干净的锅中加水，放入精盐、姜、草果面、味精等调料，将处理干净的主料一并放入锅中，文火炖煮2个小时以上。炖煮过程中观察锅中的水位，水量减少时，继续加水炖煮，等水再次炖开后，加盐，此时可用筷子插入猪肉内，检查肉质是否已经软糯；再将猪皮倒入锅中，继续炖煮，直至皮肉软烂，肉片入味；待锅内的汤煮沸之后，用勺子将锅中浮沫撇净，起锅装入深平盘内待其自然冷却凝固，即可成为猪肉冻。若汤汁太多，凝固较不容易，可将锅中的汤汁进行过滤后再倒回锅中加热，用锅铲进行搅拌，待汤汁正好后，将汤汁和猪肉摆盘装入容器内，可放置冰箱内冷藏，成为肉冻。每次上桌前，只需将已制作完成的猪肉冻切成片状即可。阿昌族人在食用猪肉冻时都会搭配蘸料（或称蘸水），蘸料普遍用精盐、辣椒面、草果面、味精、麻油等调料配制而成。猪肉冻配以自家调配的蘸料，味道香浓，鲜嫩软糯，回味无穷。

阿昌族人民制作出的猪肉冻不仅味道鲜美，入口即化，而且猪肉冻包含了大量的胶原蛋白，有着延缓衰老与抗癌的功效。猪肉冻在制作过程中，将猪皮肉进行加热，待其长度收缩变短，皮质松软后，胶原纤维的韧性才逐渐变强。随后继续用温火熬制，直至猪皮条恢复原状，皮内饱含汤水使胶原蛋白成为水溶性明胶，冷却后凝固成为冻状。这也是阿昌族人民在逐步掌握饮食技法之后，通过对食物的深加工而得到的一种创新性饮食，它丰富了阿昌族的饮食文化。

图片来源

图一　何卓嫔　制图
图二　何卓嫔　摄影
图三　邢楚君　制图

图二　阿昌族猪肉冻食材图

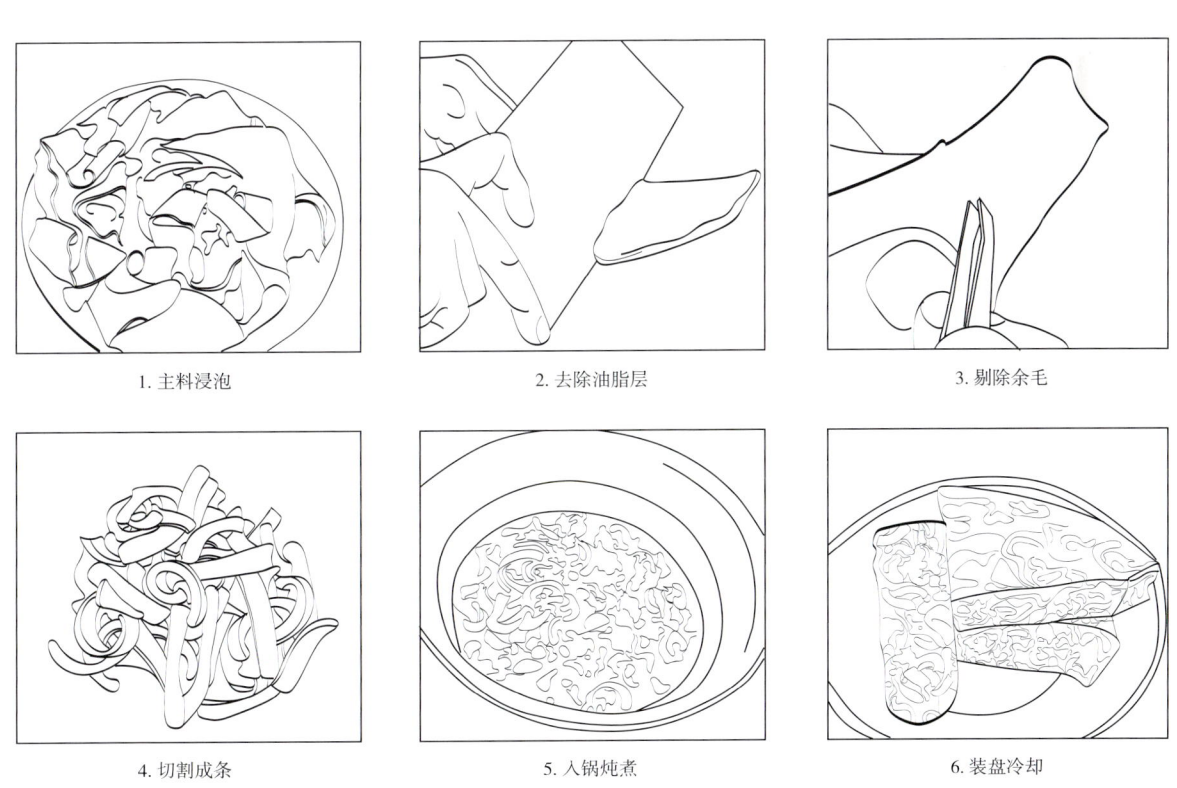

图三　阿昌族猪肉冻加工步骤示意图

阿昌族敞口陶碗

图一　阿昌族敞口陶碗主图

　　本案例为阿昌族敞口陶碗，选自云南省德宏州陇川县芒东东山寨，陶碗通高5厘米，碗口直径21厘米，碗底直径9.5厘米，敞口式，碗口圆滑稍外撇，材质为粗陶。粗陶是用含沙量和含铁量比较多的陶泥经过烧制而成的陶器。阿昌族有专门烧制陶器的地方，陶器主要以生活用具为主，从盛饭菜的小碗大盘到洗脸洗菜的盆、腌制菜品用的大坛小罐皆为陶器，它们和普通百姓的生活密切相关。

　　云南临沧市的碗窑村，是以烧制陶制品而闻名的村寨，已有300年的历史，因最初的烧制品以碗为主，因此得名碗窑村。该村手工艺人运用慢轮制陶技术和龙窑烧制方法进行生产，主要有碗、壶、罐、盆、缸等，陶器造型独特、质地细腻，碗窑村因此有"陶器之乡"的美称。受碗窑村烧制技术和制作工艺影响，阿昌族的制陶工艺在这云南西南边陲的村落里世代相传。

本案例敞口陶碗采用土陶泥质手工制作而成，制作过程大致分为选泥、和泥、拉坯、施釉、喷釉以及装窑等几道工序。制作碗形器具时，首先将陶土在手中团成球状，并要一直保持湿润，制作者一手平托陶球，另一手大拇指按压陶球中心，其余四指在外并拢与大拇指相对，大拇指深按，但又要留出适当厚度的碗底；逐渐将碗口部向外扩充，转动的速度又不宜太快，同时，双手用力也不宜过大。待碗的外形已基本形成后，用一根手指进入碗内修整碗内壁，另一只手缓慢转动转盘。最后把碗翻转放到转台上，用一泥条圈成环状做底，使其与碗体黏合。待坯体稍干后，用木拍再调整碗身、碗口。从碗底看，此碗陶质粗松，高圈足外撇；碗身通体施釉，素面磨光内有环形纹路，外表灰褐色，内壁却为黄褐色，对比鲜明，用手触摸有明显的粗粒感。

陶碗整体造型简洁大方、硬朗稳健，碗外壁曲线和缓，碗腹稍宽并向碗底收拢，鲜有纤秀之意。碗口圆滑稍外撇，碗身内壁为黄褐色，这是该碗烧制时倒置扣放从而使内壁接触不到火焰而形成的，并非有意而为之装饰。阿昌族敞口陶碗的制作水平与阿昌族的制陶烧陶技术的发展演变密切相关。

阿昌族地区的陶瓷制品大多质地细腻，表面打磨光亮。这是因为当地人焙烧工艺高超，技术不断更新，再加上精细的修刮和打磨，使饮食器具的烧造质量达到较高的水平。

阿昌族人民就地取材制作生活器具，创造了与之相适应的造物技能。阿昌族制陶工艺就是其民族文化的重要组成部分。

图片来源
图一　赵思颖　摄影
图二、图五　邢楚君　制图
图三至图四　赵思颖　制图
图六　赵晨序　制图

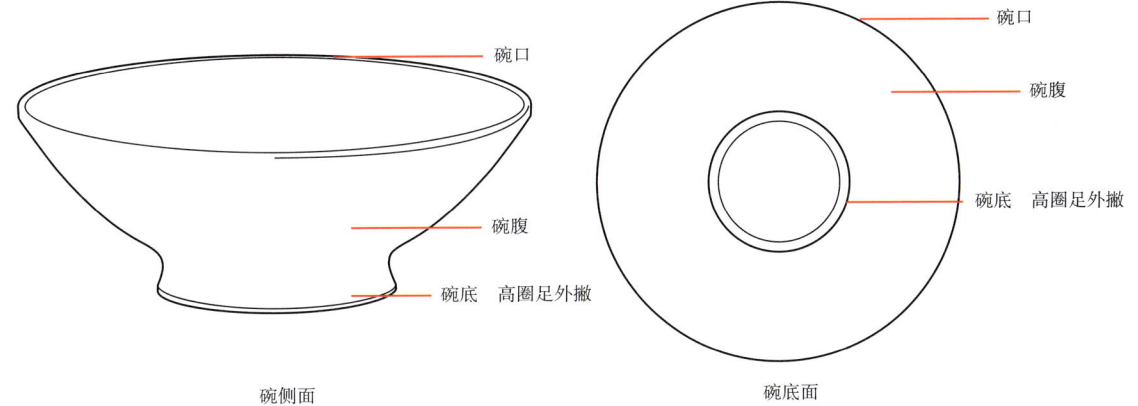

图二　阿昌族敞口陶碗结构名称图

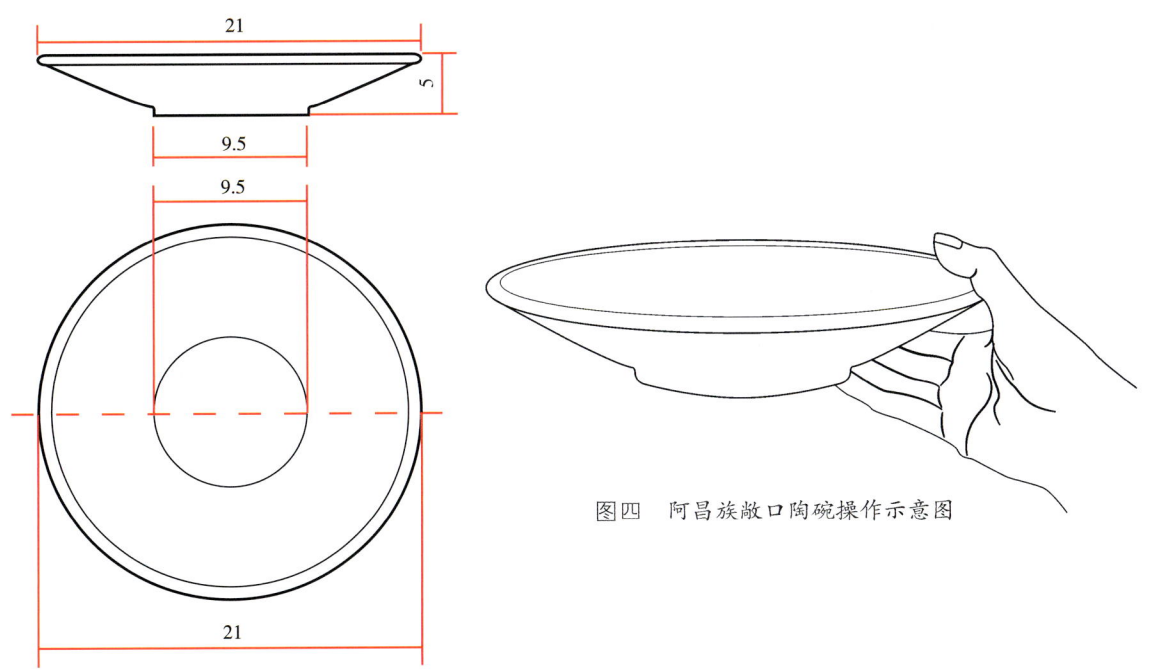

图三　阿昌族敞口陶碗尺寸图（单位：cm）

图四　阿昌族敞口陶碗操作示意图

图五 阿昌族敞口陶碗拉坯示意图

图六 阿昌族敞口陶碗制作流程示意图

阿昌族提梁铜壶

图一　阿昌族提梁铜壶主图

本案例为阿昌族提梁铜壶，选自云南省德宏州陇川县万明大寨虞宅，壶体通高20厘米，壶口径16厘米，圈底径16.4厘米。壶口为直形口，折肩，鼓腹，向下斜收，矮圈足。铜壶是通过覆在模型上的薄铜片捶打而成的，造型古朴又经久耐用，是阿昌族人烧水煮茶等必不可少的生活用具。

阿昌族提梁铜壶，壶体自上而下由壶钮、壶盖、壶柄、壶口、壶耳、壶流、壶身与圈足构成。提梁铜壶上有两个壶柄，两个壶柄均与壶流平行，增大了受力面积，提拎整个壶身时两个壶柄也能够节省力气。为了使两个壶柄固定，在壶柄上缠绕一些藤条，又可以防止烫伤。在壶盖与壶耳之间用链条相连，是为了在加水时，壶盖不至于因为乱放而丢失，同时也达到了装饰效果。壶流从近乎壶底部向上伸出，呈圆柱状。在壶肩的两侧焊接两个壶耳，两条壶柄钩套于壶身两侧对称的壶耳上。壶身低矮，上大下小的造型是为了方便铜壶架于火上加热，增大受热面积，节省烧水时间。提梁铜壶整体线条简洁流畅，表面无纹饰，整个壶体以曲线为主。壶口、壶盖、壶流、壶耳等构件的摆放方式，以及壶柄在使用拿握时的舒适程度，都反映了铜壶主体与附件相互之间的比例关系。提梁铜壶的传统制作工艺是利用铜的延展性强这一特点，用锤敲打铜块，使之延伸展开呈片状，再按要求制作各种器形以及表面的纹饰。在器具的相应部位上都留有接口，将半凝固液态金属置于接口处，各个组成部分待冷却后固定于器身之上。阿昌族人使用铜壶烧水，水热之后将酒壶置于其中进行加热，这种方式比用炭火直接加热更加卫生清洁，铜壶内的热水可随时更换，保温时间更为持久。

阿昌族人民之所以使用铜壶，是因为铜壶结实耐用，不易破损，不易与其他液体发生反应，故铜壶在阿昌族地区使用较为广泛。同时，铜壶的使用与当地的生活方式有着紧密联系，传统阿昌族民居中都有火塘灶台，火塘是用来烧水煮饭的设施，弯曲的壶柄更利于钩挂在火塘上方的金属吊索或吊钩之上，且不易烫手，而近乎平底的铜壶底部可以使壶内部尽快升温，煮水速度加快，管状小口能够减少热量挥发。此外，提梁铜壶因为自身体积较大，在盛满茶水的情况下，提梁壶身上方的壶柄更易于操控茶壶的倾斜角度，方便移动茶壶。壶盖扁平，紧紧扣置于壶身上，可以避免茶壶内热量的流失和外部灰尘的进入，起到防尘和保温的作用。

图片来源
图一　赵思颖　摄影
图二、图六　张金威　制图
图三至图五　何卓嫔　制图

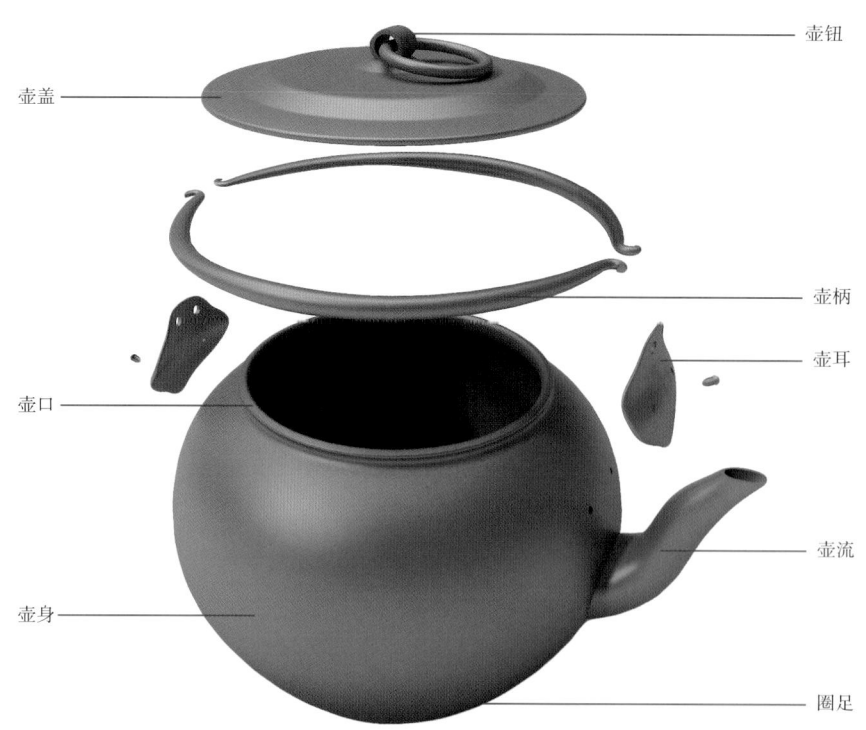

图二　阿昌族提梁铜壶结构名称图

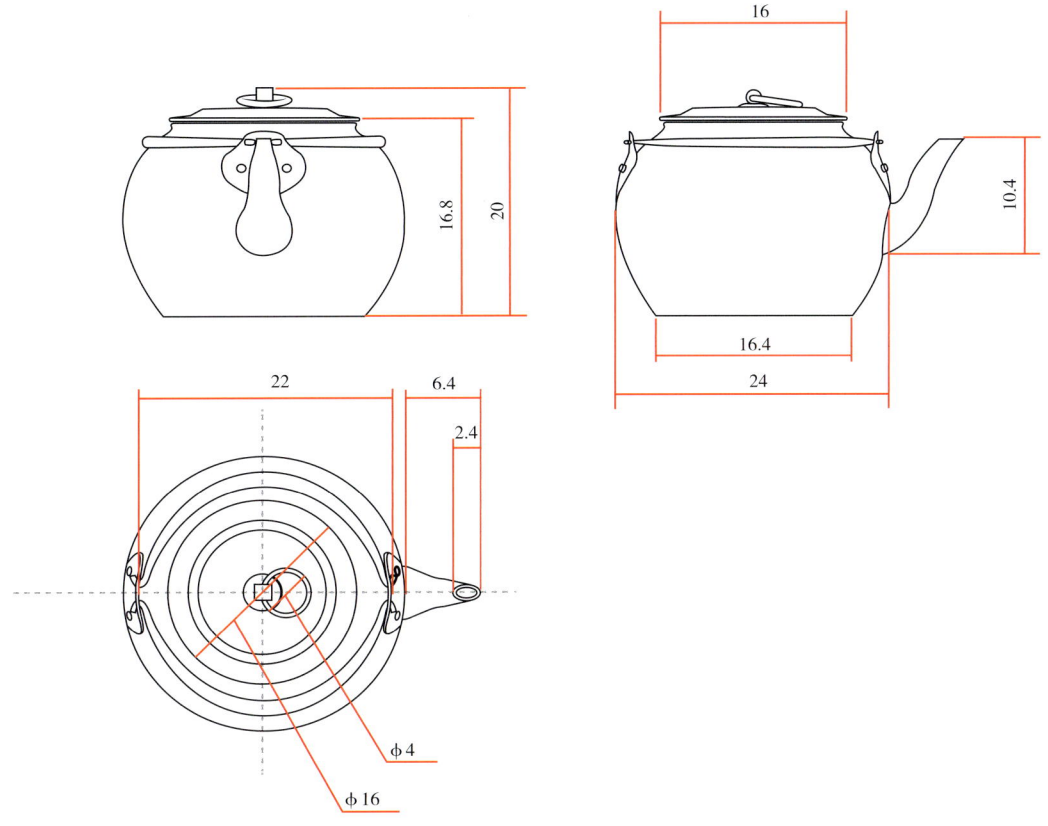

图三　阿昌族提梁铜壶三视图（单位：cm）

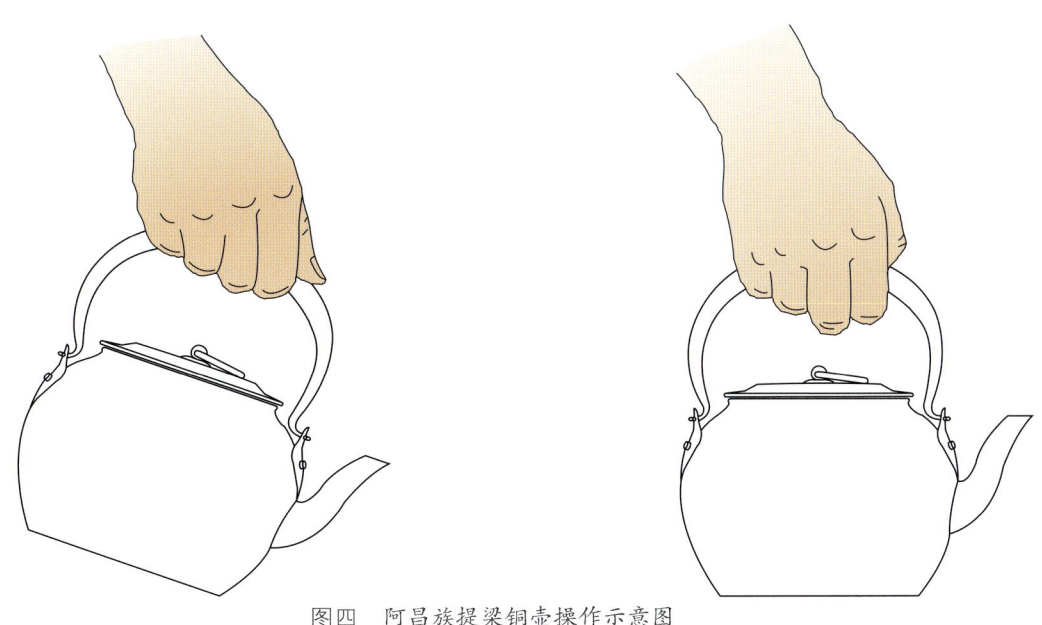

图四　阿昌族提梁铜壶操作示意图

图五　阿昌族提梁铜壶受热原理图

图六　阿昌族提梁铜壶使用情境示意图

第四章 阿昌族传统生活用具

阿昌族户撒刀

图一　阿昌族户撒刀主图

本案例为云南陇川阿昌族户撒刀，刀长76厘米、刀头宽4.5厘米、刀柄宽2.5厘米，刀鞘长75厘米、宽4.5厘米，刀身上宽下窄，属于长刀品种，造型古朴美观，系云南省德宏州陇川县户撒阿昌族乡戚家刀具。户撒刀与阿昌刀、景颇刀互为别称，在阿昌族聚居的户撒地区所生产的刀具一般均称为户撒刀，阿昌语称刀为"冒"，"户撒刀"称为"梦所冒"，阿昌族户撒地区是至今唯一传承民间刀具锻造手工艺完整生产体系的地区。

本案例户撒刀由铁刀、刀柄、半包木壳刀鞘、红色毛线背带、装饰物组成。刀尖呈月牙形断面锋口，刀面刻有龙纹、凤纹和花纹，木质刀鞘中间镂空并用棕丝缠绕，刀鞘前四分之一处有红毛线编织而成的背带，背带顶端有多个彩色绒球用于装饰。户撒刀的盛名是基于当地优秀的铁器生产技术的，刀具只是阿昌族铁器锻造的众多产品之一，户撒刀削铁如泥，既刚硬又具韧性，不易弯折。在当地，户撒刀用途广泛，既可以用于农业生产及生活需要，如菜刀、砍刀、尖刀、屠刀、匕首等，此类刀具的特点是不精加工，保留粗糙表面，强调耐用和锋利；又可以作为工艺刀，如阿昌匕首、阿昌长刀等，其特点是标准化生产，更加注重样式、雕刻、镶嵌、打磨等精加工工艺。户撒刀完整制作流程一般为以下10个步骤：下料（根据刀具形制决定用料性质及大小）、打制毛坯、打制刀样、粗加工（用砂轮磨去多余部分）、修饰刀叶（在刀叶上雕刻、镶嵌、拉槽，常见图案有《猛虎长啸》《日出东方》《丹凤朝阳》《十二生肖》等）、淬火（俗称蘸火，通过热处理使得刀叶的硬度和韧性达到最佳平衡，该步骤为刀具质量的关键）、打磨抛光、制作刀柄刀鞘（材料有铜、牛角、皮革、木材等，工艺有剪裁、錾花、镂花、镶嵌、焊接、铆接等）、制作背带（一般用五彩毛线手工编织）、组装各部件。户撒刀系家庭作坊手工生产，技术只在本家族内传承，工匠在制刀的闲暇还要参与农业生产。这与户撒刀的历史发展过程有关，据考证，户撒先民于唐朝就掌握了锻制和铸铁技术，主要制作较为粗糙的生产工具。明朝"三征麓川"时期，德宏地区大军云集，明军对户撒地区进行半军事化管理，把该地打造成为重要的兵器生产地，从此户撒地区结合汉族先进技术，逐渐形成具有户撒特色的制刀工艺。

户撒刀凭借独特的锻造工艺和精美的做工，与新疆维吾尔族的英吉萨刀、宁夏裕固族的保安刀并称为全国三大民族刀具，其锻造技艺被列为德宏州国家级非物质文化遗产名录。户撒刀的设计不仅满足了阿昌族生产生活的需要，而且其锻造工艺的继承和发展也凝聚了阿昌族人民的生活智慧，包含了该民族的历史记忆和文化传承。

图片来源
图一、图七至图八　刘翔宇　摄影
图二至图六　王英　制图
图九　夏玲　制图

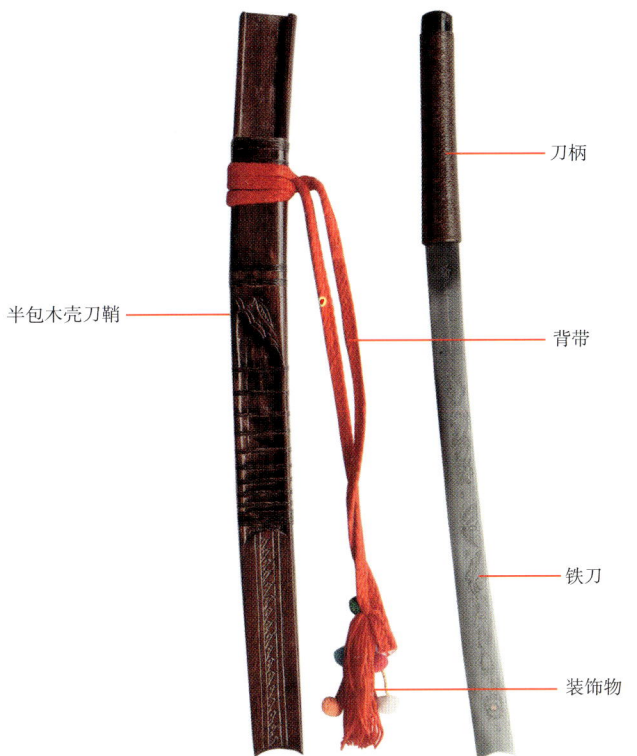

图二　阿昌族户撒刀结构名称图

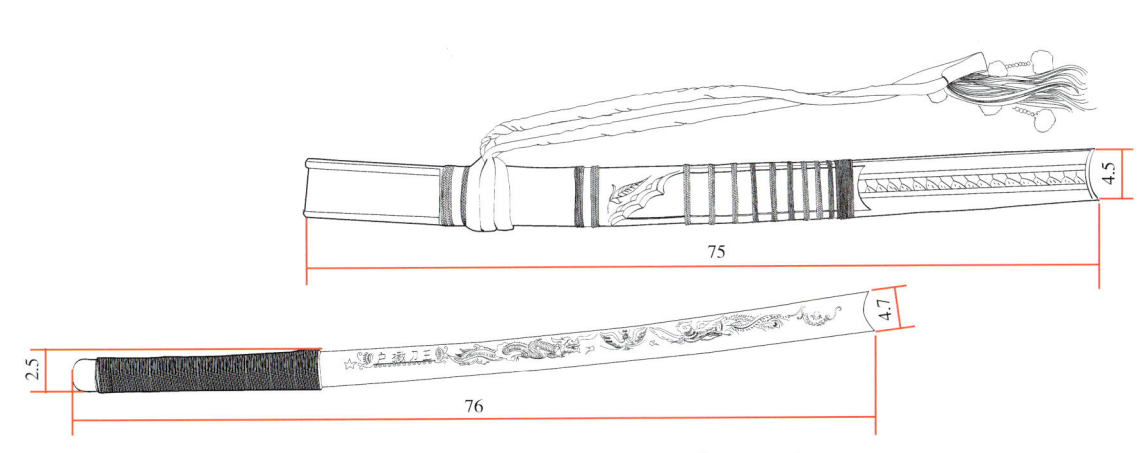

图三　阿昌族户撒刀尺寸图（单位：cm）

第四章　阿昌族传统生活用具

095

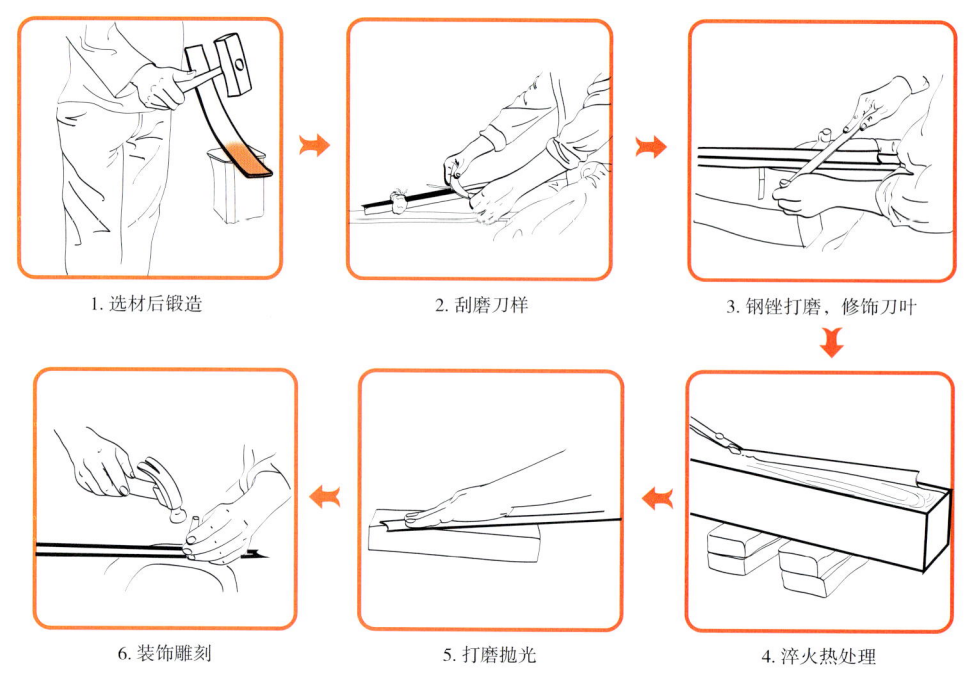

1. 选材后锻造　　2. 刮磨刀样　　3. 钢锉打磨、修饰刀叶

6. 装饰雕刻　　5. 打磨抛光　　4. 淬火热处理

图四　阿昌族户撒刀制作流程图

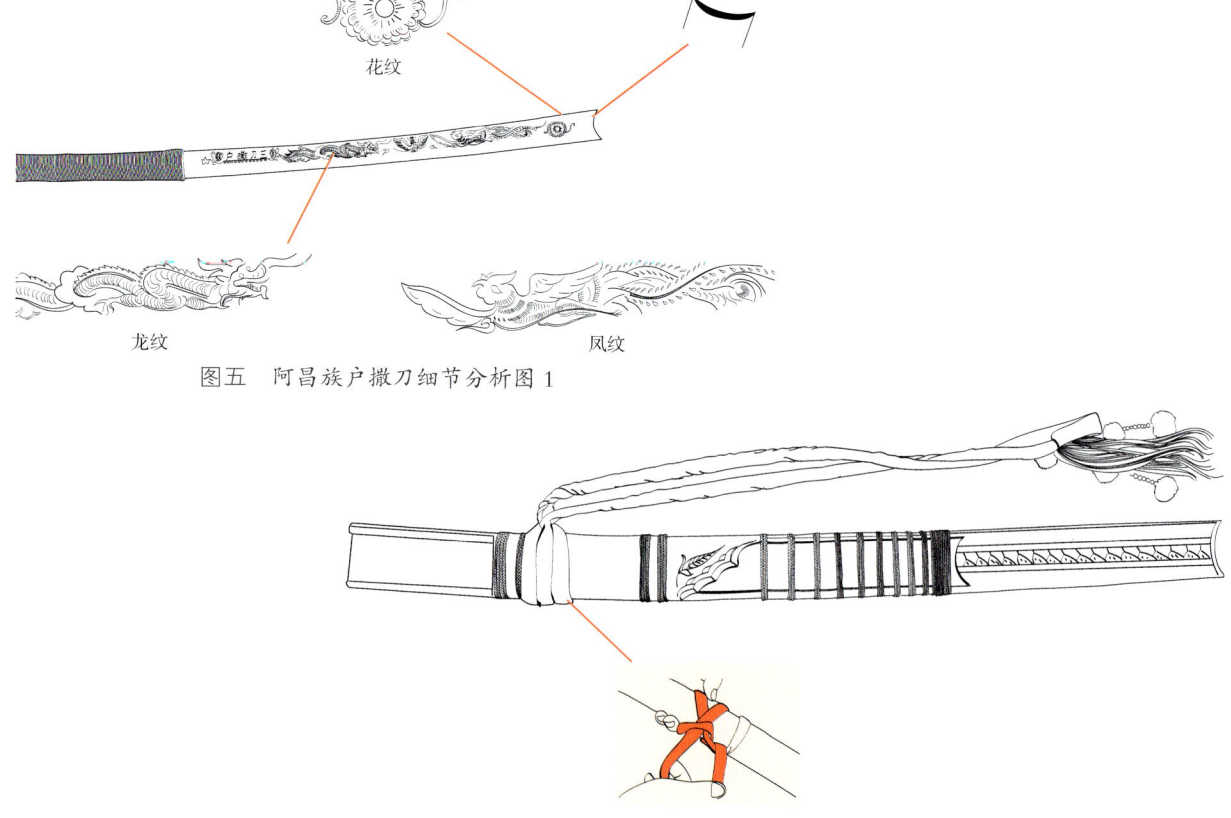

图五　阿昌族户撒刀细节分析图1

图六　阿昌族户撒刀细节分析图2

图七　阿昌族户撒刀款式图 1

图八　阿昌族户撒刀款式图 2

图九　阿昌族户撒刀使用情境示意图

第四章　阿昌族传统生活用具

阿昌族竹编背篓

图一 阿昌族竹编背篓主图

本案例为阿昌族传统用具——竹编背篓，背篓口部长 55 厘米、宽 40 厘米，底面长 39 厘米、宽 30 厘米，通高 45 厘米，系云南省德宏州梁河县九保阿昌族乡丙盖村曹明发家的生活用具。背篓，即背在背部运送物品的篓子，主体由篾丝编织而成，筒形，圆口方底，底小口大，篓口边缘有两根肩带，背篓造型简洁，结构牢固，非常适宜当地民众背拷，是阿昌族常见的生产、生活用具。

本案例竹编背篓由篓筐、挂钩与肩带 3 部分构成，其中挂钩采用金属材质，肩带采用灰白色棉布材质，篓筐主体部分用篾丝编制而成。梁河县九保阿昌族乡位于梁河县中部偏东北，境内最高海拔 2304 米，最低海拔 1060 米，全乡森林覆盖率 64%，属于热带季风气候，自然环境十分适合竹类植物生长，竹类植物有生长快、分布广、可再生等优点，阿昌族人选择其中最适合编织的毛竹和龙竹作为主要原材料进行编织制篓。阿昌族竹编制品多为手工制作而成，在制作过程中基本不使用机械设备。常见的手工工具有篾刀、尖刀、竹尺等，但用途最广的取料工具还是篾刀，取料的各个环节如锯竹、卷节、剖竹、开间、劈篾、劈丝、抽篾、抽丝、刮篾、刮丝等都会使用篾刀。篾刀分为圆口篾刀和方口篾刀两类，技艺纯熟的竹匠凭借一把篾刀就可以制作出各式各样的竹篾。竹匠可以根据需要将竹篾制成不同规格的匀净光洁的长条篾丝，质量高的篾丝富有弹性，拉力强，经久耐用。整个编织流程为取料、编底、上底圈、编身、收口、装配等。编织过程则主要按照底部、身部、收口结边的顺序进行。本案例背篓底部与篓身均采用篾丝板编织纹样，篓身采用十字编法，即排好等距离的经篾，纬篾"挑一压一"等距离横向排列。底部采用人字编法，以十字编为基础，经篾密排，纬篾"挑二压二"编织。背篓下半部篾丝较宽，大约1.5厘米。上半部接近收口处篾丝较窄，大约0.5厘米，收口采用扭口的编织方式进行编结。整体编织形式简洁，均采用常用编织方法。制成的背篓篾丝细腻，样式别致，做工精妙，小巧实用。

竹编背篓作为阿昌族最为便捷的运载工具在日常生活中发挥着巨大作用。青山绿水间，他们就地取材，巧制背篓，体现了阿昌族人的智慧和勤劳，其娴熟的编织技巧与别致的纹样设计充分体现了当地竹匠高超的手工技艺与优秀的设计才能，其中蕴含着阿昌族质朴的设计观和自然观。

图片来源
图一　赵思颖　摄影
图二、图八至图九　王英　制图
图三至图七　夏玲　制图

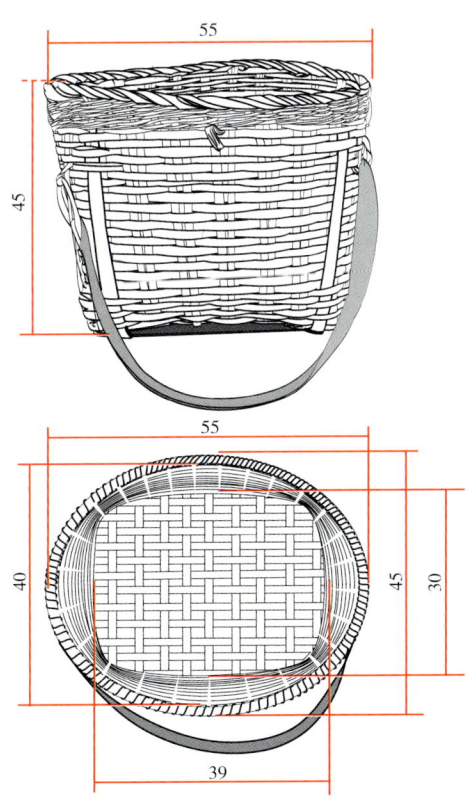

图二　阿昌族竹编背篓尺寸图（单位：cm）

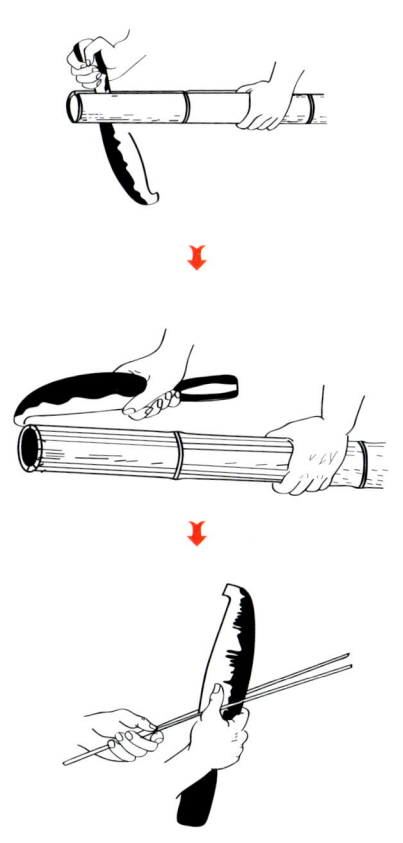

图三　阿昌族竹编背篓材料加工流程图

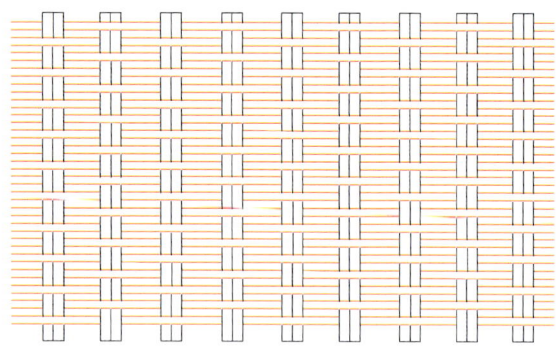

图四 阿昌族竹编背篓编织方式图1

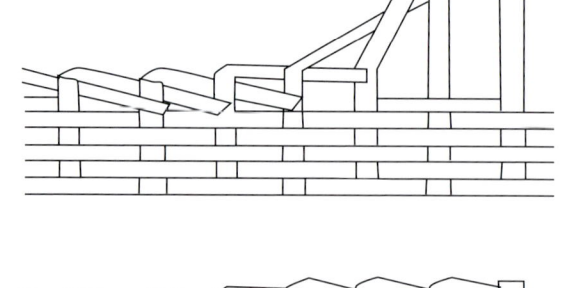

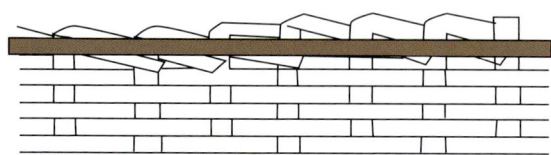

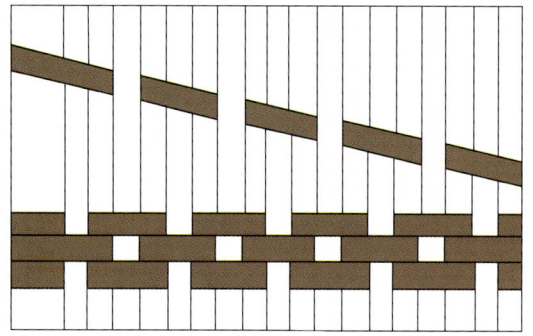

图五 阿昌族竹编背篓编织方式图2

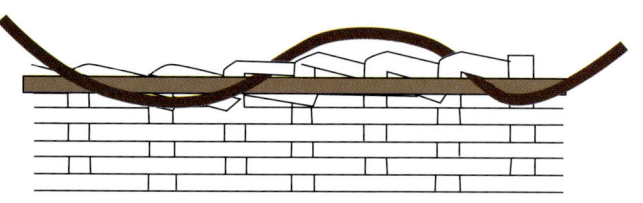

图六 阿昌族竹编背篓编织方式图3

图七 阿昌族竹编背篓使用情境示意图

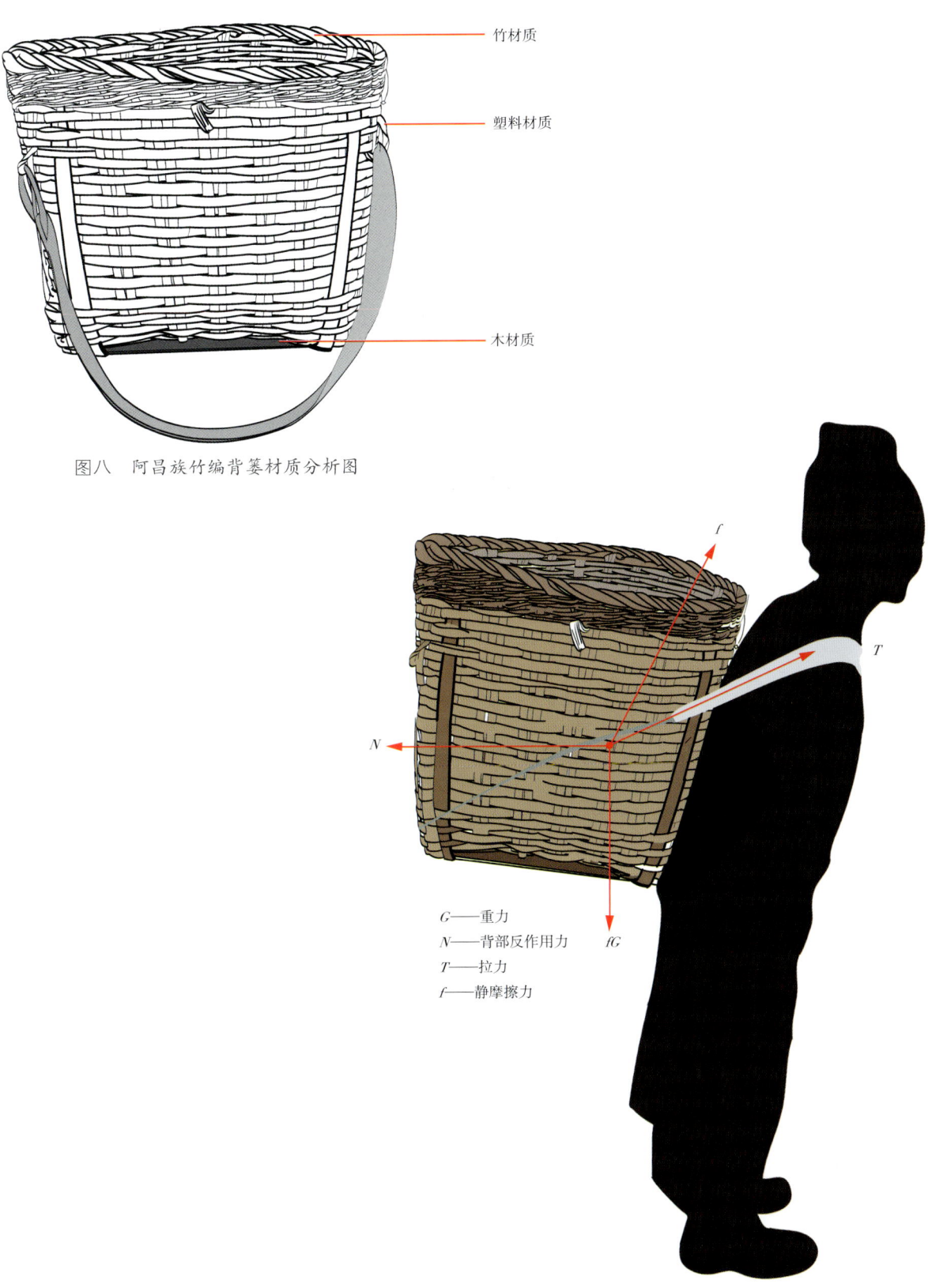

图八 阿昌族竹编背篓材质分析图

G——重力
N——背部反作用力
T——拉力
f——静摩擦力

图九 阿昌族竹编背篓受力分析示意图

第四章 阿昌族传统生活用具

阿昌族婴孩座椅

图一 阿昌族婴孩座椅主图

本案例为阿昌族婴孩座椅,现收藏于云南省德宏州陇川县户撒阿昌族民俗文化馆,是当地阿昌族居民家中婴幼儿使用的生活用具。婴孩座椅整体高56厘米、长52厘米、宽30厘米,座椅由各个木材部件通过榫卯相互组合而成,其巧妙的结构布局体现了阿昌族人民在传统家具的制作中所发挥出的创造才能。

阿昌族婴孩座椅运用榫卯结构原理将其构建成一个长方体框架,以保证婴孩座椅的稳定性。整个座椅由靠背、可调节桌面、坐板、踏板以及椅腿组成。靠背宽约24.8厘米、高约29厘米,坐板宽24.8厘米、长约15厘米。在坐板两侧设有安全挡板,可将婴幼儿置于一个安全的空间内,增加了座椅的安全性,同时挡板的波浪曲面设计增加了婴孩座椅的美观性。婴孩座椅的可调节桌板是整个结构中最具人性化的设计,桌板宽24.8厘米、长16厘米,在桌板下方置一条拉杆,穿插于前方木条中长6厘米、宽3厘米的槽口之中,这样的设计可以灵活调节幼儿在座椅内部的空间大小,可以根据婴幼儿身材的不同做出适当调节，既方便婴幼儿进出座椅，又可以使座椅中婴幼儿的手更为舒适地放置于桌面。桌面边缘因紧靠婴幼儿身体，故将其处理成曲线状，充分考虑到婴幼儿在座椅内身体与桌面接触的舒适度与安全性。可调节桌面、坐板与踏板三者之间的距离设计使婴儿在座椅内更加舒适。婴孩座椅使用木材为原料进行制作，一方面是考虑到取材的便捷，另一方面天然的木材增加了座椅安全性，也更为经久耐用。座椅靠背内雕有精美的团寿纹图案，一方面增加了儿童座椅的美观性；另一方面团寿纹寓意着生命延绵不断，代表了长辈希望孩子健康成长的美好愿望。2~6个月大的婴儿一般会睡在竹编材质的婴儿床内，当婴幼儿6个月之后基本可以坐立时，可以使用婴孩座椅。座椅一方面是为了更好地锻炼婴幼儿的手、眼、脑的协调能力，另一方面椅子的高度更便于父母坐在较为低矮的手编凳上边做家务边照顾幼儿。这样的婴孩座椅因其巧妙的结构设计与稳妥的安全性被阿昌族家庭广泛使用。

云南阿昌族婴孩座椅的设计充分体现了阿昌族劳动人民的造物智慧，它给幼儿营造了舒适、安全的活动空间，同时也方便父母照顾孩子，有更多的精力做家务。在婴孩座椅的整个结构设计中，凝聚了当地木匠的精湛技术和巧妙设计，充分考虑到人机尺寸，可以更好地服务于婴儿与成人。

图片来源

图一　刘翔宇　摄影
图二至图六　王英　制图

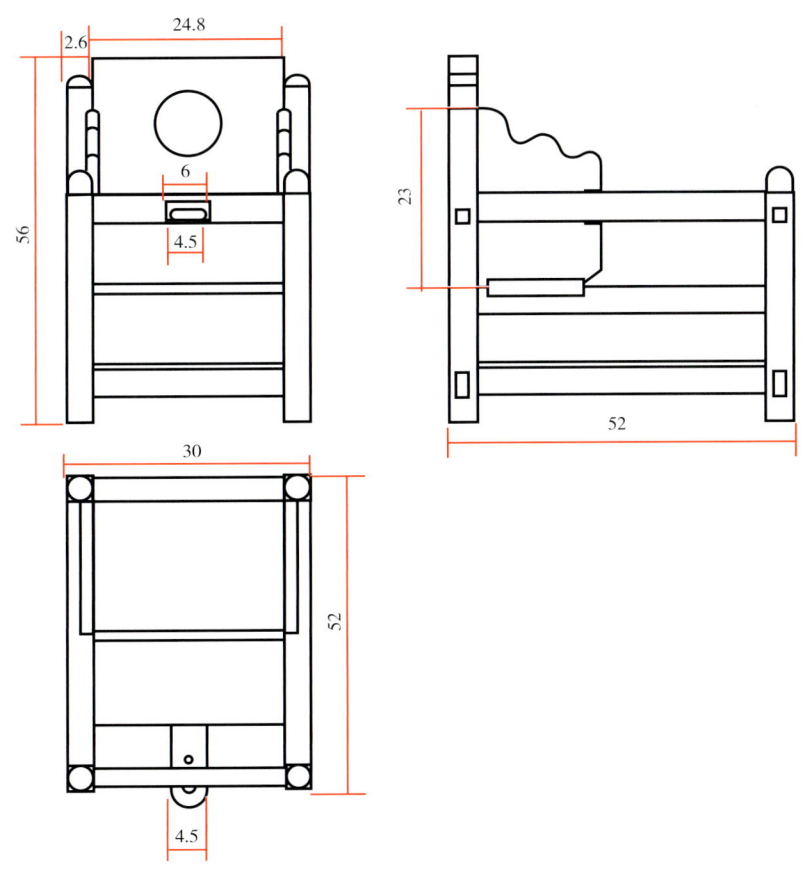

图二　阿昌族婴孩座椅三视图（单位：cm）

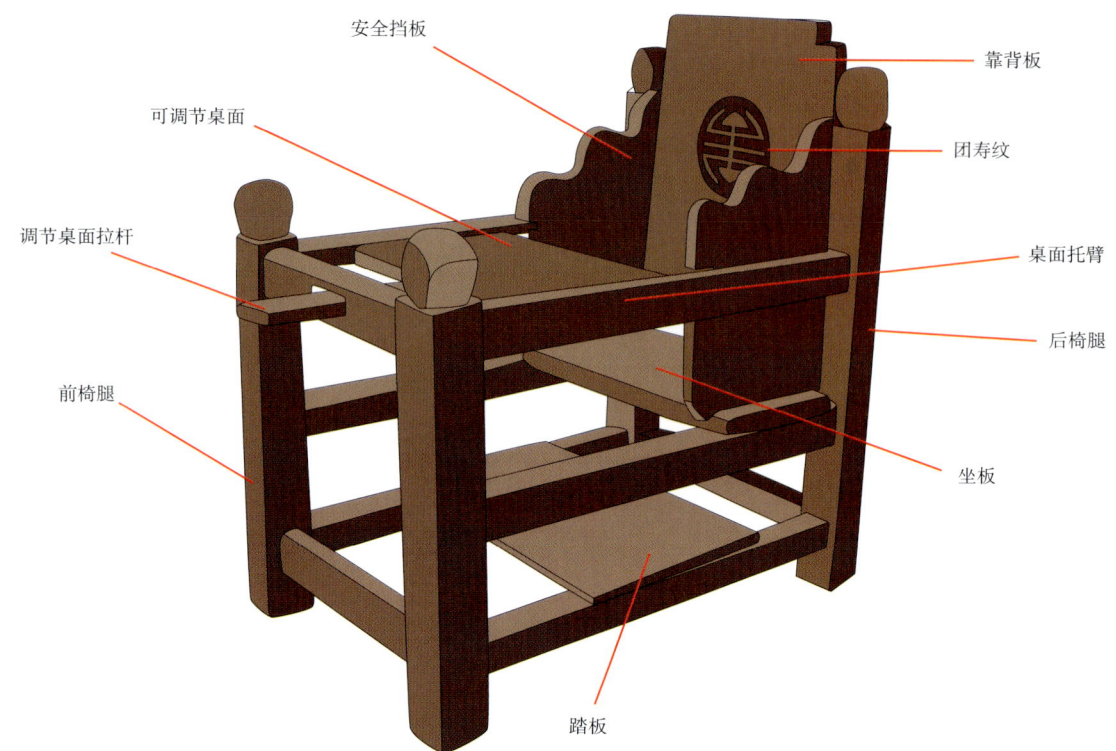

图三　阿昌族婴孩座椅结构名称图

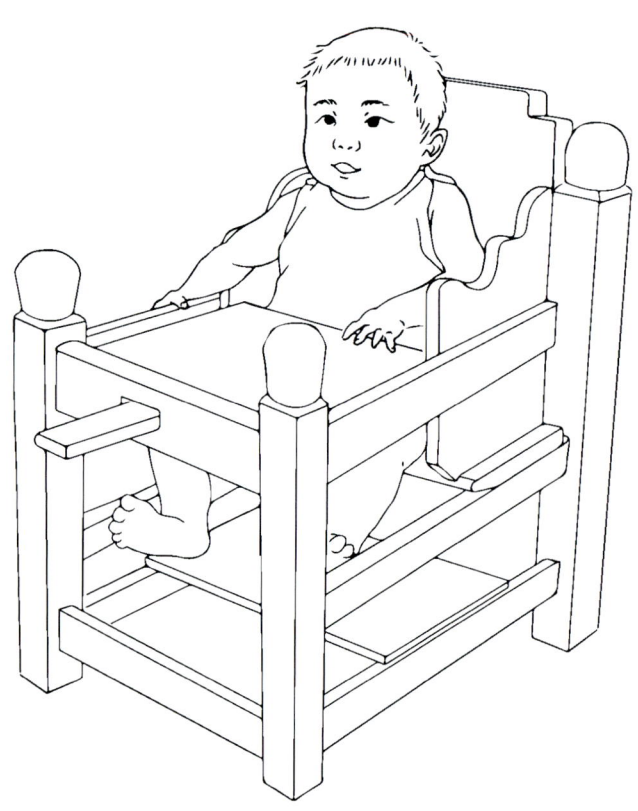

图四　阿昌族婴孩座椅使用情境示意图

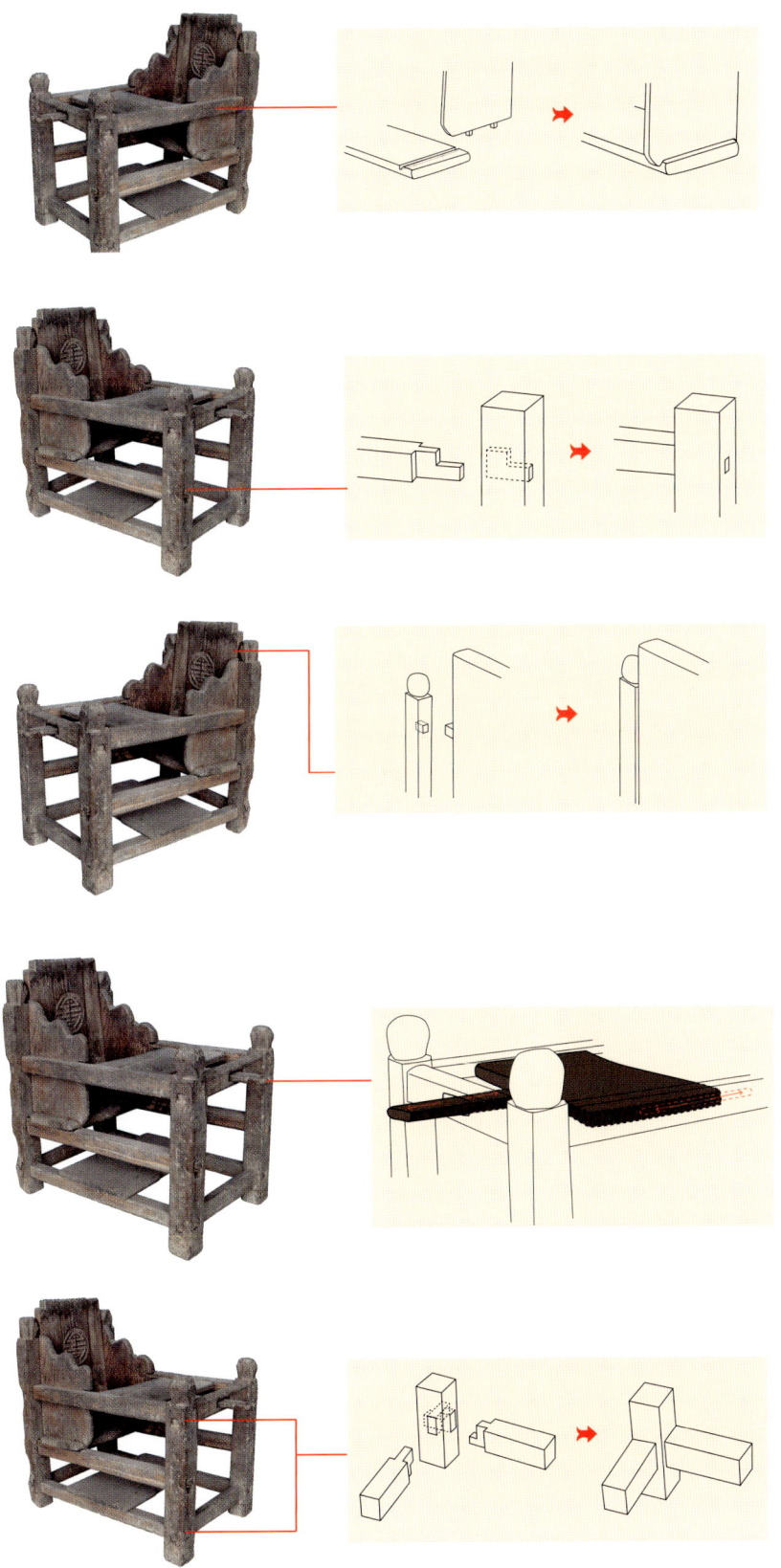

图五　阿昌族婴孩座椅榫卯连接示意图

图六　阿昌族婴孩座椅纹样分析图

阿昌族竹编水壶

图一　阿昌族竹编水壶主图

云南陇川户撒阿昌族竹编水壶，现收藏于云南省德宏州陇川县户撒阿昌族民俗文化馆。它是阿昌族人日常存放水的一种竹编生活器具。水壶高30厘米，圆底直径20厘米，壶嘴口径2厘米。器具内部包裹着一个天然葫芦，外部依据葫芦形状用细竹篾编织成一个套篓。阿昌族人外出劳作时会在葫芦内装满水以保证一天的饮用，水壶是一种集实用性与观赏性为一体的生活器具。

阿昌族竹编水壶在形式上借鉴陶瓷胆式瓶，案例中的竹编水壶由葫芦内芯与外部竹编套篓两部分组成。葫芦内芯高26厘米、较大葫芦肚直径20厘米。外部竹编套篓依据葫芦形状进行编织，竹编套篓由口部、颈部、壶身、足部、提绳5部分组成。壶身折耳处加入3个金属材质的挂钩用来绑提绳，便于悬挂水壶。壶足外撇，呈现类似于喇叭的形状，一方面增加了水壶的美观性，另一方面增加了水壶的稳定性。阿昌族聚居地区十分适合竹类植物生长，因此毛竹、龙竹等成为当地手工竹编制品的主要原材料。篾丝采用阿昌族的传统手工艺制作而成，富有弹性，拉力强，经久耐用。取料工具为编织专用篾刀，通过锯竹、卷节、剖竹、开间、劈篾、劈丝、抽篾、抽丝、刮篾、刮丝等工序，将竹篾根据需要制成不同规格的匀净光洁的长条篾丝。编织过程则主要按照起底、编织、收口顺序进行。竹编水壶的竹编套篓借鉴竹编花篮的造型与编织工艺，足部采用盘丝底编织方式起底，壶身采用"压一挑一"密编的编织工艺，收口处采用圆口编织工艺。阿昌族竹编水壶不仅具有很强的观赏性，其功能实用性也十分值得研究。中国自古就有用老熟的葫芦果实装置茶水酒水的习惯，因为葫芦果皮结实耐用且不透水，用葫芦装茶水和酒要比其他容器更能保持其原有味道。除此之外，葫芦自古以来就是"福禄吉祥""健康长寿"的象征，葫芦口小肚子大的形状，民间认为它可广纳四方祥瑞之气，趋吉辟邪，增加财运。因此葫芦内芯竹编水壶不仅用于当地人日常存储水，也用于祭祀时祈求平安，阿昌族人民还在上梁时在壶内放点水以祈求身体健康、全家平安。

阿昌族葫芦内芯竹编水壶充分体现了阿昌族人民在工艺设计中发挥出的高超造物才能，同时也寄托了他们的美好心愿。

图片来源

图一　刘翔宇　摄影
图二至图八　王英　制图

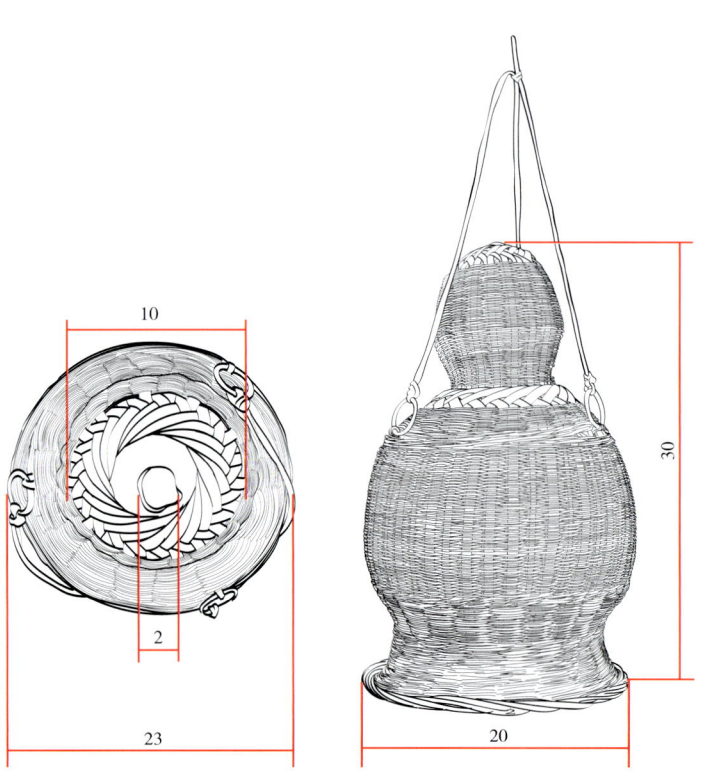

图二　阿昌族竹编水壶尺寸图（单位：cm）

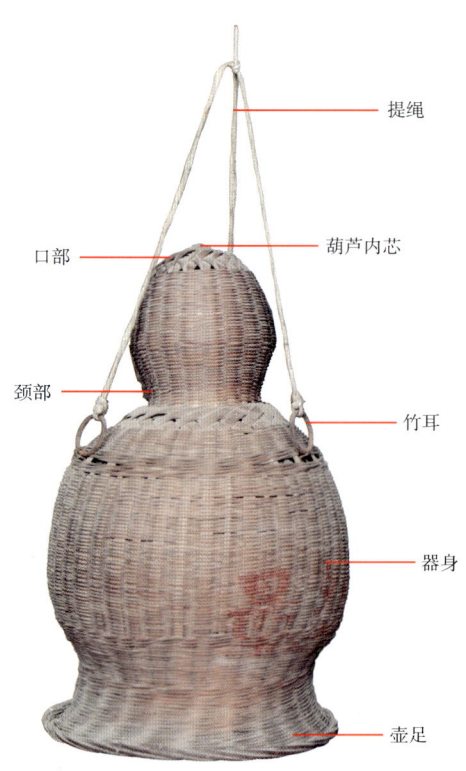

图三　阿昌族竹编水壶结构名称图

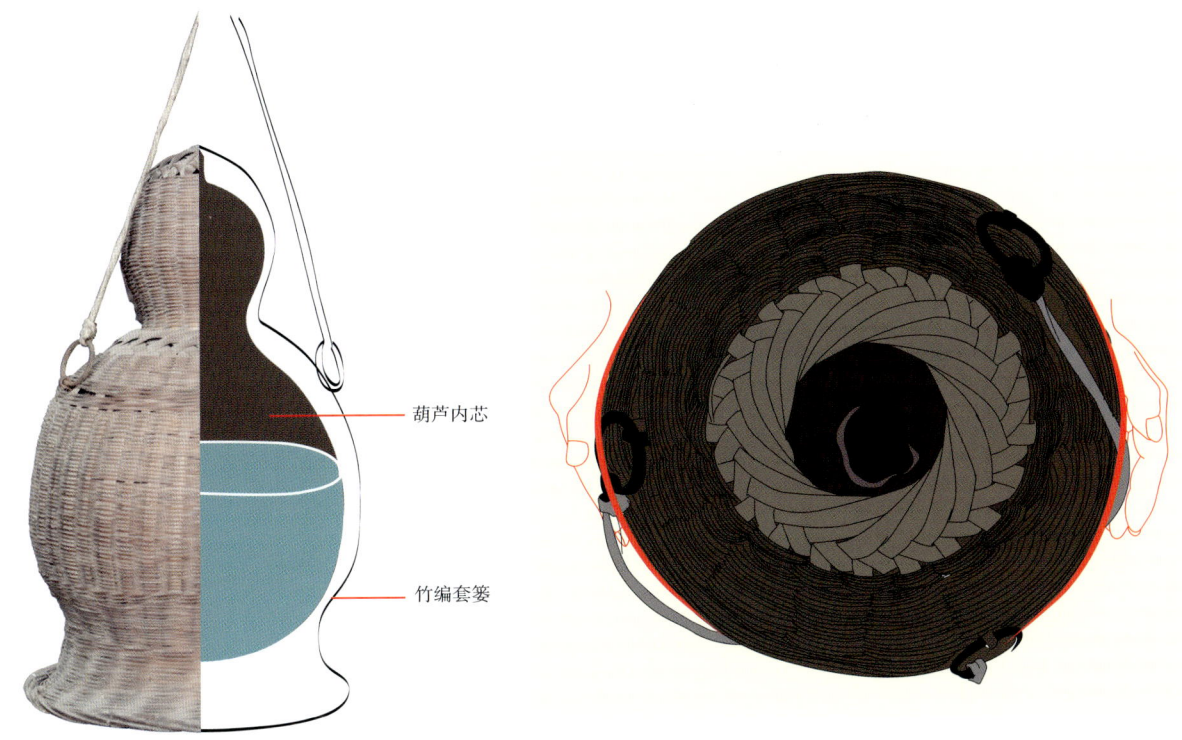

图四　阿昌族竹编水壶内部材质分析图

图五　阿昌族竹编水壶操作示意图

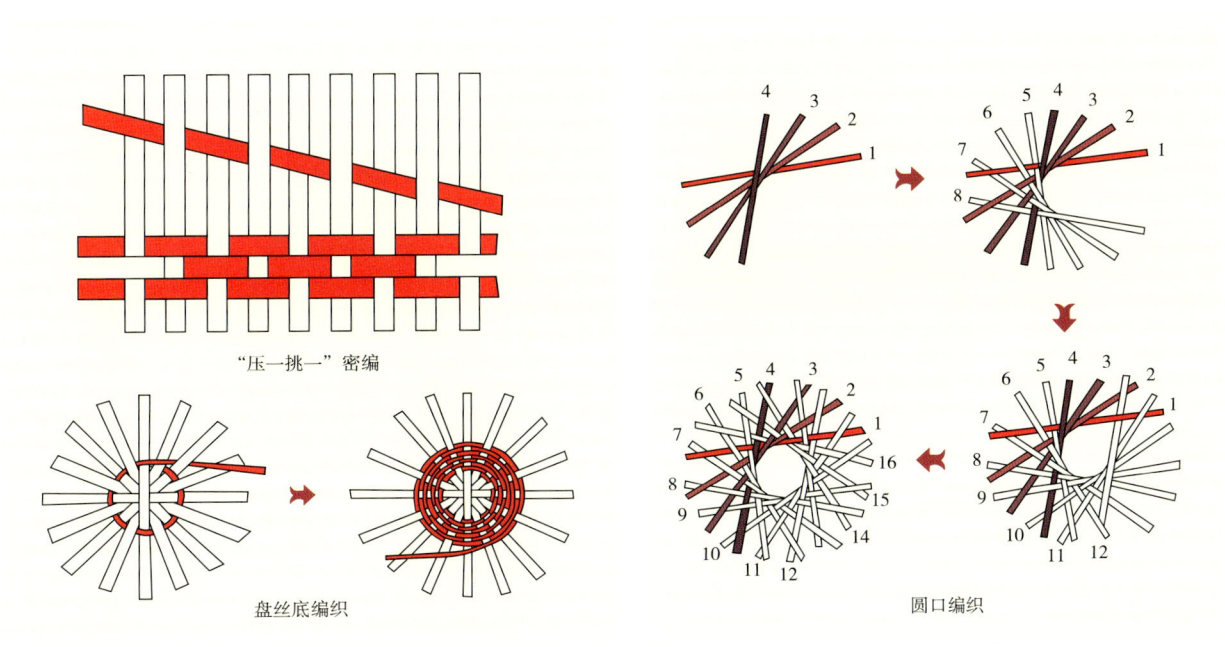

"压一挑一"密编

盘丝底编织

圆口编织

图六　阿昌族竹编水壶编织工艺分析图

图七　阿昌族竹编水壶编织情境示意图

壶足外撇，略呈喇叭状

图八　阿昌族竹编水壶底部稳定性分析图

阿昌族黄鳝竹篓

图一　阿昌族黄鳝竹篓主图

本案例是阿昌族人用来装黄鳝的竹质器具，现藏于云南省德宏州陇川县户撒阿昌族民俗文化馆。该黄鳝竹篓椭圆口、方形底，高约31厘米，是一个敞口圆鼓状的竹编器具。竹篓的原材料可就地取材，所以制作成本较低，同时黄鳝竹篓结构设计合理，实用性强，因而被当地人广泛使用。

该黄鳝竹篓造型由口部、颈部、器身、分底以及提绳5部分组成。口部长29厘米，宽24厘米，呈敞口椭圆状，敞口状更易于将黄鳝放置篓中。器身整体轮廓圆而鼓，造型为上下收口、中间外鼓，这样的结构设计不仅可以增加黄鳝竹篓的内部容量，同时也可以降低器具整体的重心，增加其稳定性。同时竹篓壁面的曲面设计符合人体手掌屈合曲线，便于人们手捧篓身。底部长25厘米、宽19厘米，呈方形。提绳为两条直径约1厘米的麻绳，绑于竹篓收口处互相对立的两侧，以便于携带。阿昌族地区十分适合竹类植物生长，毛竹、龙竹等是当地手工竹编制品的主要原材料。阿昌族人民因地制宜、就地取材，编织出无数竹制生活器具。从一根竹子到最后成品，中间需要经过破篾、分层、过剑刀、刮青与过圆刀等十几道工序。从竹编到最后的成品又大体可分为起底、编织、收口三道工序。在编织的过程中采用经纬编织方式。本案例中的黄鳝竹篓首先采用"压一挑一"基础的挑压编织方式起底，随后安装底戗，因黄鳝体长约20到70厘米，有一定重量，数量较多时需要更加结实的竹篓，因此增加底戗可使竹篓承受更多重量，使其更加稳固。器身的编织采用基础的挑压编织的另一种方式——"压二挑二"人字编，相比"压一挑一"基础编织，"压二挑二"增加了编织物表面的观赏性，颈部采用绞丝编织的方式进行收口。黄鳝篓在编织过程中要把握尺寸，留下合适的空隙以保证在过滤水的同时黄鳝不会逃脱。竹器也是存放黄鳝最好的材质，竹编材料天然而且不易腐烂。在竹篓口部绑的麻绳既可以斜挎在身上，又可以系于腰间。

阿昌族当地劳动人民充分利用资源优势并发挥主观能动性参与设计和制作出许多能够服务当地人的生活用具。黄鳝竹篓便是其中一个代表，它材料环保、使用方便，既具有实用性又充分展现了阿昌族人民精湛的编织工艺。

图片来源
图一　何卓嫔　摄影
图二至图六　王英　制图

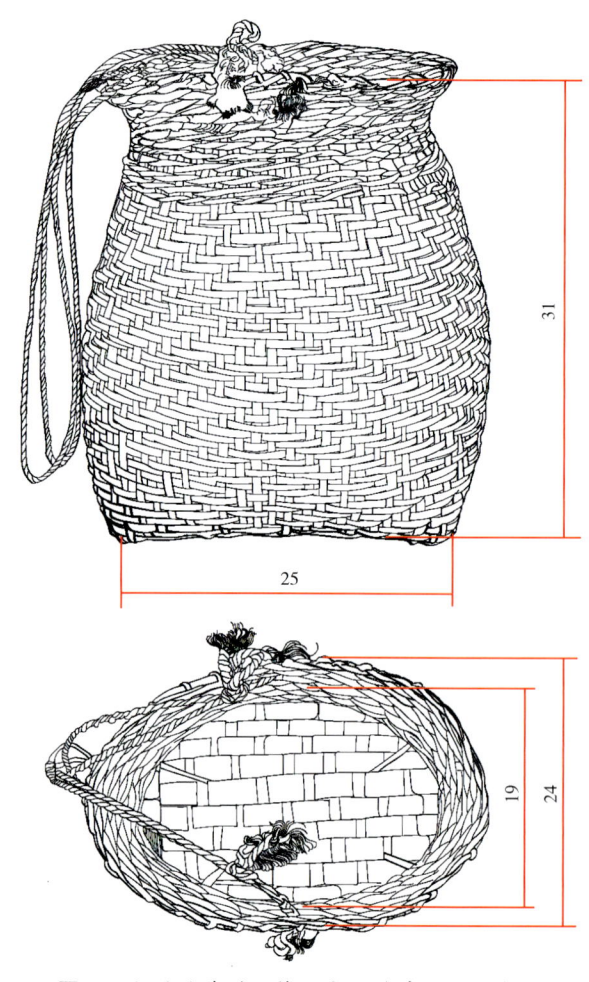

图二　阿昌族黄鳝竹篓尺寸图（单位：cm）

图三　阿昌族黄鳝竹篓结构名称图

图四　阿昌族黄鳝竹篓编织工艺分析图1

第四章　阿昌族传统生活用具

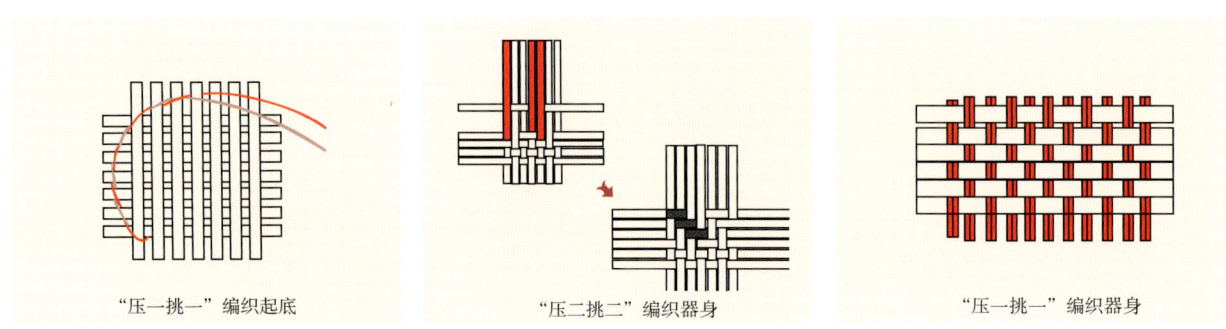

图五　阿昌族黄鳝竹篓编织工艺分析图2

图六　阿昌族黄鳝竹篓使用情境示意图

阿昌族葫芦丝

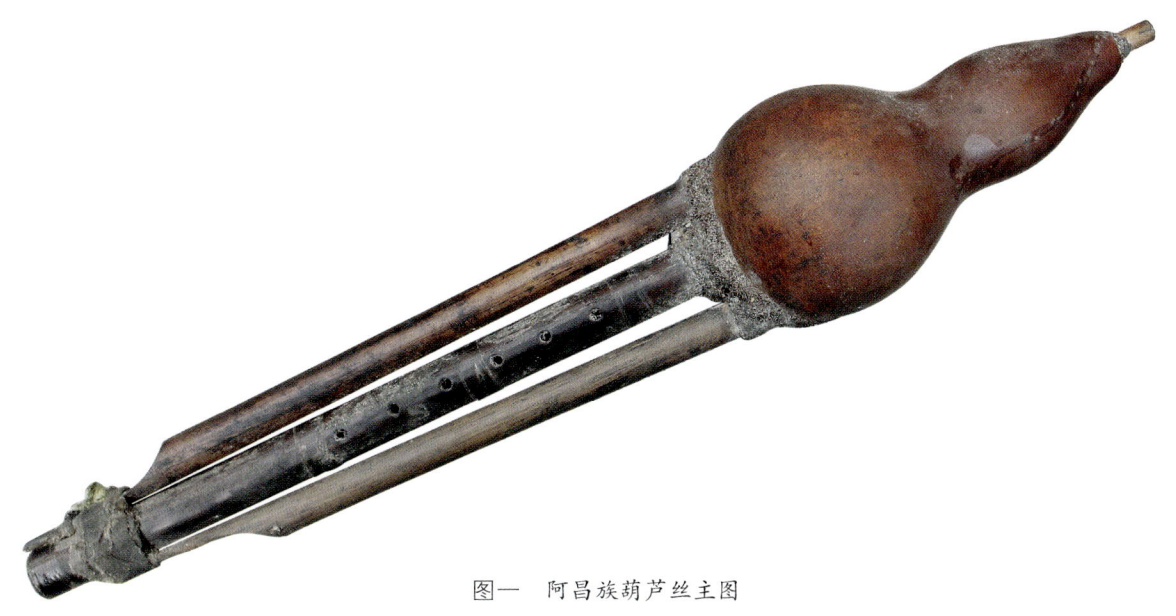

图一　阿昌族葫芦丝主图

本案例为阿昌族传统乐器葫芦丝，通高50厘米，吹嘴长4厘米，葫芦长16.5厘米，最大直径11.5厘米，竹管长29.5厘米。采集于云南德宏州陇川县户撒阿昌族乡万明大寨虞家。葫芦丝，又名"葫芦箫"，阿昌语称"拍勒翁"，是一种西南少数民族用葫芦和竹子制作的吹奏乐器，广泛流行于阿昌族、傣族、彝族等居住地区，常用于男女传情、节日庆典、日常交往等。

葫芦丝是由先秦时期的青铜葫芦笙演变而来的，距今已有两千多年历史。阿昌族传统葫芦丝由葫芦、竹管和簧片3部分组成。葫芦嘴部插入吹口，底部并排插入3根竹管，正中位置为主管，两侧为副管，主管最长。在主管连接葫芦的部位安装有铜制舌簧片，主管上方开有6个圆形音孔，音孔面积略小于指肚，音孔相邻排列，间距1.5厘米到2.2厘米不等。主管下方开一个第七音孔和一个出音孔，有的还会开一个挂绳孔，用于悬挂装饰物。副管不开孔，用于抓握。葫芦丝质量的高低与葫芦的选择有很大关系，上好的葫芦产自云南弥勒县，根据品种可分为甜葫芦和苦葫芦两类，甜葫芦生长周期短，质地不坚，多用于制作低端葫芦丝。苦葫芦生长周期两年以上，质地坚硬，适合制作高质量的葫芦丝。葫芦的主要作用是保护簧片，以及吹奏过程中能够聚气储气，帮助音色稳定输出。一个合格的葫芦需要经过选料、浸泡、去皮、晾干、打磨、打孔、掏空内瓤等多个加工工序。竹管制作的最佳原材料是白竹和紫竹，加工流程有裁竹、烘烤、制管和装饰4个步骤。首先，所裁竹管要前后口径一致，竹节一般不超过3个；其次，烘烤可以帮助竹管的浆汁蒸发，防止竹管变形和开裂；再次，还要竹管通节，划分音孔线，留出簧片槽，打音孔；最后将做好的竹管抛光、髹漆、打蜡。葫芦丝有高、中、低音3种类型，高音清亮透明、中音圆润柔和、低音浑厚沉着。簧片是影响葫芦丝音色质量的重要因素之一，是葫芦丝的关键构件。簧片的加工步骤有选料、裁料、锻打、刮磨、开片、修片。原始的簧片是手工刮薄竹片制成的，现在大多是铜制簧片。裁料时要注意顺着铜皮纹路裁剪，锻打铜皮要轻、要匀，然后将铜皮裁成鸟舌形，最后修片成型。吹奏姿势分为站姿和坐姿，站姿要求双腿自然分开，上身保持直立。坐姿要求挺胸收腹，气息贯通。按孔时，左手在上，右手在下。左手大拇指按住主管底部的第七音孔，食指、中指、无名指放在主管上面3个孔，右手食指、中指、无名指依次对应主管其余3个孔。小指用于固定指位，尽量不要左右移动。手臂向两侧张开，做到自然美观。含住的吹口只要能够自然吹放气即可，切忌用嘴包住整个吹口。

葫芦丝作为阿昌族最重要的民族乐器，具有极其丰富的文化内涵，葫芦寄托着当地人民福禄双全、多子多福的寓意，竹子被赋予谦逊正直、内敛不屈的品质，两者组合在一起象征着爱情的美好、生活的幸福。陇川户撒阿昌族人民无论男女老少都能吹奏葫芦丝，吹奏时数管齐鸣，音色甜美，余音袅袅，展现了阿昌族人高超的演奏技巧和乐观开朗的民族性格。

图片来源

图一　赵思颖　摄影
图二　王师　制图
图三至图六　刘翔宇　制图

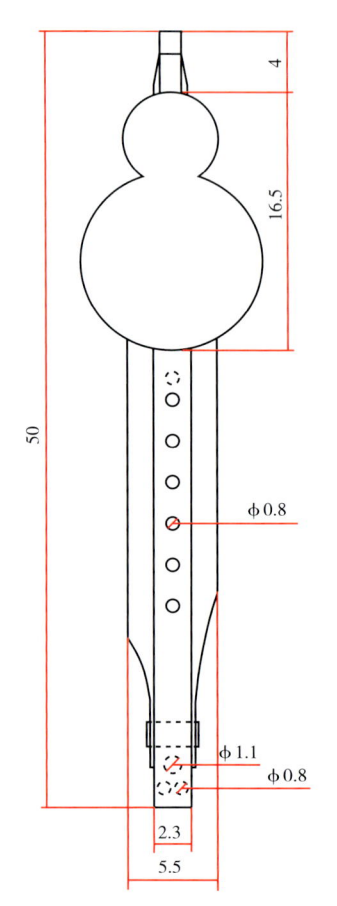
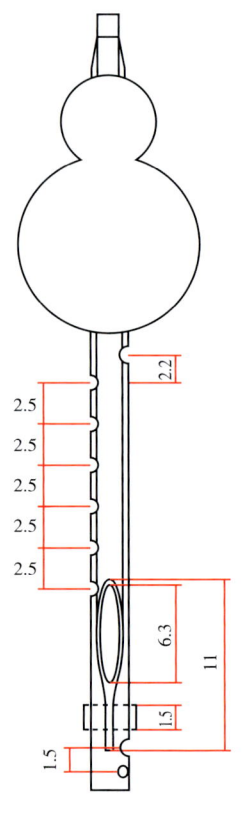
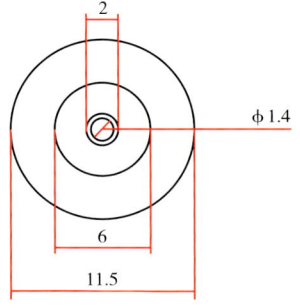

图二　阿昌族葫芦丝三视图（单位：cm）

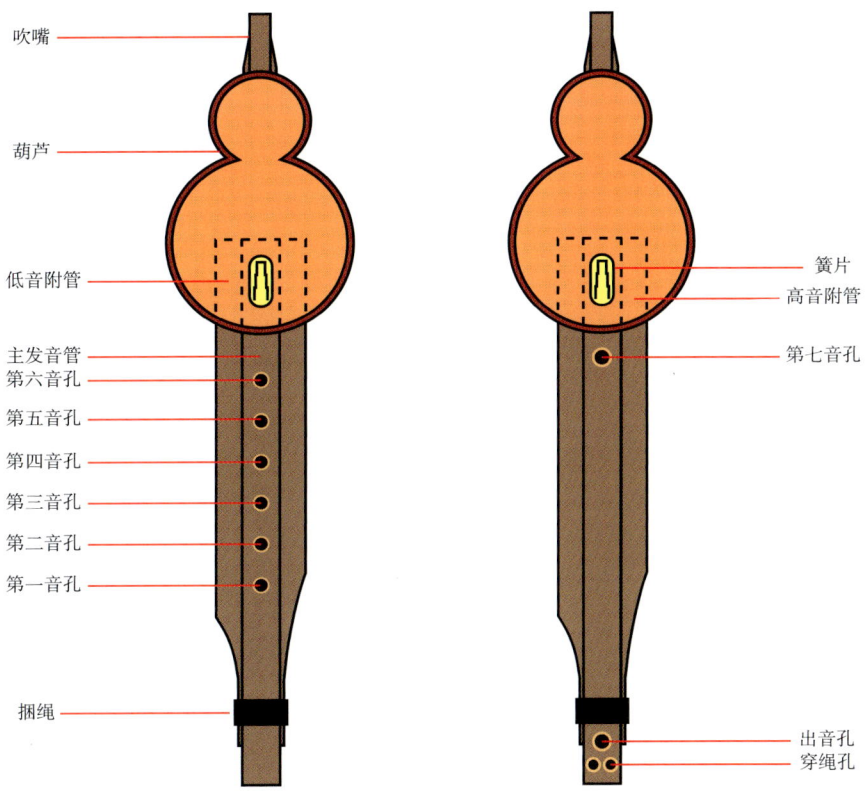

图三　阿昌族葫芦丝结构名称图

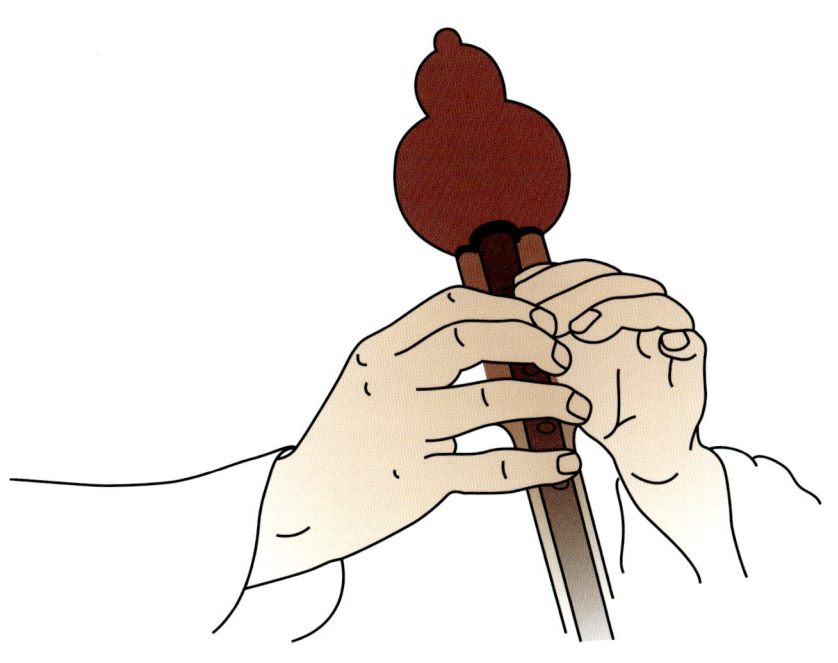

图四　阿昌族葫芦丝操作示意图

第四章　阿昌族传统生活用具

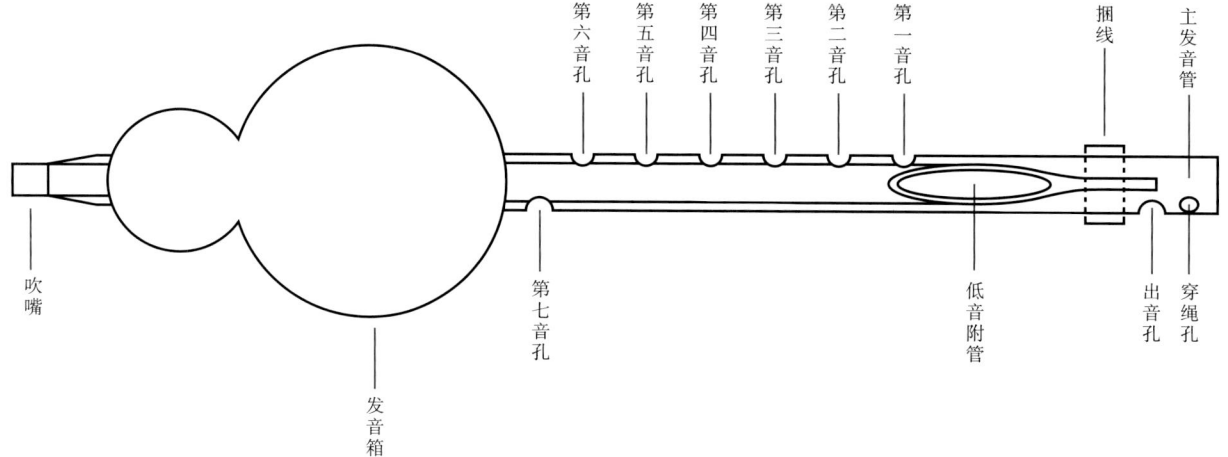

图五 阿昌族葫芦丝音孔分析图

图六 阿昌族葫芦丝吹奏情境示意图

阿昌族手摇纺车

图一 阿昌族手摇纺车主图

本案例为阿昌族传统手摇单锭纺车，通高82厘米、长125厘米、宽62厘米，采集于云南省德宏州陇川县户撒阿昌族民俗文化馆。手摇纺车，是一种通过手摇提供动力的纺纱或纺线工具。纺车分为手摇和脚踏两种类型，手摇纺车为单锭纺车，脚踏纺车为多锭纺车。阿昌族传统纺车属于木质单锭手摇纺车，整车结构分为车齿、支架和锭子三大部分，外形无装饰部件。因其具备结构简单、便于拆卸、易于维修、取材方便等优点，深受阿昌族群众的喜爱。

阿昌族手摇纺车车齿部分由双面八根车齿、一个车齿轴、一个手摇把手构成，车齿部分整体呈饱满的鼓形，极富视觉张力。支架部分由4根长木条通过榫卯连接，构成一个封闭的"口"字形，支撑起整个车齿部分。纺车底部用一根大约一米长的方形木条（车梃子）连接支架部分和车榔头部分，车榔头上有两个固定锭子的车攀栅。锭子部分既可以安装在车齿的顶端，用于绕线，也可以安装在车榔头中，用于纺线。在车榔头后方留有插孔，可以放置转轮用于卷绕丝线。车齿和锭子通过绳索连接，绳索在两者间构成"8"字形缠绕，即一头缠绕车齿，另一头缠绕锭子。只要使用者手摇纺车把手，带动车轴和车齿转动，缠绕在车齿上的绳索就会将力传送到锭子上，从而带动锭子高速旋转，有利于纺线妇女省时省力地完成纺线任务。手摇纺车的制作材料简单，只需要本地产的木材即可，根据使用部位的不同选取性质不同的木材，如锭子、车梃子、车轴因磨损和承重需要，要选择硬木，其他部位多选择柳木等。各构件之间采用榫卯结构连接，结构稳定，便于拆卸。车齿上的绳索和细线由棉花搓制而成，都是十分易于获得和成本低廉的材料。手摇纺车造型低矮，劳动者需坐在高约25厘米的凳子上操作。这种低重心的设计能够避免纺车在使用过程中产生振动而导致纺车晃动，有利于使用者稳定持续地工作。纺车主要的支撑木材采用密度高的硬木也是为了使纺车的重心稳定。纺线，首先要将弹松的棉花放在木板上搓成长条，码放整齐供纺线时使用。使用者右手逆时针摇动车把手，带动纺轮和锭子转动，左手捏住棉条接上锭子上的线头，棉花随着锭子的转动自动成线并绕在线锭子上，左手顺势向后拉，拉线的力度一定要均匀，随着纺出的线越来越长，左手不断由前向后、由后向前，线丝丝缕缕，绵延而出，一层层缠绕在线锭子上，越来越多逐渐成为一锭。

纺车自发明以来一直是最普及的纺织器具，手摇纺车的诞生更是极大地提高了纺织效率。手摇纺车合理化的设计充分说明了广大劳动者在实践中不断总结劳动经验，不断完善和改进生产工具，从而达到劳动效率最大化、能源消耗最小化的目的。阿昌族传统手摇纺车作为一种古老的纺织工具，其构造原理所体现的设计智慧、材料选择所蕴含的自然态度、外形装饰所传达的审美意蕴都值得我们认真审视和研究。

图片来源

图一　邵盼盼　摄影
图二至图四　王师　制图
图五　何卓嫔　制图

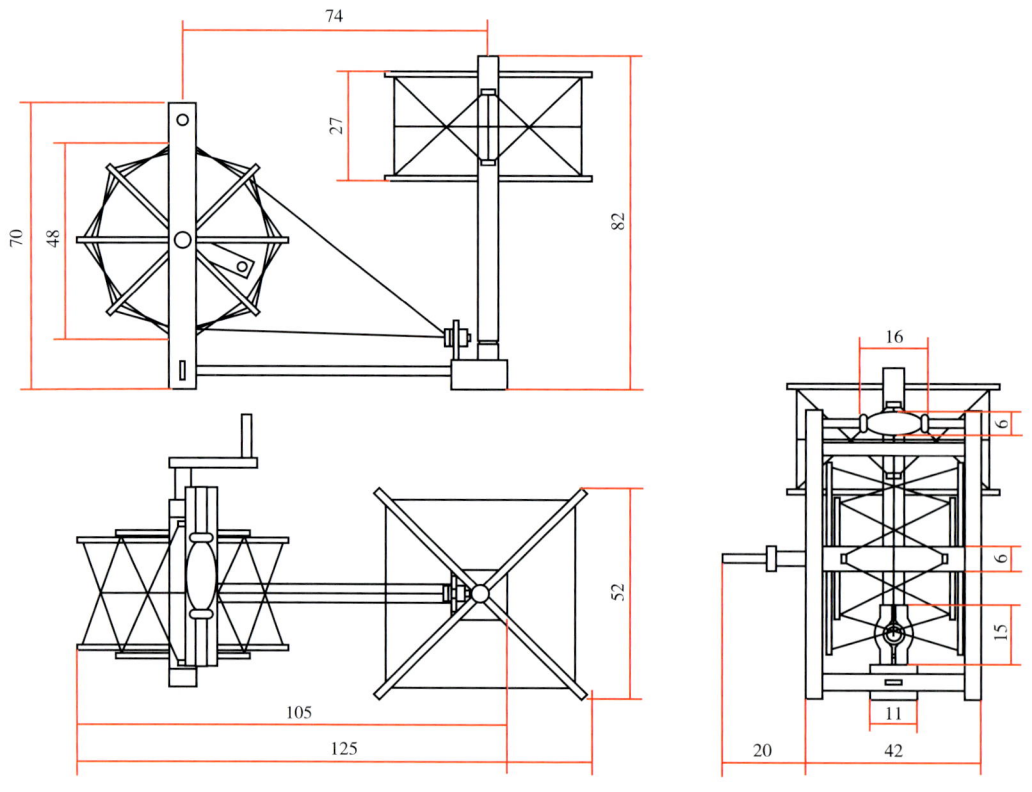

图二　阿昌族手摇纺车三视图（单位：cm）

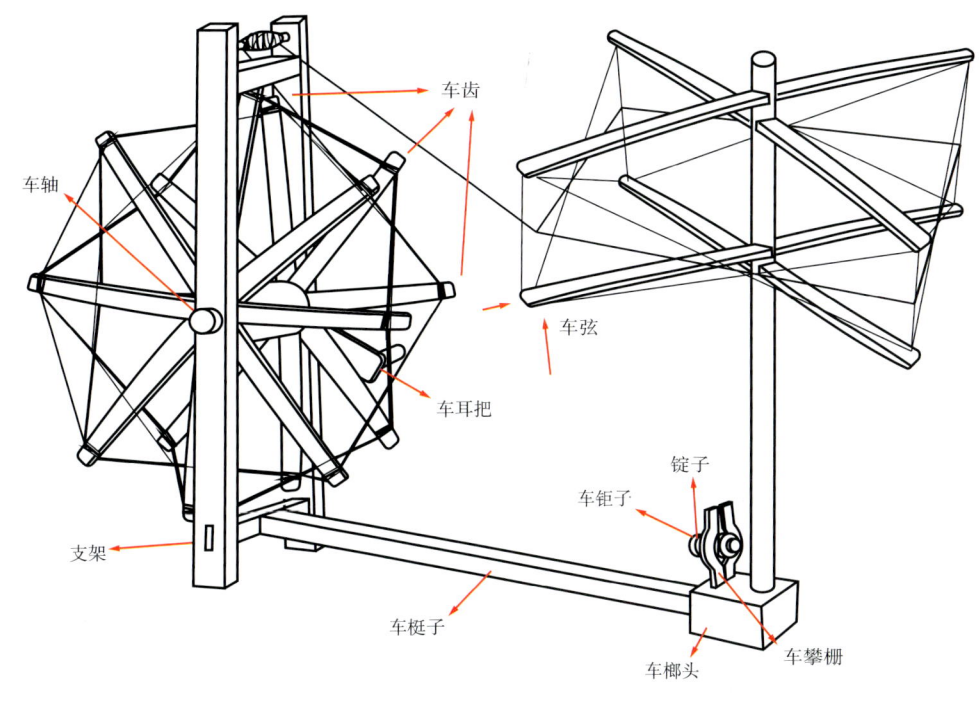

图三 阿昌族手摇纺车结构名称图

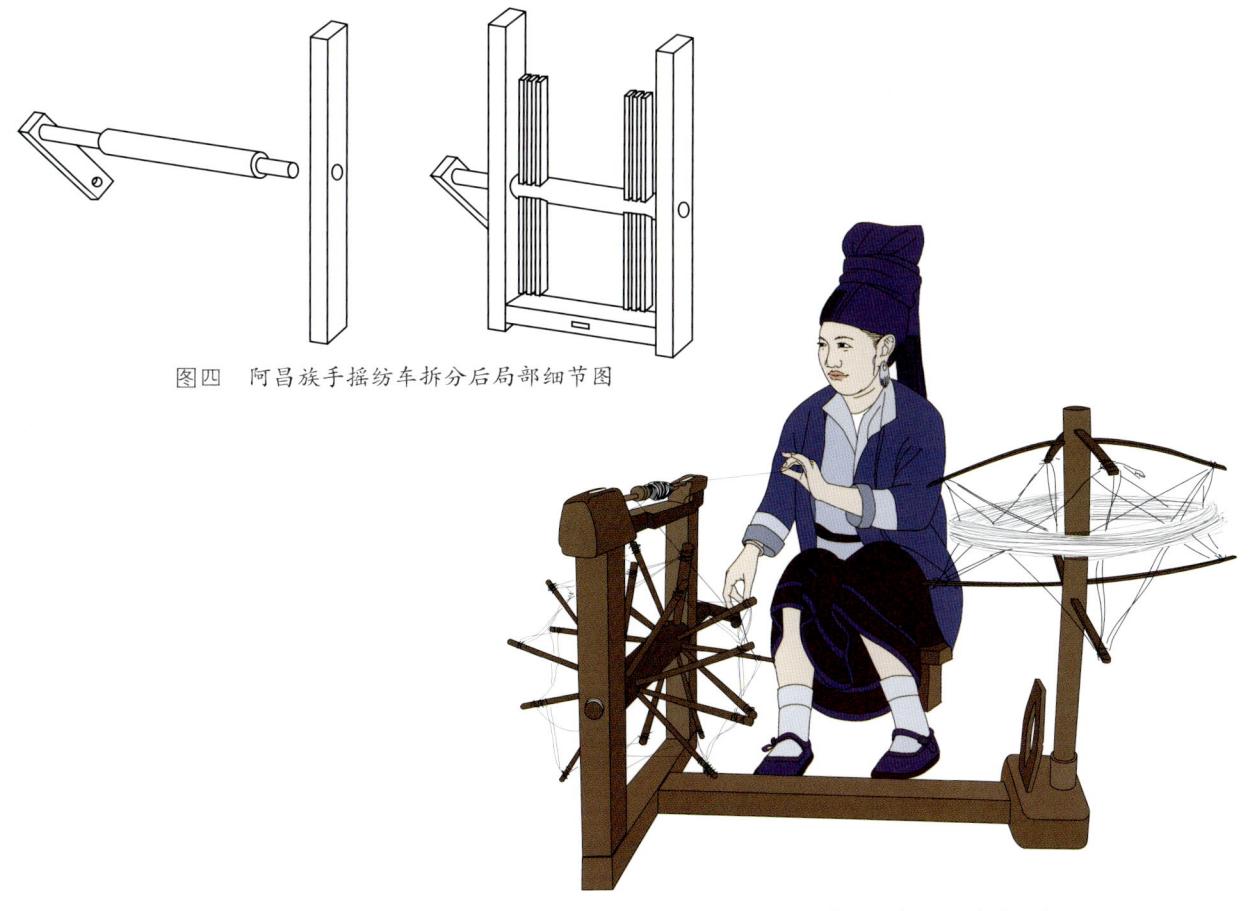

图四 阿昌族手摇纺车拆分后局部细节图

图五 阿昌族手摇纺车使用情境示意图

第四章 阿昌族传统生活用具

121

阿昌族方形手编凳

图一　阿昌族方形手编凳主图

阿昌族方形手编凳，是云南阿昌族当地居民家用坐具，一般置于客厅内或走廊上。本案例中的方形手编凳采集于云南省德宏州梁河县阿昌族居民家中。凳子整体为方形架构，凳面呈正方形，编织色彩为红绿搭配，凳高25厘米、凳腿高23厘米、凳面边长33厘米。彩条编织处为长方形，长30厘米，宽23厘米。

云南阿昌族手编凳整体结构简单，运用榫卯结构将各部件组合成一个长方体框架。手编凳的制作需先用铅笔画出凳牙、凳横的榫膊位置，凳角用直角尺画线。画线后，用榫凿凿好凳角的榫眼，用粗路锯锯出凳牙、凳横的榫头，用细路锯锯出稍向内倾斜的横截榫膊，再将其刨光，即可嵌装。凳牙与凳横的榫膊成直角，其中长牙与短牙的宽均为3厘米，长牙长22厘米，短牙长18厘米。凳脚为长方体，与长牙、短牙的连接采用双膊减榫结构，长横、短横则采用双膊单榫结构。凳面的编织原材料取自阿昌族当地山中种植的毛竹，因毛竹弹性韧性俱佳，拉力强，适宜编织加工，且阿昌族地区的林木资源又非常丰富，因而竹编凳取材十分方便。制作时，对毛竹进行锯竹、卷节、剖竹、开间、劈篾、劈丝、抽篾、抽丝、刮篾、刮丝等一系列取料过程，再将取得的竹篾制成粗细均匀、表面光洁的长条篾丝。采用热染法，将染料放入沸水中搅拌，待完全溶解后，把篾丝置入染液中浸染1~2分钟取出，待其自然冷却，用清水洗去表面的染料，放在通风处晾干。最后进行编织，编织纹样有各种款式，案例中的编织纹样为5个按十字形排列的菱形，菱形中间均有十字纹样，纹样巧妙采用回字编织法，具有对称美，呈现出美观实用的特点。手编凳凳面采用竹编，虽说是就地取材，但也使该凳子观赏性大大增加，另一方面手编凳面的实用性更大，更加透气柔软，坐上去更舒服。此类方形手编凳也因其舒适与轻便，在阿昌族地区被广泛使用，是云南阿昌族家庭中常见的生活用具。

总之，手编凳是一件采用传统的榫卯结构方式与编织手工艺相结合的生活用具，它设计巧妙，制作精良，凝聚着当地居民手工艺的技术精华，而且方形手编凳的高度适宜当地人纺线、做针线活以及和亲朋好友围坐聊天。手编凳既体现了阿昌族当地人在设计家具时十分注重人机尺寸，考虑更多人与人、人与物之间的相互关系，也体现出阿昌族器具设计的人性化与科学化。

图片来源
图一　赵思颖　摄影
图二、图四、图五　夏玲　制图
图三　刘翔宇　制图
图六、图八　王英　制图
图七　夏玲　制图

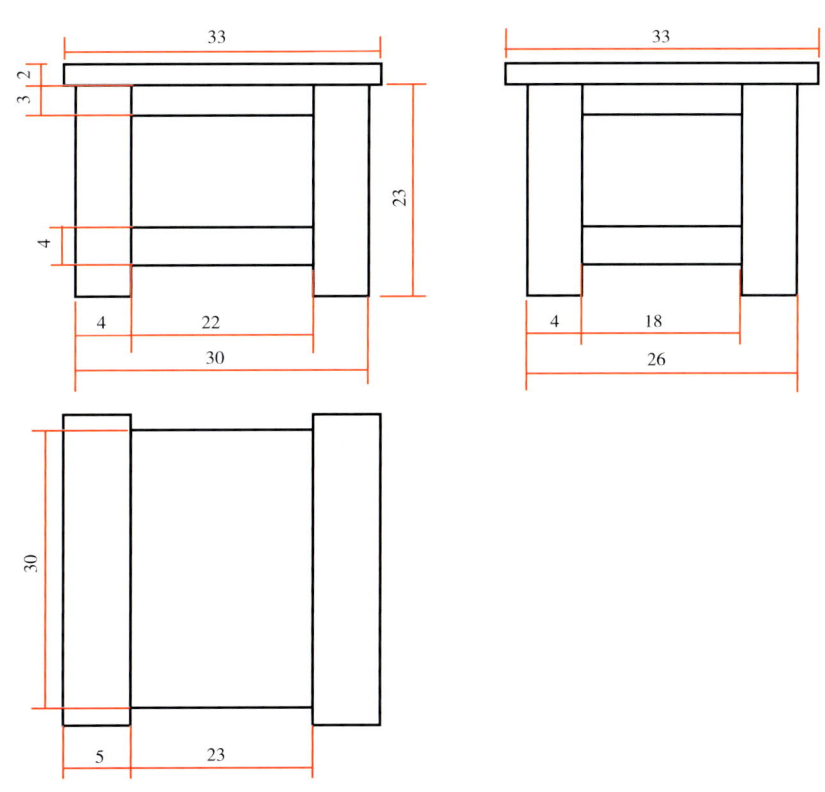

图二　阿昌族方形手编凳三视图（单位：cm）

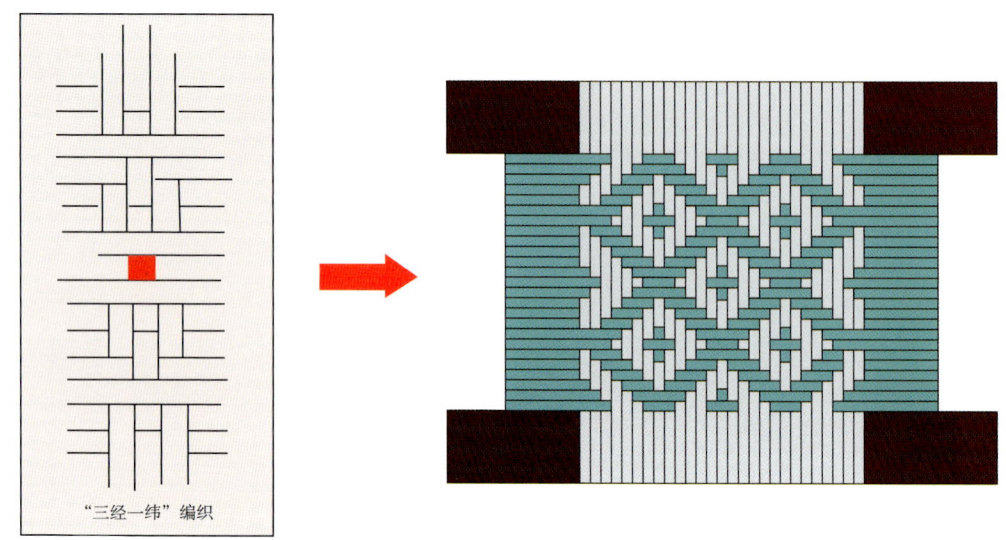

图三　阿昌族方形手编凳凳面纹样图

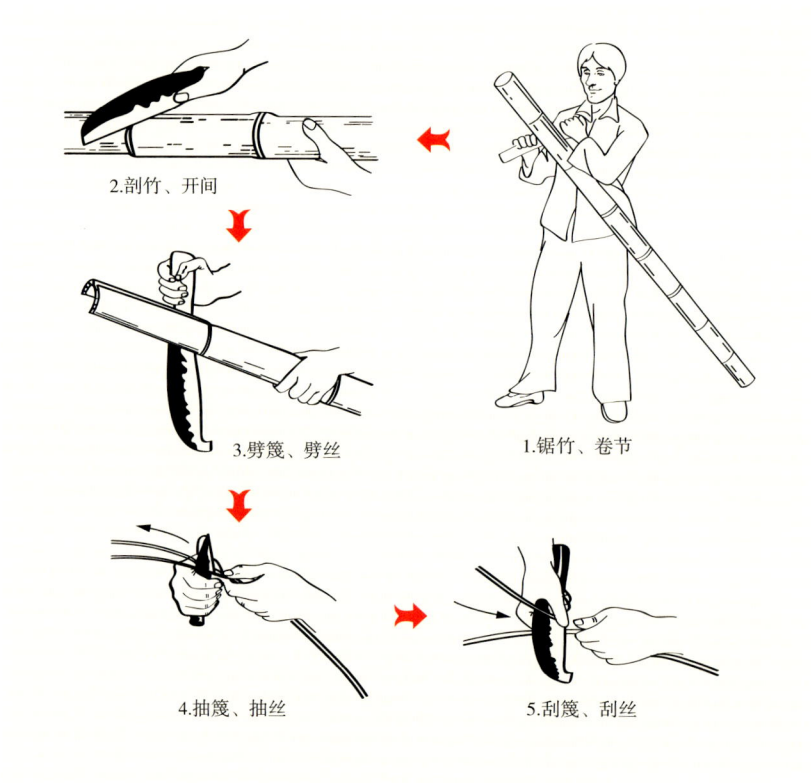

图四　阿昌族方形手编凳编织材料加工流程图

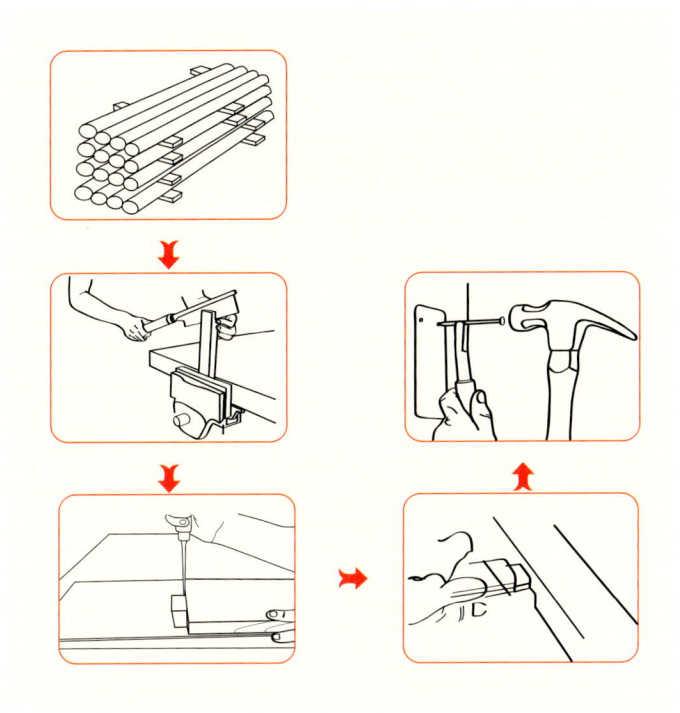

图五　阿昌族方形手编凳榫头制作工艺流程图

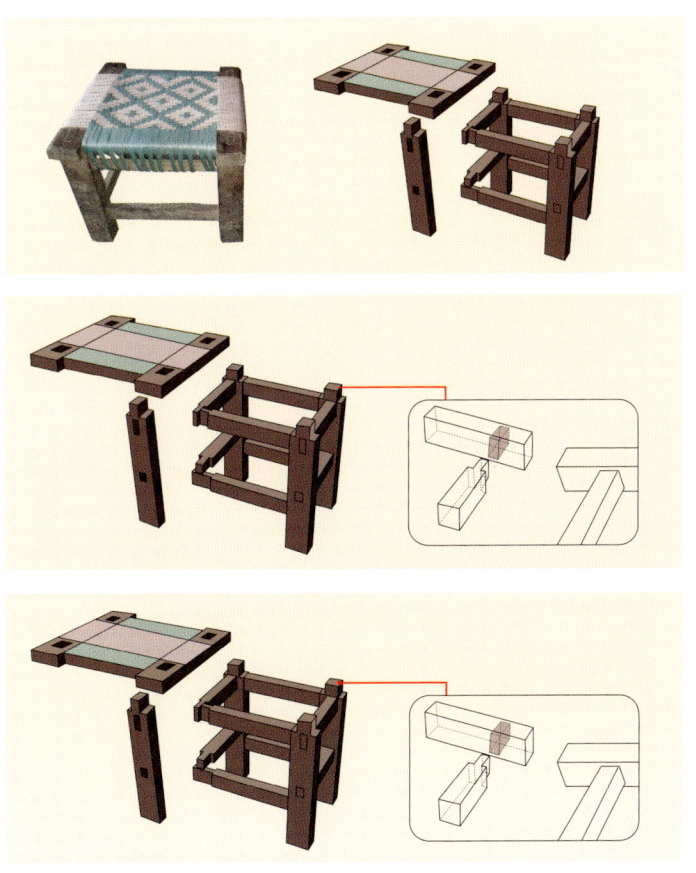

图六　阿昌族方形手编凳榫卯连接示意图

第四章　阿昌族传统生活用具

图七 阿昌族方形手编凳使用情境示意图

竹篾

木材质

图八 阿昌族方形手编凳材质分析图

第五章 阿昌族传统生产工具

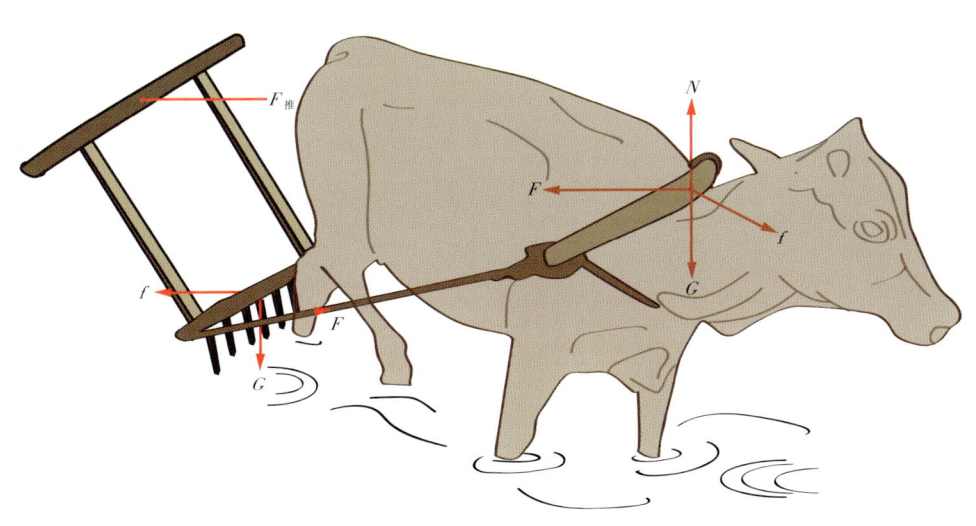

阿昌族铁铧木架曲辕犁

图一 阿昌族铁铧木架曲辕犁主图

本案例铁铧木架曲辕犁选自云南省德宏州陇川县户撒阿昌族民俗文化馆，犁整体高110厘米，长160厘米，是当地居民农耕生产活动中必不可少的农具之一。该犁是阿昌族传统耕作农具，主要用于土壤翻松。我国南方气候湿润，自古以来就以水稻种植为主。阿昌族就聚居在以水稻种植为主的云南，水稻的种植对土地的平整度要求很高，因此与此相适应的水田生产工具也应运而生。

铁铧木架犁选材考究，一般使用质地坚硬且韧性强的麻栗木或麻毛树加工制作，由犁舵、犁辕、犁箭、犁柄、犁底、犁铧、犁梢等多个部件构成，通过梢、榫来连接固定。犁舵采用V形树枝，在树枝两端用棕绳分别系在木架上，长度为80厘米。犁辕呈"八"字形，长140厘米，距右端1/3处穿插放置一犁箭，长120厘米，与犁辕呈90度夹角。下端为犁底，犁底处安装犁铧，材料为铁质，呈三角形。犁柄长130厘米，手握处为直型手柄，供人手扶掌握方向。犁箭、犁柄共同由一条线绳捆绑连接，通过调节线绳长度，带动犁铧改变角度，进而改变犁地深度。铁铧木架曲辕犁常被用于开拓水田，耕种者通过犁梢把手来驾驶，给犁舵系上绳子由牛拉动牵引，使得犁铧在泥土中扒出一道狭小的浅沟。犁是进行耕田的农具，可以把前一季农作物收完后留下来的土壤进行翻松。翻松后的土壤变得更适合耕种，协调了水分、养分、空气、热量等因素，提高了土壤肥力，为播种和作物生长创造了良好的条件。耕田是耕作的三道工序中最为费力的，因为上一季收割后留下的土壤还没灌入太多的水，土壤质地较硬。因此，牛在前面拉犁时，人在后面控制好牛的前进方向以及握稳把手尤为重要，将深层的土壤翻出需要借助牛的较大拉力，人在跟上牛前进速度的同时，还要控制好手中的犁柄，集中全部注意力，保证好耕田的质量。一般耕田都会从一块田的中心点开始，围绕着中心点一圈一圈地往外耕，如同画同心圆一样，以这种方式将土地翻松后，再从最外围沿着原来的线路往里走，这样来回翻松，土地才能均匀，避免出现一边高一边低的情况。

木架犁历史悠久，早在两千多年以前的西汉的农具图谱中便有记载。铁铧木架犁造型优美，整体结构硬朗，同时犁辕、加固木条与棕绳的曲线又为整体造型增添了动感。该犁构造轻便，采用木质榫卯结构，处处符合现代人机工程原理，犁梢以人的身高尺寸作为量度标准，减缓了耕种者在耕地时过度弯腰所产生的疲劳，犁铧的尺度由耕地的深度决定，较好地满足了耕地需求。犁虽然看似简单，在农业社会时期，却维系着阿昌族人一代又一代的生存和发展，有些阿昌族家庭现在仍在使用。

图片来源
图一　刘翔宇　摄影
图二　张力军，胡泽学主编.图说中国传统农具.北京：学苑出版社，2009：133.
图三至图六　徐骞　制图
图七　刘翔宇　制图
图八至图十　夏玲　制图

图二　铁铧木架曲辕犁古图

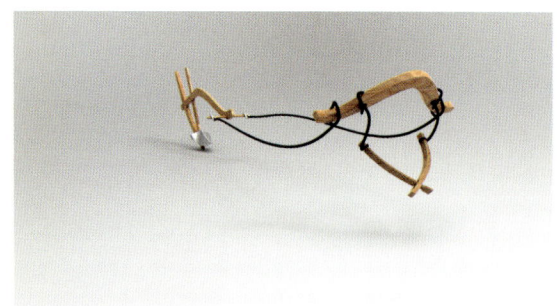

图三 阿昌族铁铧木架曲辕犁解析图 1

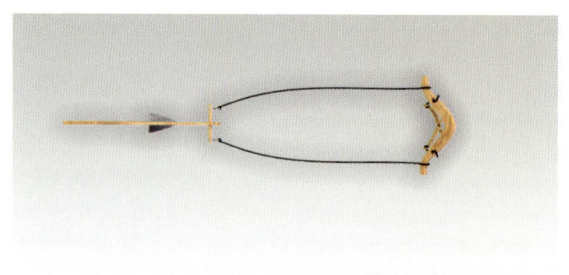

图四 阿昌族铁铧木架曲辕犁解析图 2

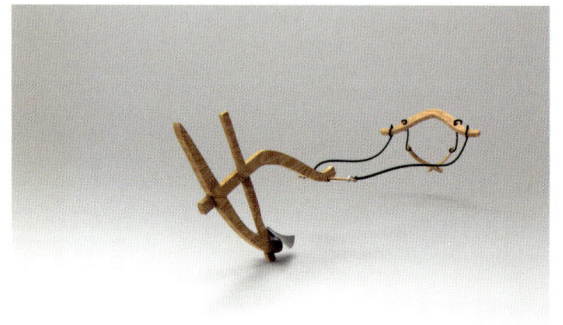

图五 阿昌族铁铧木架曲辕犁解析图 3

图六 阿昌族铁铧木架曲辕犁解析图 4

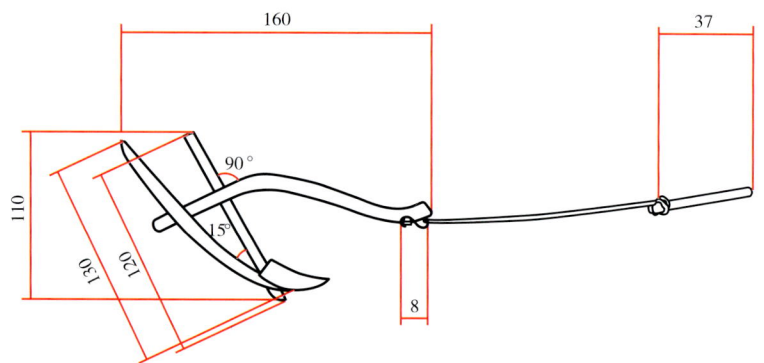
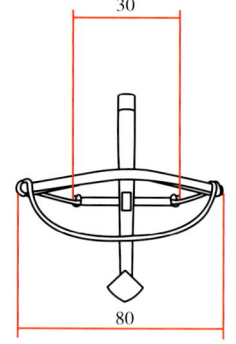
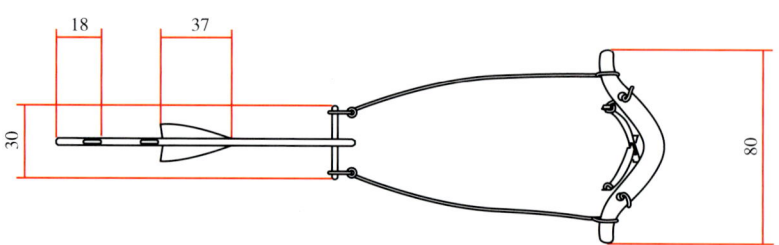

图七 阿昌族铁铧木架曲辕犁三视图（单位：cm）

拉力点

图八　阿昌族铁铧木架曲辕犁使用情境示意图

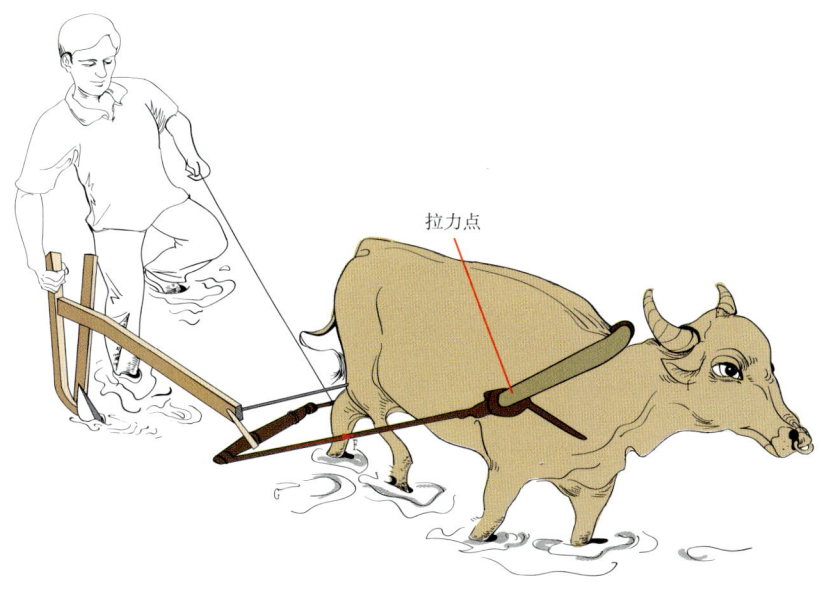

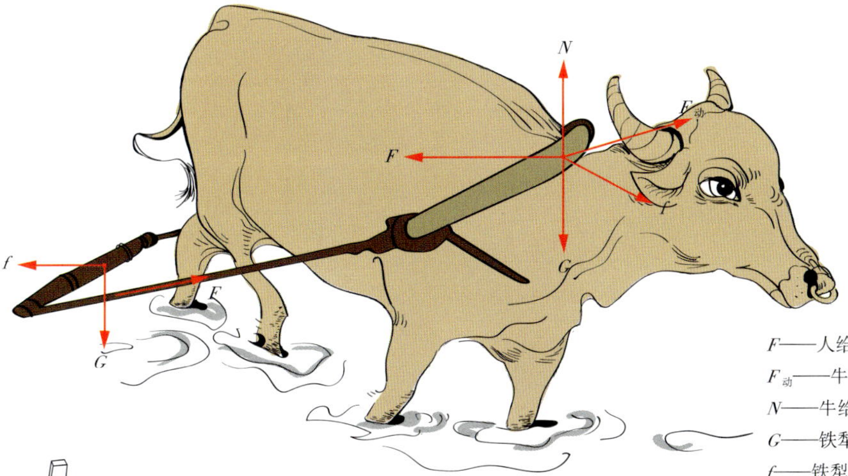

F——人给的拉力
$F_动$——牛给予铁犁的动力
N——牛给予弯担的支持力
G——铁犁的重力
f——铁犁受到的摩擦力

图九　阿昌族铁铧木架曲辕犁受力分析图

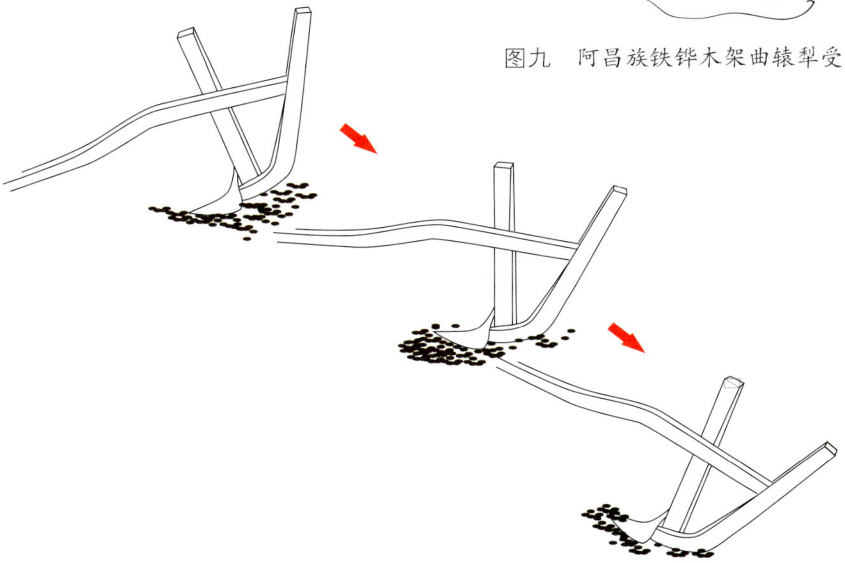

图十　阿昌族铁铧木架曲辕犁使用原理图

阿昌族木耖

图一 阿昌族木耖主图

大部分阿昌族聚居地位于亚热带山区，气候温暖，土壤肥沃，山势平坦，利于农业生产。为适应农业发展，当地的农作工具也极具特色，其中耖是最为常见的农具之一。耖具有松土和碎土功能，用于疏松表层土壤，在耕地耙地之后，使土面更加平整，土壤更加细致。本案例阿昌族木耖选自云南省德宏州陇川县户撒阿昌族乡，通高 85 厘米、宽 95 厘米，整体结构由横梁、扶手架、耖齿、牛轭拉杆等部件组成。扶手长 75 厘米、宽 6 厘米，横梁长 95 厘米、宽 10 厘米，为阿昌族较典型的铁环木耖，为"一耖一人一牛"式。

木耖的扶手与横梁及耖齿部分由硬木制成，轭钩环、提拉环由铁铸成，通过绳索将耖前端的牛轭拉杆与牛轭相连接。在后横梁处，装有提拉环，使用时用绳索从提拉环穿过，通过提拉绳索来控制横梁，将高处带来的土填入低洼地带。本案例有 9 颗耖齿，耖齿主要起到碎土的作用，使稻田更松软，利于水稻的生长。作为整个器械中的主要功能部件，耖齿的耗损通常最为严重。横梁是耖的中心部件，其他各部件都与此相连接并固定。耖使用在耕地和耙地之后，水田里面的泥土是高低不平，为了让土壤都能均匀地吸收到水，需要利用耖齿钉在水里将泥浆再梳理一遍，让土壤变得更稀疏，也将整块田中的土壤推得如水面一般平整，以便等待播种。使用时，牲畜在前面拉，耕种者用手按住耖扶手，向下用力。牲畜在水田中反复拖动，牵挽前进，直至将水田中的土壤疏通并整平，实现碎土、覆土及平地的作用。耖田的角度是使用耖的关键，耖过于直立的话，整理土壤的效果不佳，而耖的角度过于倾斜，牛拉起来相对又会更加费力。因此，这需要阿昌族人民长期劳作，从实践中获得使用技巧。耖和耙功能有相似之处，所以当地居民在名称上常常混淆使用。耖使用在耙之后。耙为平，耖为立，耙使用时平放，贴合于地面，而耖则是立于土壤之中，同时耖齿为尖头多用于水田，耙齿则为平口多用于旱地。耖有时为了提高工作效率还会出现两人两牛，将两个耖联合使用，称之为"连耖"。耖作为农家必备农具之一，为阿昌族农耕文化及农业的发展做出了贡献。

早在中国古代已形成"用力甚寡而见功多"的设计思想，耖就是这种思想的体现，它借用牲畜的拉力，使耕种者大大减轻了劳动强度。耖齿面积较大，能克服较大阻力，提高了工作效率。随着社会的进步，阿昌族耖齿采用铁质打制，提高了耖的使用寿命，良好的使用性和可操控性，使得这一古老的农耕器具一直沿用至今。

图片来源
图一　刘翔宇　摄影
图二　张金威　制图
图三至图四　刘翔宇　制图
图五至图六　夏玲　制图
图七　[元]王祯撰；缪启愉，缪桂龙译注.东鲁王氏农书译注.上海：上海古籍出版社，2008：387.

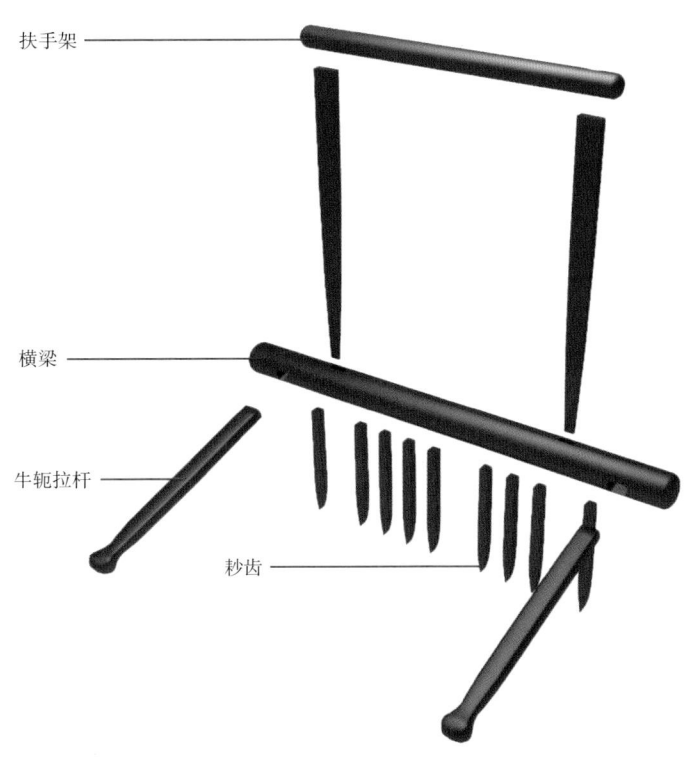

图二　阿昌族木耖结构名称图

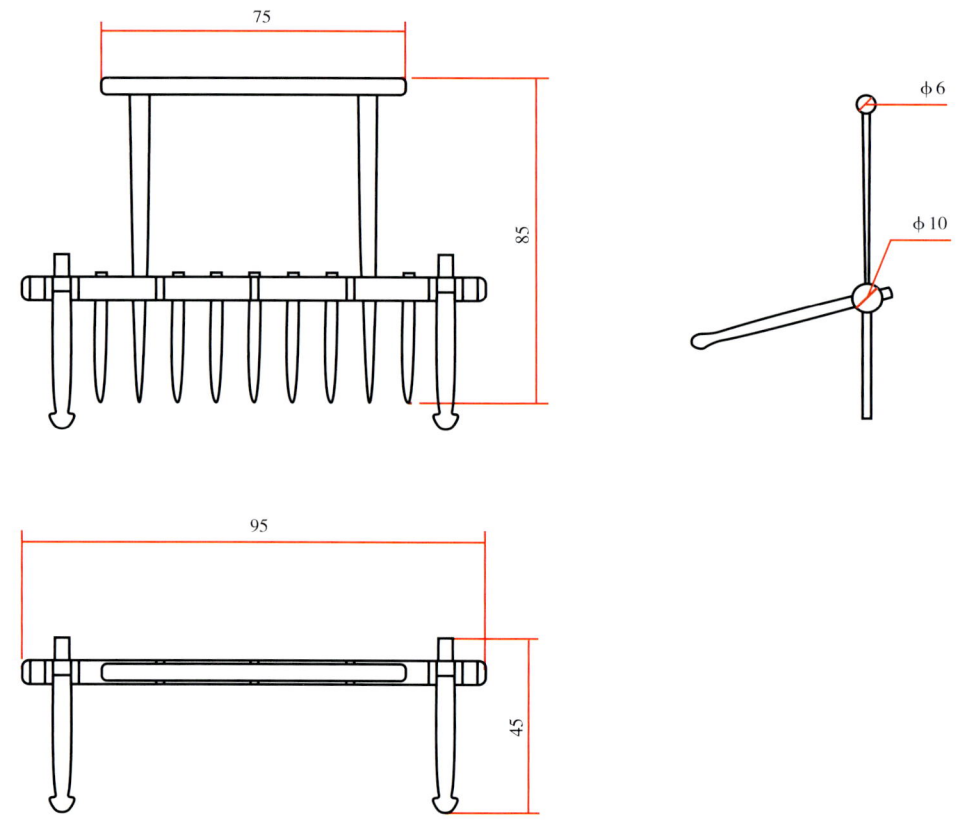

图三 阿昌族木秒三视图（单位：cm）

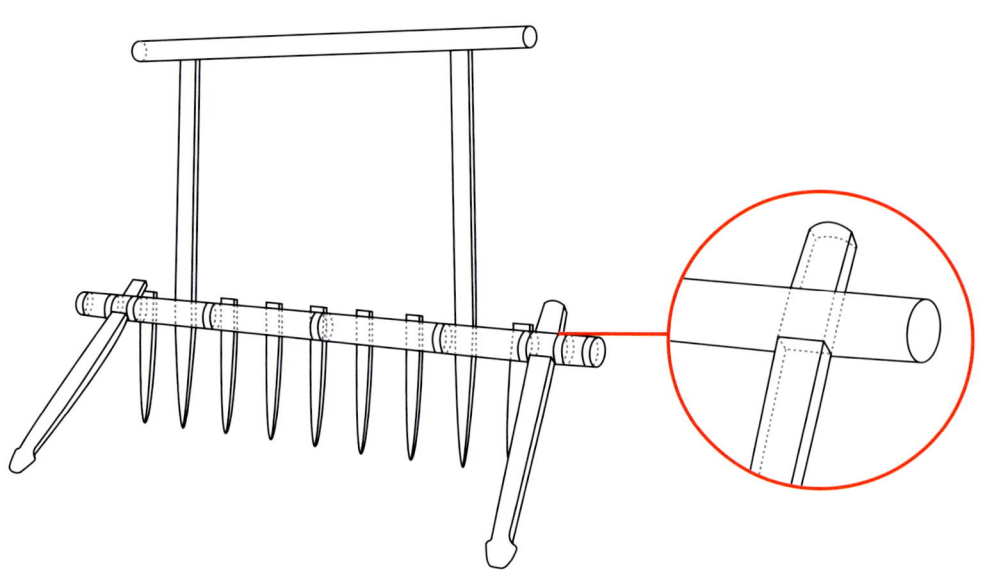

图四 阿昌族木秒局部连接方式图

图五 阿昌族木耙使用情境示意图

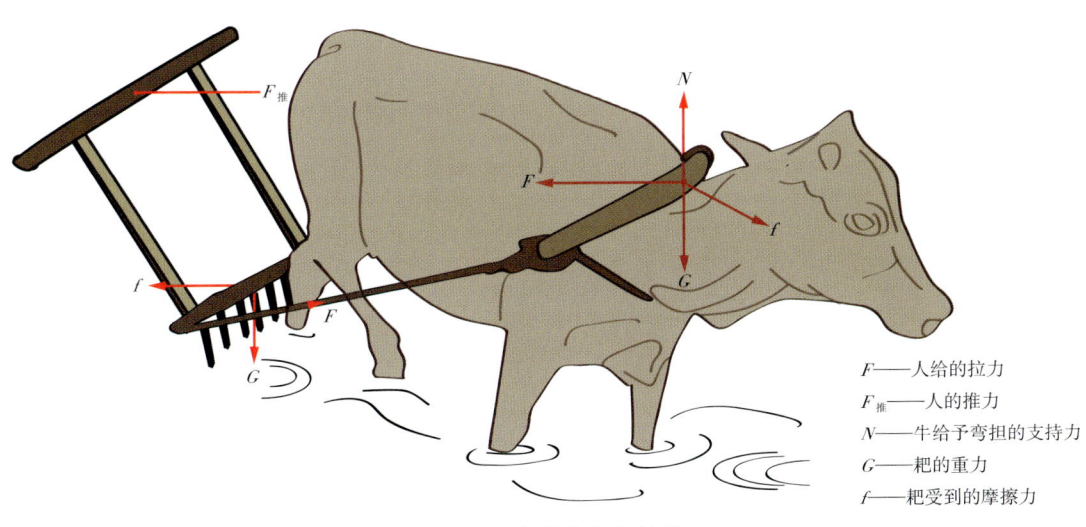

F——人给的拉力
$F_推$——人的推力
N——牛给予弯担的支持力
G——耙的重力
f——耙受到的摩擦力

图六 阿昌族木耙受力分析图

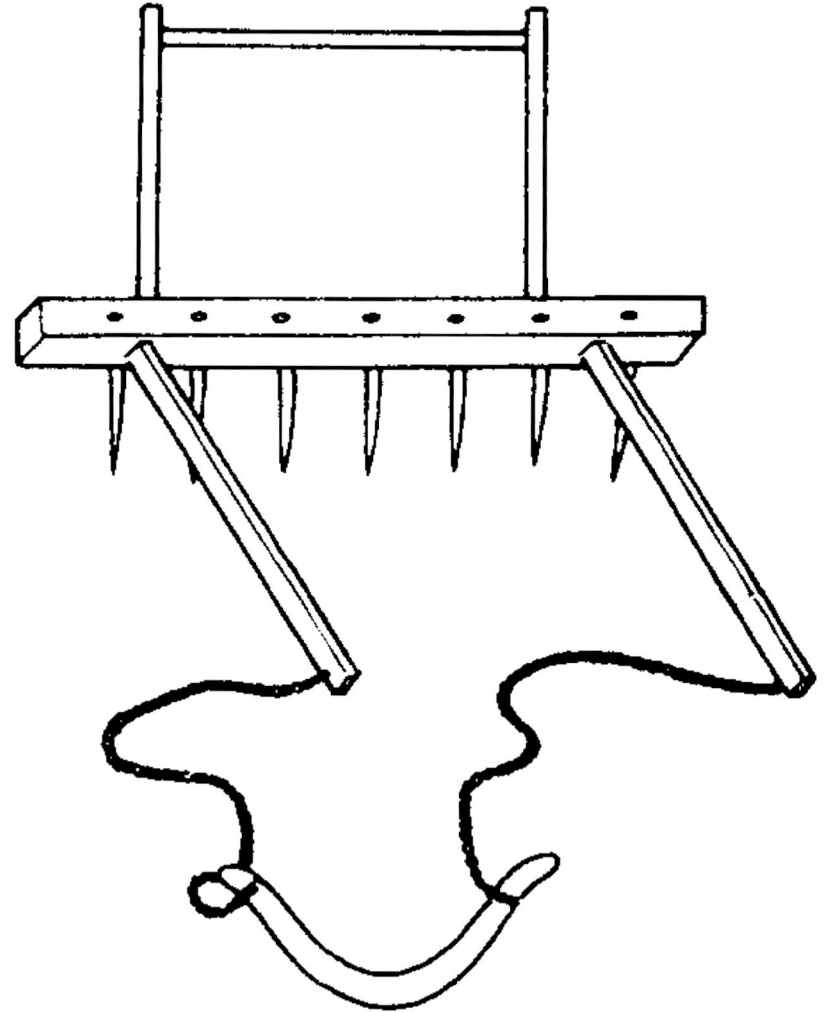

图七　铁环木耖古图

阿昌族石磨

图一 阿昌族石磨主图

《唐韵》中记载磨最初叫硙，汉代才叫做磨，由坚石凿制而成。在发明磨之前，当时人们是将米或者麦子放在石臼里，用粗石棍捣，以此来制作米粉、麦粉的，这种制作方法耗时长，粉质粗。根据汉代刘向校整的《世本》记载："公输班作硙。"鲁班使用两块有一定厚度的圆柱形石头上下叠放，制成磨扇。上扇有磨眼，谷物通过磨眼均匀地流入磨膛，通过磨石的重力以及磨石与磨石之间的摩擦力将谷物碾碎，得到相应的粉末。

本案例选自云南德宏州户撒阿昌族乡，通高20厘米，宽75厘米，是借助人力推动木柄实现研磨效果的器具。

石磨从形制上主要是由两块尺寸相同的短圆柱形石块和磨盘构成的，磨盘上摞着磨的下扇（不动盘）和上扇（转动盘）。上扇面直径40厘米，下扇面直径33厘米，磨盘直径75厘米，一般是架在石头或土坯等搭成的台子上，两个磨扇的接触面上都錾有磨槽，形状以平行等分的多道斜纹为主。石磨下扇固定于磨盘中，上扇可以绕轴转动。磨心称之为脐，注孔称之为眼。上扇有上下两个磨眼，两个磨眼相同但不垂直对应。阿昌族人将谷物等从磨眼漏进上下磨盘中间。两扇磨之间有磨轴，用于固定两个扇面。石磨造型简洁，采用天然青石打制而成，操作简易，一个人就能拉动，可用于磨米粉、面粉、花椒面等。使用时手握住插入固定在石磨上扇的木质手柄处，可转动磨盘，使得颗粒物呈粉状。石磨工作原理简单，它将杵臼的上下运动改为磨的旋转运动，大大减轻了劳动强度，提高了生产效率。由于磨的发明，人们便可以把麦或稻磨成面粉或米粉，于是馒头、面条、麦饼、米粉、米线等各种饮食也应运而生，一定程度上丰富了人们的饮食种类，也改变了人们的饮食习惯。阿昌族石磨大小不等，有直径超过120厘米的大磨，要用三匹马同时拉动。除了人力和畜力之外，还有用水力作为动力的磨，这种小磨大约在西晋时期被发明，在磨盘上装置一根长轴，并在长轴的另一端装置卧式水轮，通过流水的推力带动水轮，从而带动石磨的转动，以达到研磨谷物的效果。

现在石磨虽然在阿昌族农村仍在使用，但随着社会的发展，人们对生活用品不断更新，现代片式石磨保留了传统石磨的研磨部分即两片圆柱形磨盘，用电动机产生研磨动力，同时增加了输送装置和清理装置，不仅节省了劳动力也提升了效率。

图片来源
图一　赵思颖　摄影
图二　张金威　制图
图三　刘翔宇　制图
图四至图八　夏玲　制图

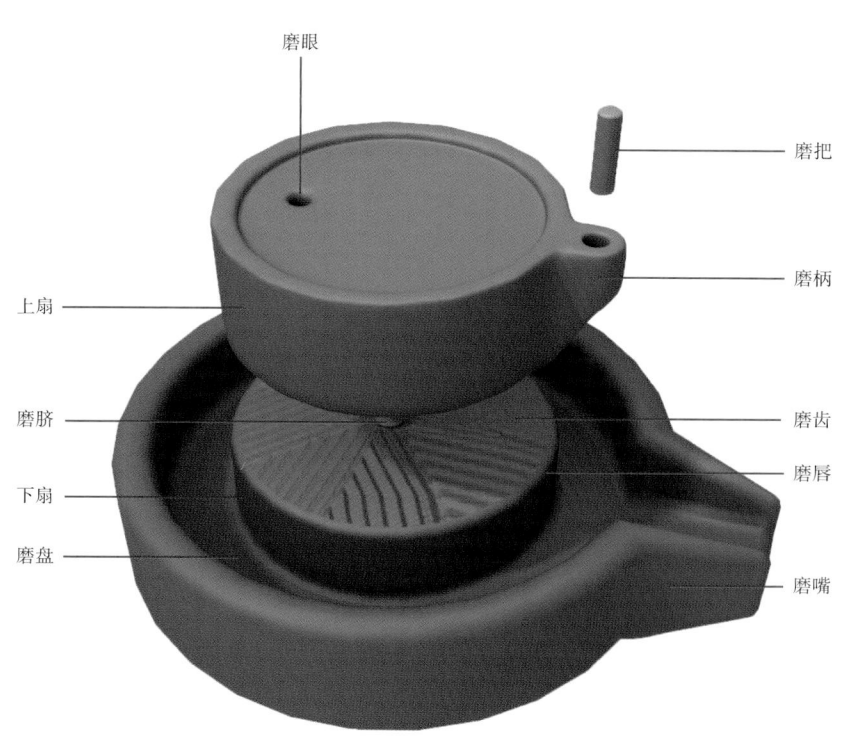

图二　阿昌族石磨解析图

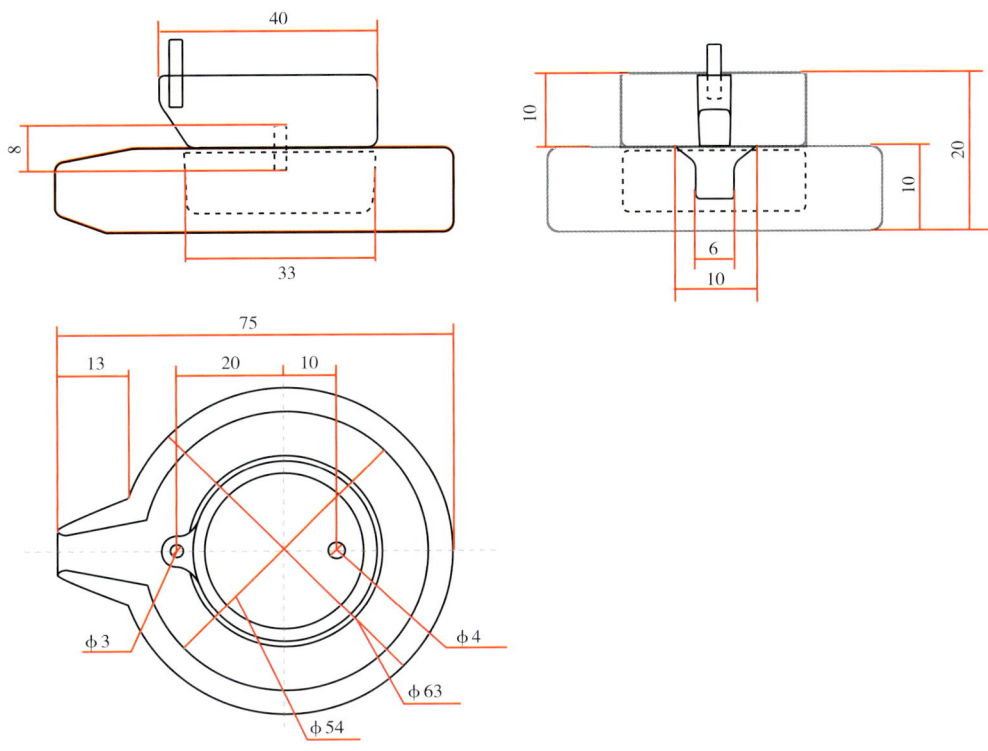

图三 阿昌族石磨三视图（单位：cm）

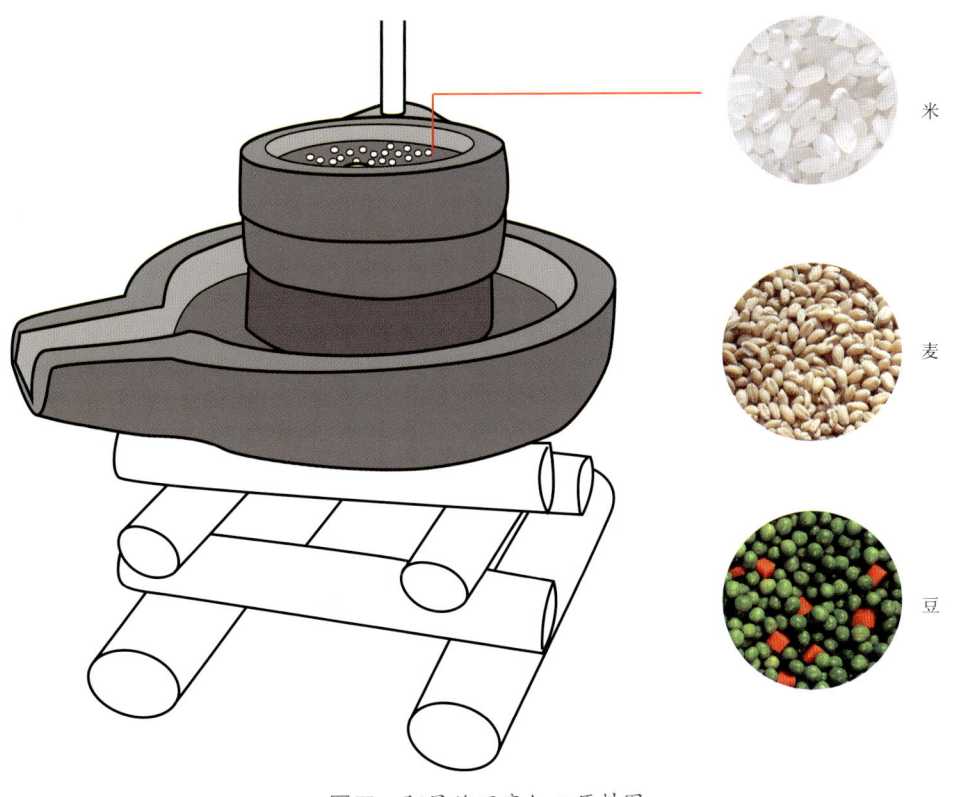

图四 阿昌族石磨加工原料图

米

麦

豆

第五章 阿昌族传统生产工具

图五 阿昌族石磨操作示意图

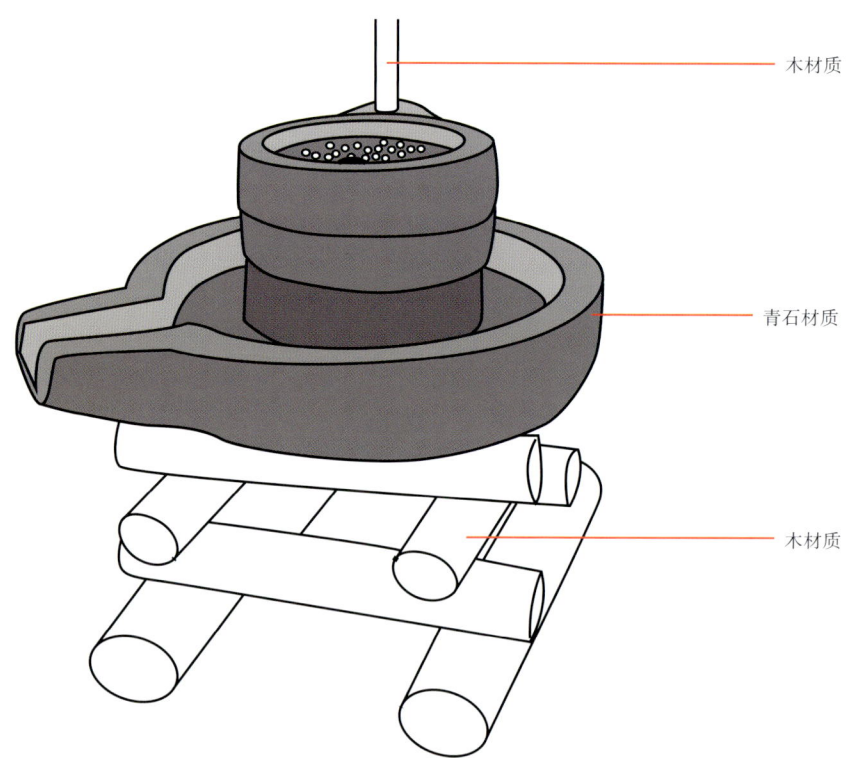

图六 阿昌族石磨材质分析示意图

图七 阿昌族石磨使用步骤图

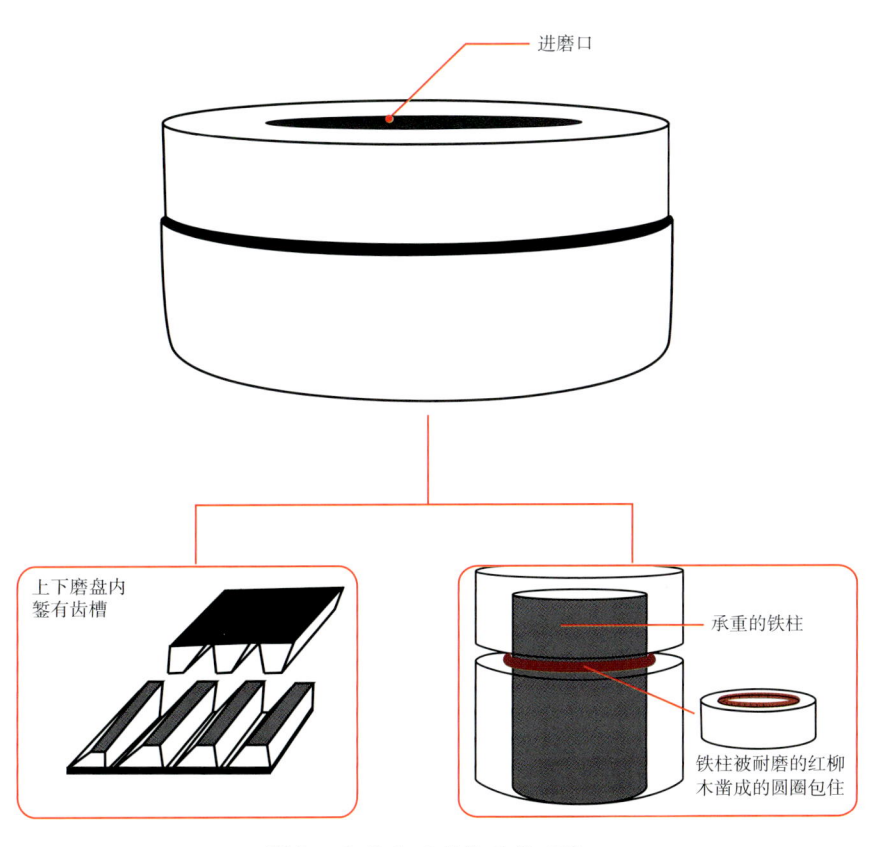

图八 阿昌族石磨使用原理图

阿昌族木脚碓

图一 阿昌族木脚碓主图

本案例选自云南省德宏州陇川县户撒阿昌族乡项姐村,木脚碓通高 22 厘米,长 103 厘米,是当时阿昌族家庭用于捣米的器具,其取材天然,造型别致。由于大多数种植收获的谷物都需要经过加工去壳或研磨后才能食用,因此最早主要出现了两种谷物加工方式:一种是舂打,另一种是碾磨。其中舂打最常用的工具是杵臼,之后形成较为成熟的器型即为碓,碓可分为脚碓和手碓。

脚碓是由碓和石臼两部分组成的。碓是借助一根长的木质杠杆,把石质或木质碓锤装在杠杆的一头组合而成。木质杠杆即为碓体,从材质上看是由 7 块粗细不同的木头拼接而成的,中间碓体的木头长 104 厘米,长边宽 11 厘米、短边宽 8 厘米,宽度较大的一端会插入碓体,碓体部分会采用较粗较重的木头,碓体中部插入一根圆柱形木棍,并且被固定在由 4 根短木组成的两组支点处,形成一个杠杆结构,用脚踩踏碓体末端,透过杠杆放大作用力,使碓锤达到舂碓谷物所需要的速度与动量(即碓锤质量与速度的乘积);石臼由大石头凿空成碗状,嵌入地面。脚碓整体设计简洁,功能性强,没有过多的花纹装饰。操作简单,使用时先用清水将碓锤和石臼冲洗干净,舀几勺处理好的大米(捣米前,先将泡好的大米滤干)放入石臼中,一脚单立,另一脚踏在转轴后端的木杆上,用力一踩,碓锤被抬升起来,此时再一松脚，碓锤自然落下，打在碓坑中的大米之上，脚碓正是利用较重一端自由落地时的重力作用，对石臼里面的大米进行捶打的。而另一人在石臼旁趁碓锤再次落下来之前翻动米粒，使米粒均匀受击，在碓锤重力的反复击打下大米变成粉状。阿昌族人就是用这种简单的捣米器，得到制作米线的原料——米粉，成就了当地一道道的美味佳肴。魏晋南北朝时期在这种脚碓的基础之上出现了水碓并且大量使用，较之于脚碓，水碓加了水轮装置。通过流水带动水轮转动，并且在转动的同时水轮上均匀分布的齿轮，间接性地给碓体末端一个作用力，透过杠杆使碓体被抬起，当一个齿轮离开碓体末端时，碓锤自由落体，作用于臼中的谷物，达到击打的效果。

水碓解放了人力的同时也提高了生产工作的效率，但是水碓的使用会受到自然客观条件的限制，而脚碓则可以在任何条件下使用。

脚碓以"延力借身、重以践碓"的方式进行工作，较于杵臼要省力得多。碓不仅可以加工粮食，还适用于药材加工、榨油、造纸等，至今阿昌族人还使用这种传统手工器具制作特色食品，可见碓是阿昌族村寨中必不可少的日常生产工具之一。

图片来源
图一　刘翔宇　摄影
图二　张金威　制图
图三　[元]王祯撰；缪启愉，缪桂龙译注.东鲁王氏农书译注.上海：上海古籍出版社，2008：142.
图四　何卓嫔　制图
图五至图七　夏玲　制图

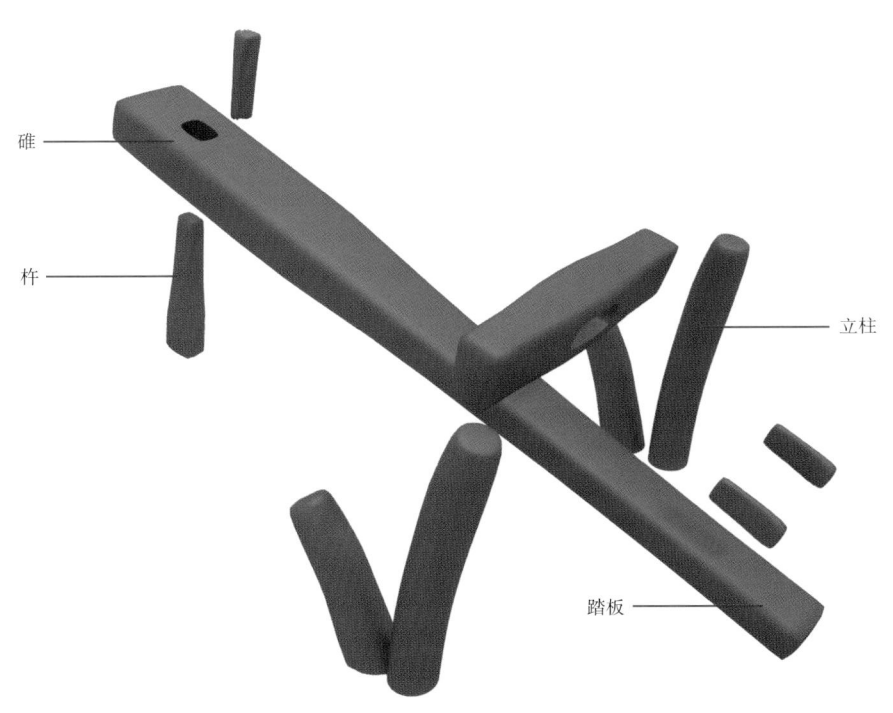

图二　阿昌族木脚碓解析图

图三　木脚碓古图

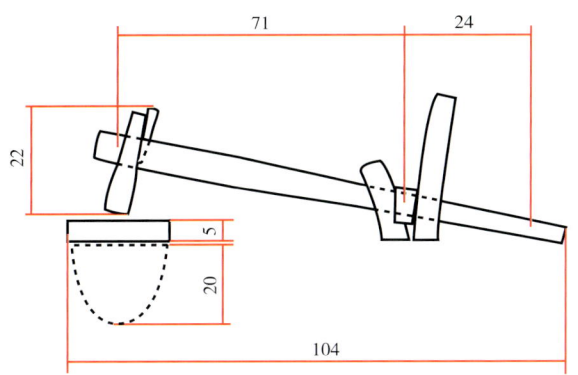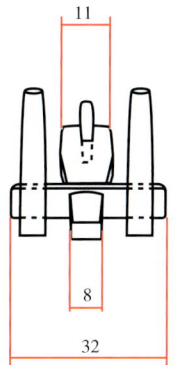

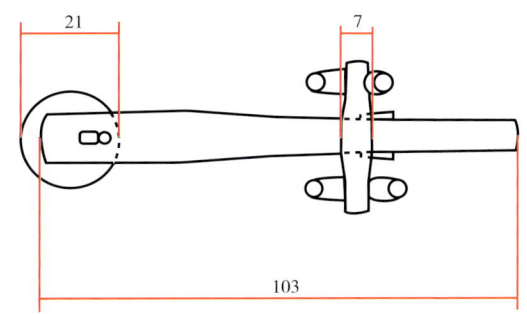

图四　阿昌族木脚碓三视图（单位：cm）

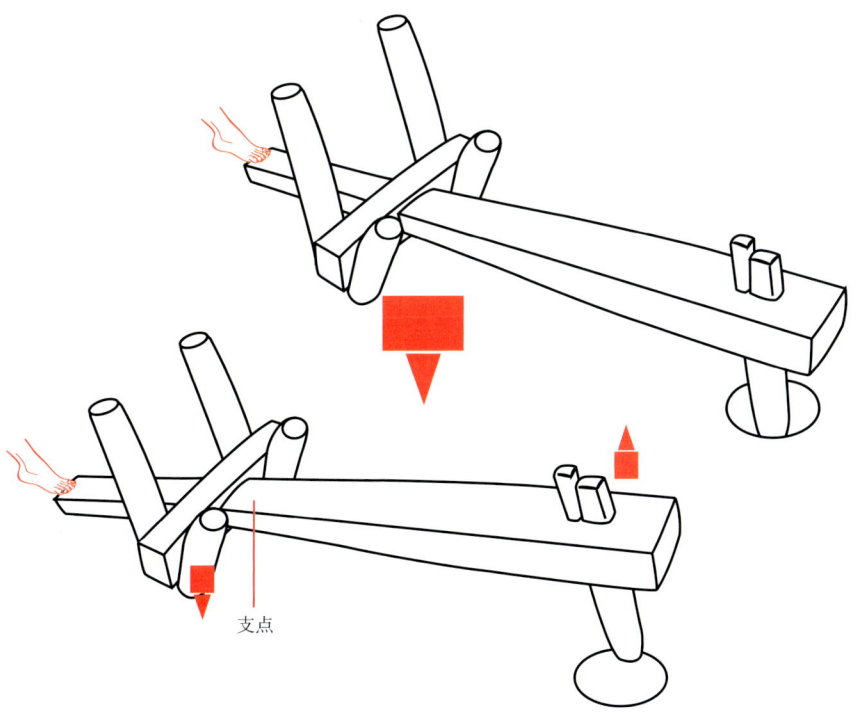

支点

图五　阿昌族木脚碓使用原理图

图六　阿昌族木脚碓加工原料图

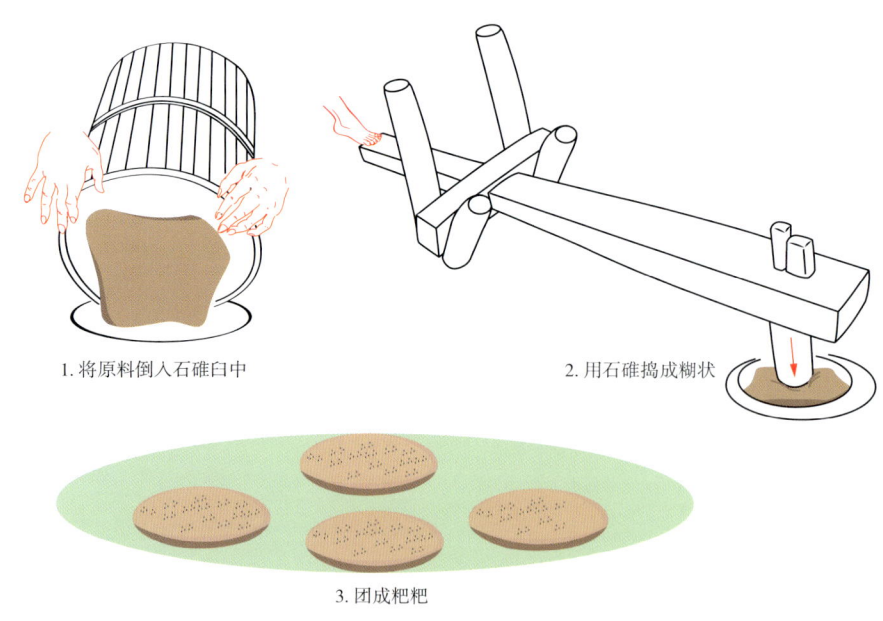

图七　阿昌族木脚碓操作流程图

阿昌族木质风扇车

图一　阿昌族木质风扇车主图

由于谷物的饱满程度是不一致的,有的饱满,有的干瘪,此外在收割过程中还混入了枯草等杂质,因此需要对收割得到的谷物进行加工处理,这样风扇车就应运而生了。风扇车,又称扬谷器、风谷车,是利用人工脚踏或手摇产生的风力来扬去秕糠从而得到净米的清选谷物加工农具。扇车最早出现在汉代的画像砖上,此时的扇车还谈不上"车",但在汉代史游的《急就篇》中提道:"碓硙扇隤舂簸扬。"这里的"扇"即扇车,也叫"飐扇"。风扇车有脚踏和手摇两种,脚踏式风扇车始见于元代的《王祯农书·农器图谱·飐扇》中的插图,图中的风扇车是半敞开风箱结构脚踏驱动的,也是目前所知我国古代唯一形制的脚踏式风扇车。

本案例阿昌族木质风扇车选自云南德宏州梁河县丙盖村,通高109厘米,长171厘米,风扇车主体由木材制作而成,整体呈红褐色,造型硬朗流畅。

风扇车主要由4个部分组成:一是车斗部分;二是车身以及圆形的车腹部分;三是由衡木和车足组成的支架部分;四是出谷口部分。车腹处有风扇车工作的核心结构曲柄与转轴,转轴上嵌有4页或6页薄板作为扇面,与车腹形成封闭式圆筒状的鼓风结构。车斗的张口较大,便于倒入谷物,底部有缝隙，被砻磨后的糠秕混合物由车斗倒入。工作时开启位于车身侧面、车斗下方的调节门，可使谷物均匀缓慢漏下。同时转动车腹圆轴处连接的摇把，带动里面的扇叶一起转动，在车身内产生风，将糠、秕和净米依次分开。饱满的净米由于重力较大，受风力影响较小，从而下落时运动方向改变也较小，从离扇叶较近的出谷口落出，落入净谷竹篮中；而颗粒不饱满的秕谷由于重力稍小被风力吹得较远，落入另一秕谷出谷口；混合在其中最轻的谷壳以及枯草则直接从车身侧面被扬出。风扇车一般由两人同时操作，一人站立于风扇车的侧面摇动摇柄，另一人站于高处，从车斗处往下倾倒谷物，两人同时作业，相互配合。

风扇车的发明打破了扬谷时受到天气影响而限制作业的问题，同时两人的配合大大提高了谷物加工的效率，起到了一劳多得、事半功倍的效果。英国科学技术史学家李约瑟教授对我国的风扇车有很高的评价："在旋转风扇扬谷机的实用形式上，这是中国技术的又一典型项目。似乎确定的是，所有欧洲旋转式气体鼓风机都从它演变出来。"（［英］李约瑟：《中国科学技术史·机械工程》，《中国科学技术史》翻译出版委员会译，科学出版社，1999，第171页）勤劳的阿昌族人民善于利用这些凝聚着智慧的农用工具在云南这片土地上劳作、繁衍，让民族生生不息，让文化得以传承。

图片来源
图一　刘翔宇　摄影
图二至图六　赵思颖　制图
图七　张金威　制图

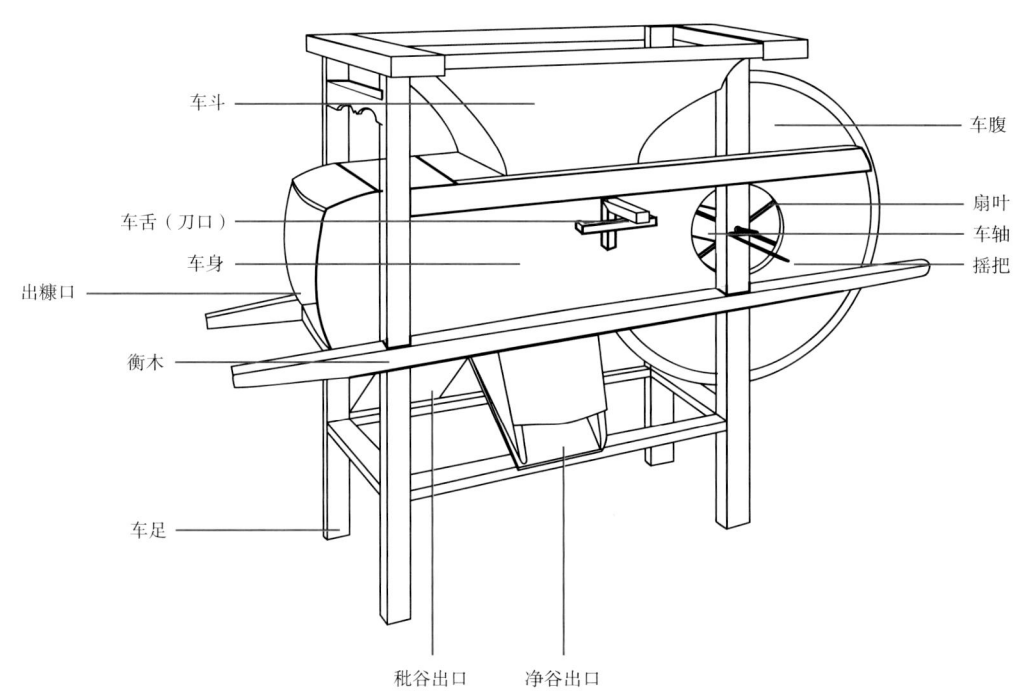

图二　阿昌族木质风扇车结构名称图

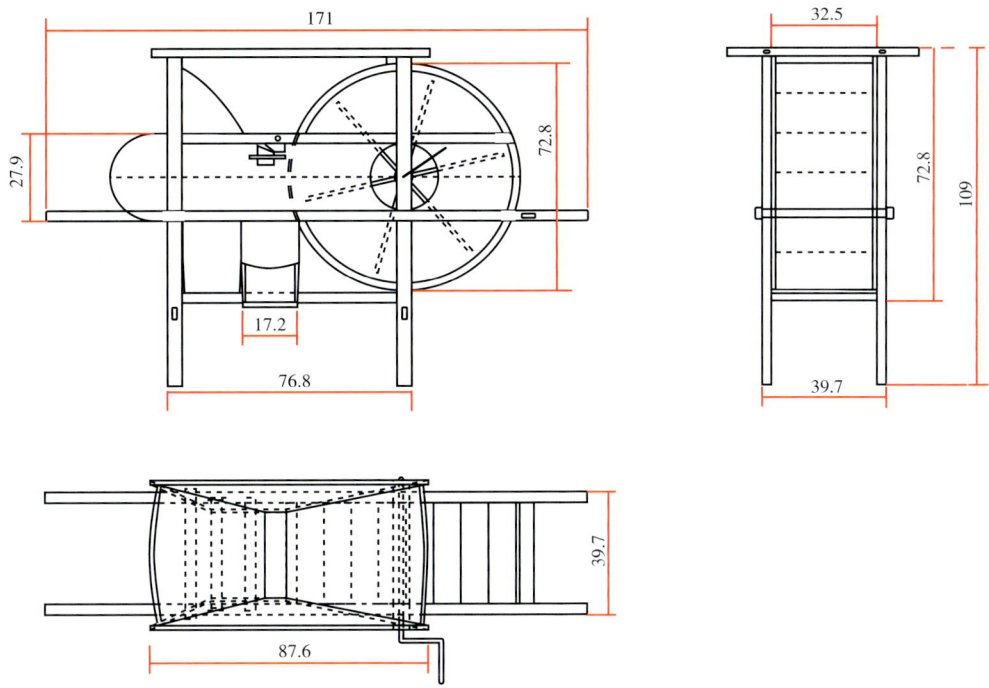

图三 阿昌族木质风扇车三视图（单位：cm）

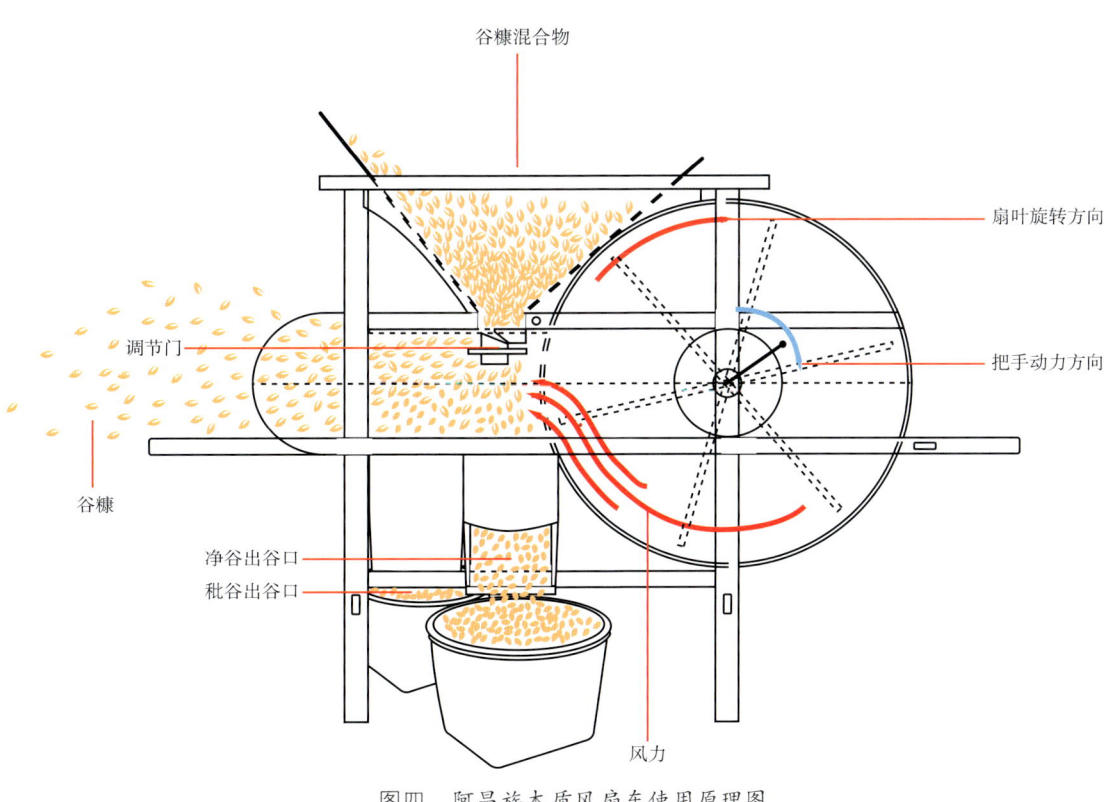

图四 阿昌族木质风扇车使用原理图

图五 阿昌族木质风扇车使用情境示意图

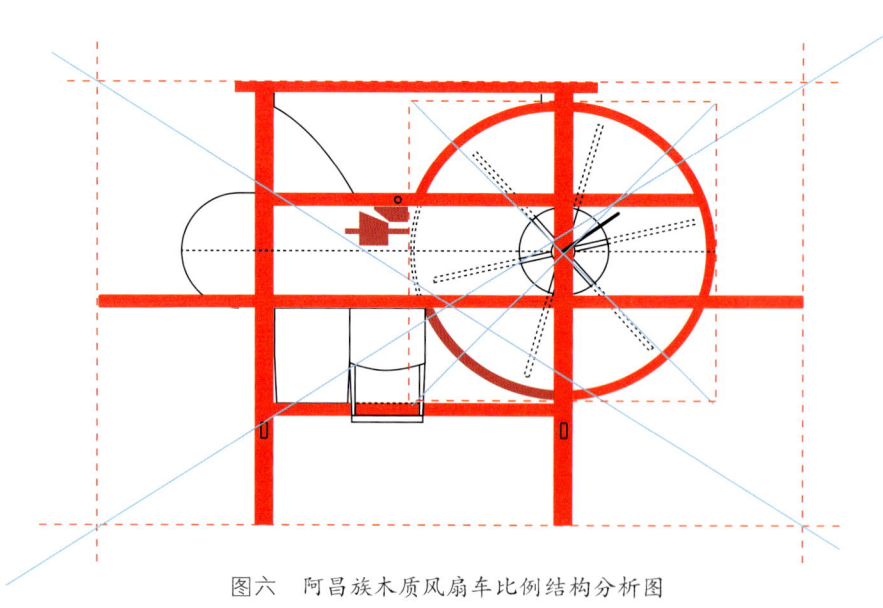

图六 阿昌族木质风扇车比例结构分析图

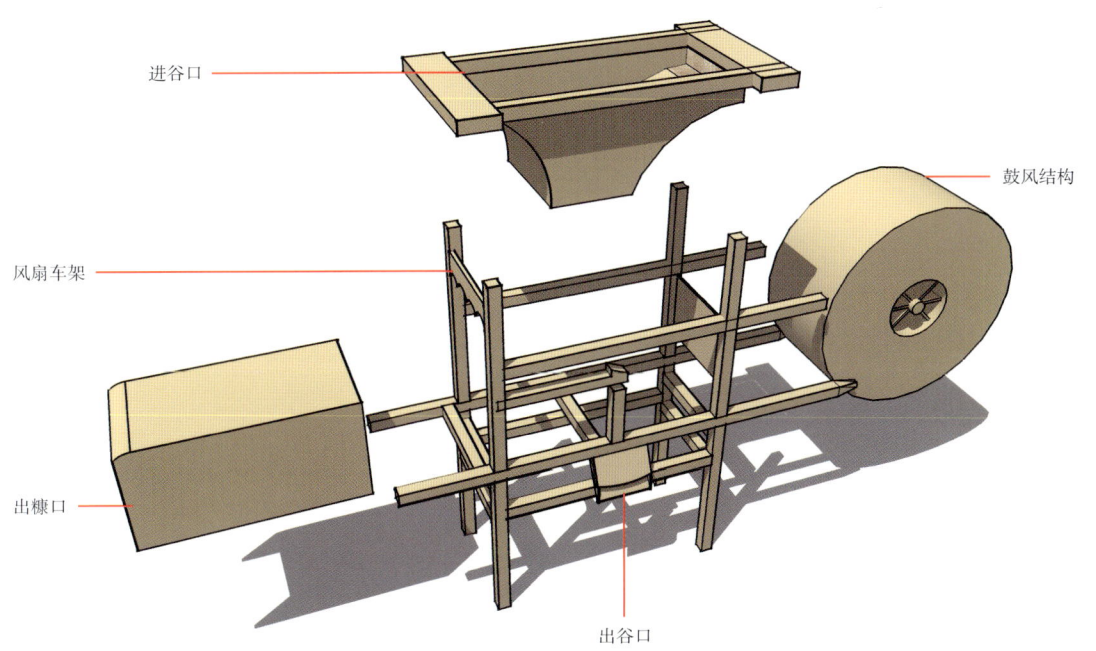

图七　阿昌族木质风扇车解析图

阿昌族竹编簸箕

图一　阿昌族竹编簸箕主图

簸箕作为一种常用的生活用具，主要用来扇簸谷物以去除秕糠，也常用来晾晒东西等，有正方形、圆形及长方形等多种形状。本案例为竹编圆形簸箕，选自云南省德宏州梁河县阿昌族赵家，簸箕由竹条编结而成，形似匾箩，外圈直径123厘米，内圈直径117厘米，是赵家人日常生活中使用的扇簸、晾晒用具。圆形簸箕可用面积大，既结实又美观，不用时也可挂于墙上或放在墙角处，其造型简洁，工艺讲究，功能实用。

本案例簸箕采用阿昌族传统工艺，经过取料、编织、装配等主要工序制作而成。阿昌族的聚居地云南属南方，簸箕主要用竹子编制而成，原材料取用云南德宏州山上的毛竹，通过锯竹、剖竹、启条、劈篾、抽篾、刮篾等步骤，将竹子制成粗细均匀的光洁长条篾丝备用。簸箕分正面与背面，编织过程则按照底部、身部、收口结边的顺序进行。底部编织最为重要，采用编板插经制底的方法，预先编好一块"压二"花板（又名人字花板），再根据需要剪成圆形，然后将经篾插在上面。除此之外，还需编织两块花板，作为衬底与衬里。最后将其取下并钉在人字花底板与底圈之间即可。簸箕的里板编织也为"压二"板纹样（人字花板）。簸箕身部编织与收口步骤可合为一体，将周边一圈卷起，用胶带间隔固定。装配是最后一道工序，是将已经编好的身部和底圈装上内外夹口。为了装配牢固，需用鱼胶粘牢、藤条绕牢或竹钉钉牢。圆形簸箕和筛容易混淆，其实簸箕和筛最大的区别在于：编织簸箕的竹篾排布紧密，相互之间几乎没有缝隙，而筛的竹篾排布间隙较大，刚好可以使杂质从缝隙中漏出。因此使用簸箕的动作姿势跟筛子有所不同，筛子通过左右来回摇晃来去除杂质，簸箕则是通过上下抖动、颠簸，扬去杂质。簸箕向上颠的力和随之产生的气流，使米粒高高腾起，之后落下，再腾起，再落下——因为糠、秕的质量轻，落在前面，然后再轻巧地簸一下，将其清出簸箕之外。

簸箕既是阿昌族地区人们日常生产生活的必备品，又是当地有民族传统、风格独特的民间工艺品，其精致巧妙的编织纹样，体现了阿昌族人的灵巧手艺和独特匠心。

图片来源
图一　刘翔宇　摄影
图二、图五　刘翔宇　制图
图三至图四、图六　王英　制图

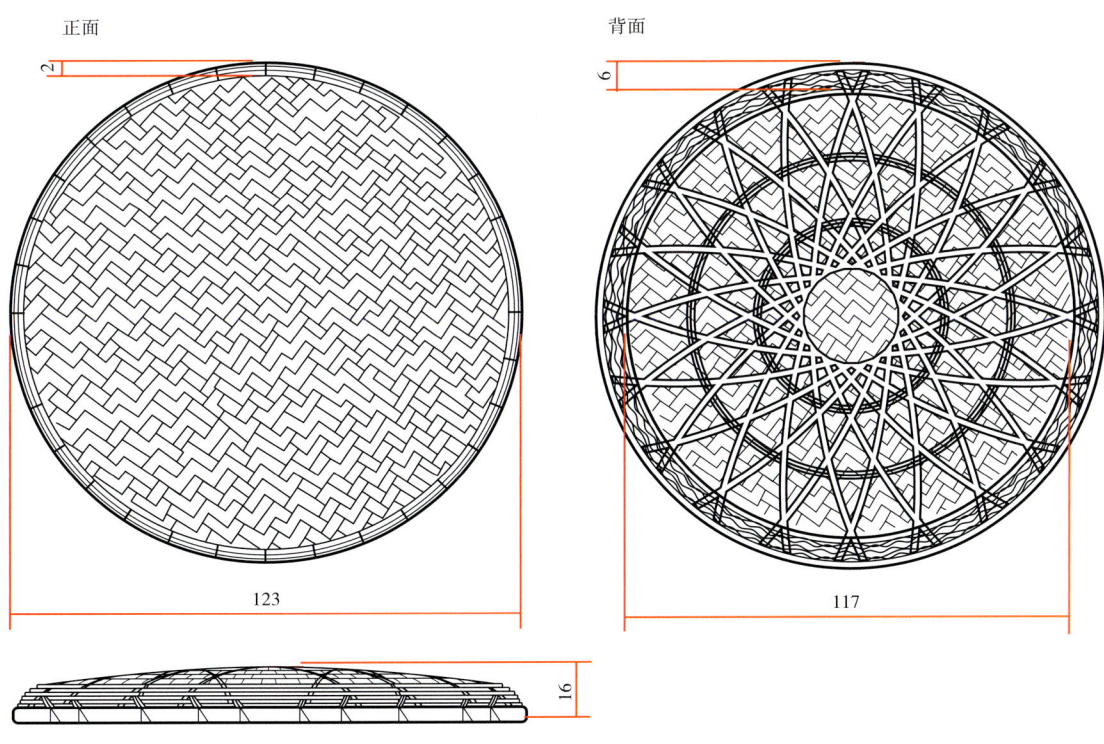

图二　阿昌族竹编簸箕三视图（单位：cm）

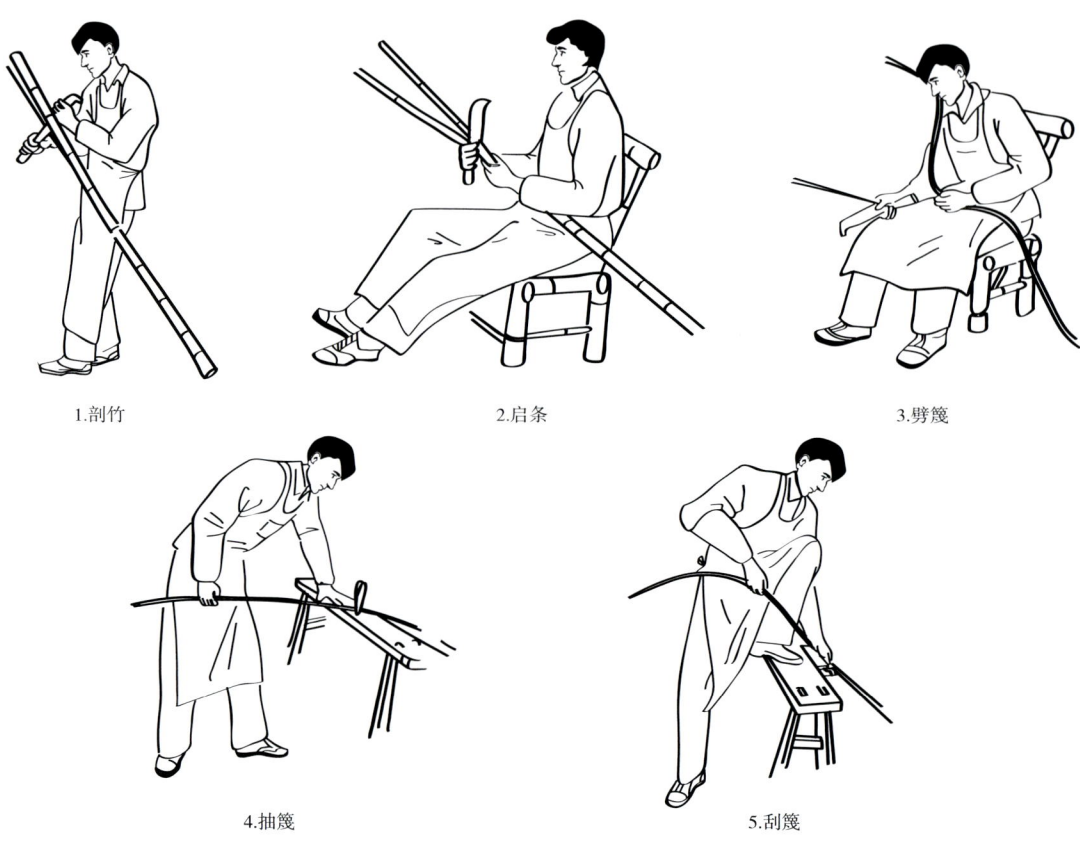

图三 阿昌族竹编簸箕之竹子加工步骤示意图

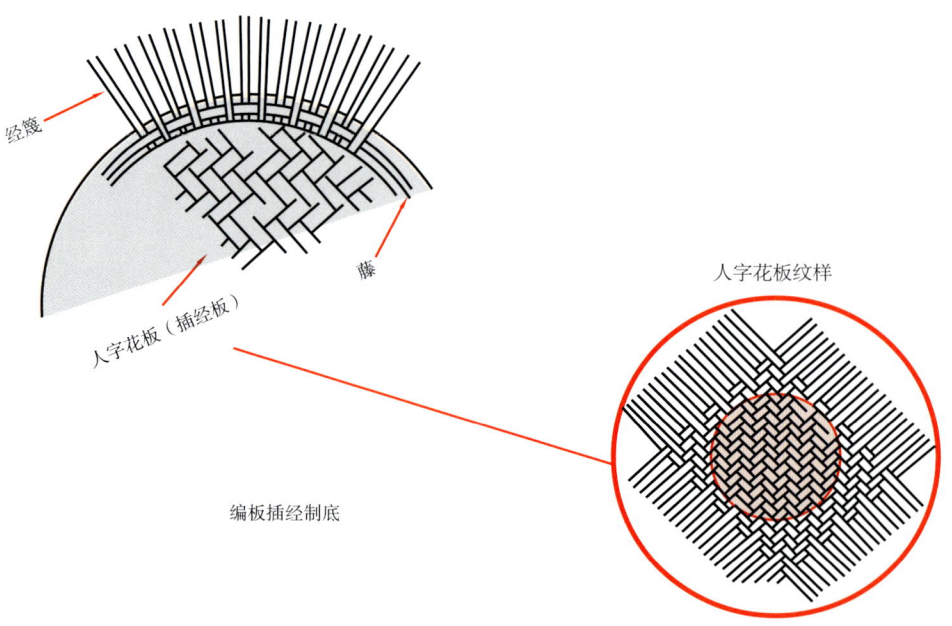

图四 阿昌族竹编簸箕正面编织示意图

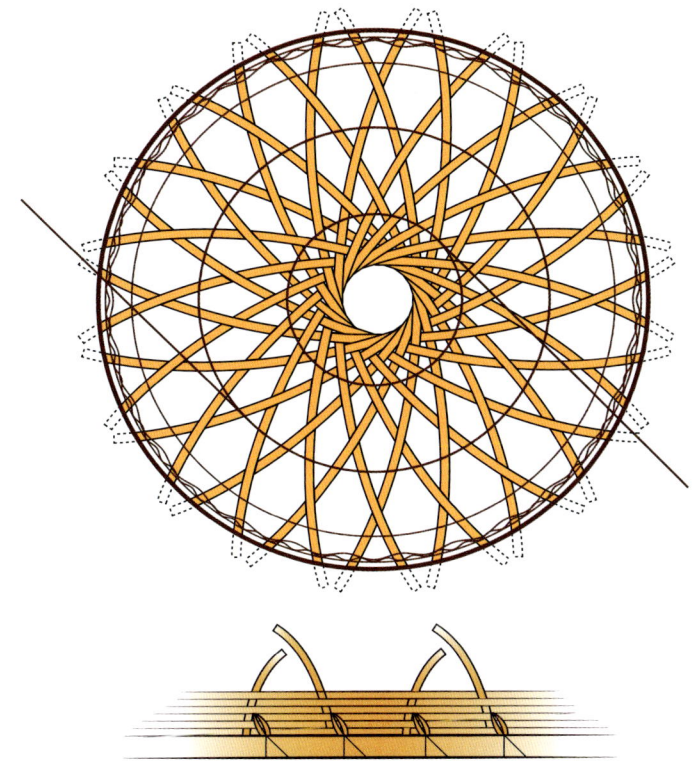

图五　阿昌族竹编簸箕底面编织示意图

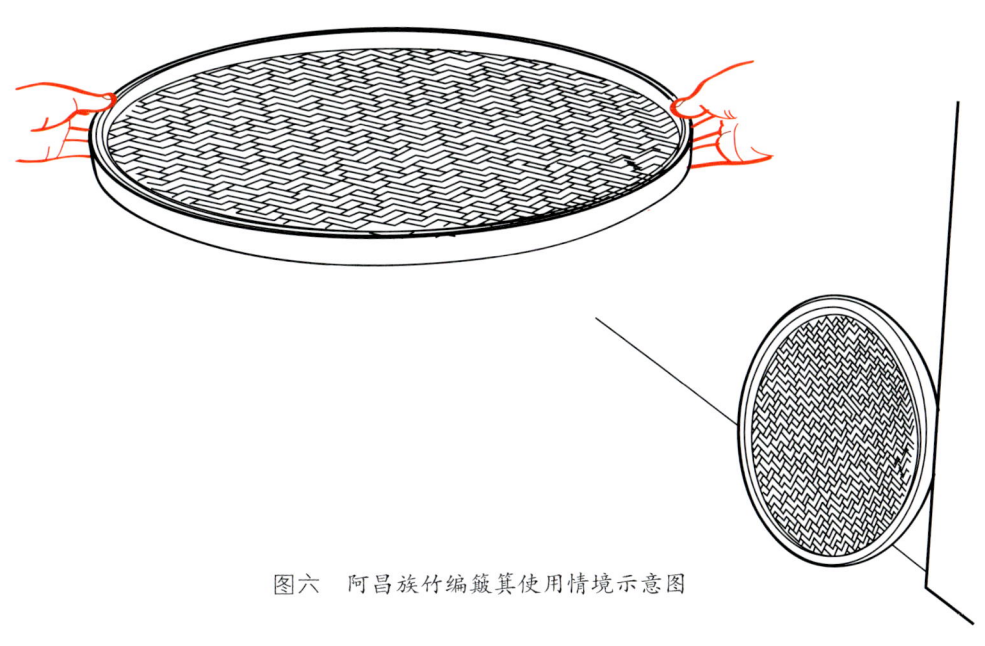

图六　阿昌族竹编簸箕使用情境示意图

阿昌族竹编鱼筌

本案例为阿昌族竹编鱼筌，选自云南省德宏州陇川县户撒阿昌族乡，通高129厘米，筌体直径39.2厘米，是阿昌族人民在水中捕鱼时使用的捕鱼工具。鱼筌又称鱼笱，是竹编的捕鱼工具，其造型多样，最常见的是圆锥形，鱼筌尖端封死，中部有一个倒须型向内翻的漏斗装置。人们利用鱼类洄游或水力冲击的原理，在流动的浅水中固定鱼筌，即可"坐收渔翁之利"。

本案例中的鱼筌由数根纵向的竹篾均匀排列成梭状，固定两端，一端封死，另一端张口，鱼筌篓身被九组横向编织的竹篾加固，篓身的侧面还有一个倒须型的结构。篓口设有漏斗状陷阱，篓身可容纳鱼虾。人们根据鱼的大小选用篓口大小不同的鱼筌。使用时将鱼筌放置在水沟岔口处，两侧用石块将其固定，防止被水流冲走，而水中的鱼可顺流进入其中，因另一个封死的端口以及倒须型结构的配合与阻拦，无论是顺流而下还是逆流而上篓中的鱼都只能进不能出。通常大部分鱼筌适用于流水捕鱼，而本案例中的鱼筌有侧面倒须型结构，加之诱饵，可同时用于静水捕鱼。我国古代捕鱼活动可追溯到旧石器时代，生活在山西汾河流域的丁村人、北京西南周口店的山顶洞人，都是出色的捕鱼能手。在他们生活过的遗址中，都有鱼骨化石的发现。其中有些先人还用鱼骨作为饰品佩戴在身上，但这些遗址中并未出现任何捕鱼工具，这一时期的先人们采用的是用手摸鱼的捕鱼方式。直至新石器时代，捕鱼技术和能力已有一定的发展。人们不再满足于仅

图一　阿昌族竹编鱼筌主图

依靠双手捕鱼，于是发明了各种捕鱼工具来提高获取的概率与数量。在浙江杭州水田畈遗址出土了一件鱼筌，说明几千年前，长江下游的人们已经开始运用鱼筌捕鱼了。这在后来唐代农学家陆龟蒙的《奉和袭美太湖诗二十首·崦里》诗句中也得到了验证："处处倚蚕箔，家家下鱼筌。"可见唐代时鱼筌在江南地区已经得到了广泛的使用，成为每家每户必不可少的捕鱼工具。生活在我国西南地区的少数民族人民利用砍取的竹筒，一端用原来的竹隔膜封死，另一端装一个有倒须的漏斗，制作成一个简易版的鱼筌，用于捕捉鳝鱼、泥鳅。在夜间放置于田垄之间，天明取回竹筒，便可获得数量可观的小鱼、泥鳅等，和鱼筌有异曲同工之妙。

鱼筌制作巧妙，取材简易，使用方便，它的发明与沿用无不表明古人设计构思的巧妙与实际运用的高效便捷。同时它还可以根据不同地区的自然地理条件，在原有造型的基础上，进行适当比例的形态调整，实现了因地制宜、灵活多样的设计理念。生活在水源富足地区的阿昌族人民利用鱼筌这种凝聚劳动人民智慧的捕鱼工具，收获食物原材料，烹饪出具有当地民族特色的美味佳肴。

图片来源
图一　刘翔宇　摄影
图二至图五　赵思颖　制图
图六　张力军，胡泽学主编.图说中国传统农具.北京：学苑出版社，2009：149.

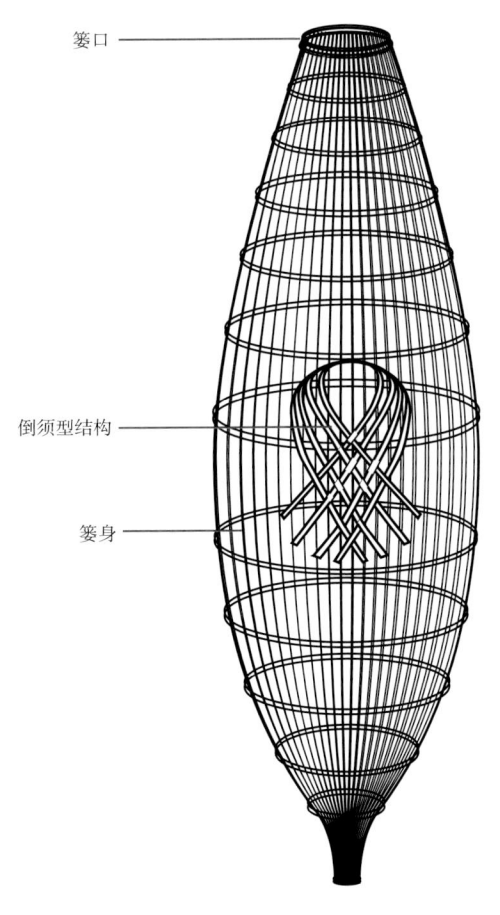

图二　阿昌族竹编鱼筌结构名称图

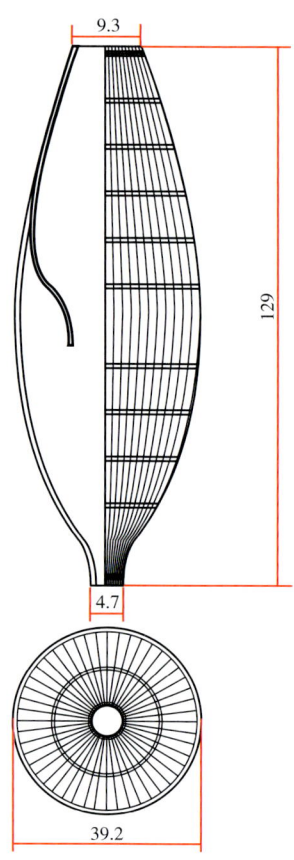

图三　阿昌族竹编鱼篓尺寸图（单位：cm）

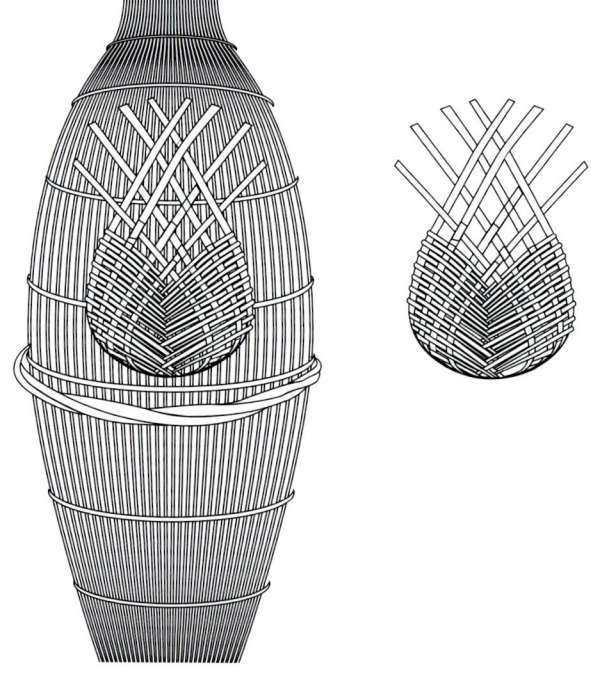

图四　阿昌族竹编鱼篓编织示意图

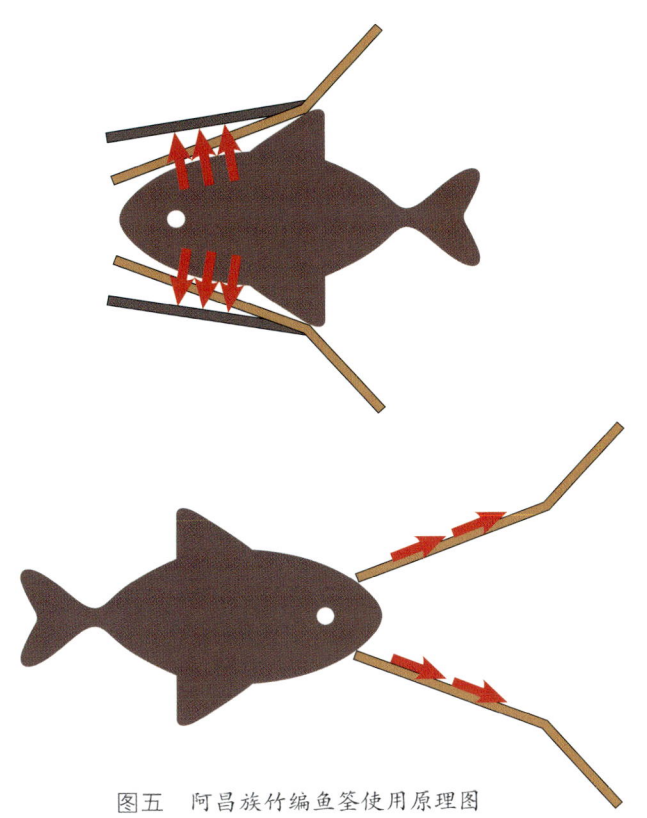

图五　阿昌族竹编鱼筌使用原理图

图六　竹编鱼筌古图

阿昌族平头木柄短刀

图一　阿昌族平头木柄短刀主图

本案例平头木柄短刀选自云南省德宏州梁河县丙盖村曹家，短刀整体长50厘米，刀头为宽形平口，宽8.2厘米，刀柄为木质，并且用藤编包裹，是阿昌族曹家人在堂屋火塘添加柴火时使用的劈柴、砍柴工具。阿昌族一直有佩戴刀具的习惯，无论是最为著名的阿昌族户撒刀还是平时农耕使用的各种刀具，都是阿昌族人民生活的重要物件。阿昌族善于制刀，打制的刀具铁质精纯，剁铁如泥，柔可绕指。

本案例的平头木柄短刀主要由刀片和木棍柄两部分组成，刀片呈铁质楔形，长29厘米，刀刃锋利，刀片上部较宽，下部较窄，通过铁质套口与圆柱形木柄连接，木柄长16.8厘米，横截面直径2.5厘米。刀柄处被藤编包裹，起到了防滑的作用。砍柴用的平头刀大多较沉，因此砍柴时格外适用。平头刀在劈柴和砍柴时使用的方法互不相同。使用平头刀劈柴时，双腿分开与肩同宽，双膝微屈。通常右手扶着木柴，将其固定于地面，左手握住刀具，将刀刃稍微倾斜于木柴成约45度角，从木柴侧面自上而下抡砍，砍入木柴中，再用力劈开。而在砍柴时，通常先使用平头刀在木头根部割出V字刀口，然后双手握住刀柄，自上而下，沿着V字刀口处用力砍下，并不断重复这个动作。由于刀刃锋利，并且质地较沉，阿昌族人民还自制了平头刀的佩戴工具，方便携带其出门下田农作。平头刀的佩戴工具为一个长方体木块，两端分别钻出相通的两个小孔，用于固定两根麻绳。在木块的上面，挖出与刀片厚度相同的长条的切口，佩戴时将平头刀倒置，自上而下通过长切口插入木块，由于刀柄的直径相比于刀片的厚度较大，刀被固定于木块之中。手握麻绳的两端，将插入木块的平头刀放置于腰后，在腰间将麻绳系紧，便可以轻松携带。使用平头刀时，只需从腰后将其向上抽离出木块即可，使用完毕再插入原处。

平头短刀在阿昌族人民的生活中还有祭祀占卜的作用，阿昌族占卜时的刀卦就是根据平头砍柴刀的晃动方向来占卜问事。阿昌族传统民居中仍以火塘为基本的炊煮加热工具，火塘的使用导致当地人民需要在家中囤积大量的木柴，平头木柄短刀正是砍柴、劈柴最得力的工具，也是当地人民日常生活中使用最为频繁的工具。平头木柄短刀结构简易，操作方便，结实耐用，彰显了阿昌族劳动人民的创造力，反映了阿昌族优秀的传统制刀水平。

图片来源

图一　赵思颖　摄影

图二至图三　赵思颖　制图

图四至图五　刘翔宇　制图

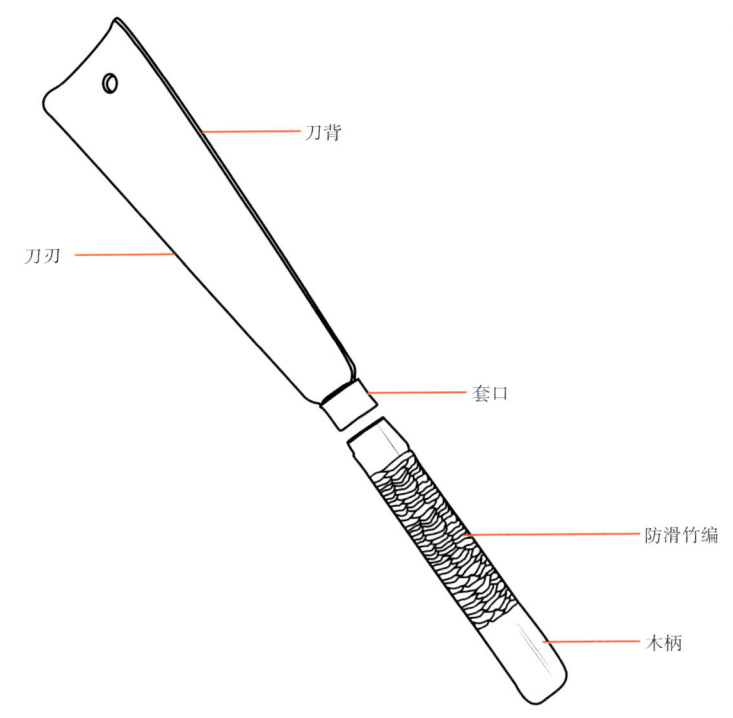

图二　阿昌族平头木柄短刀解析图

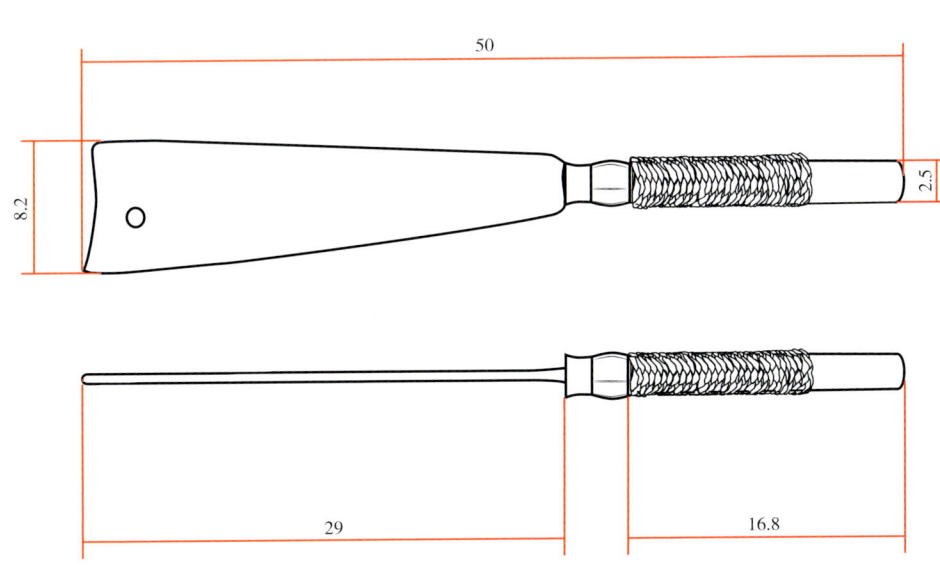

图三　阿昌族平头木柄短刀尺寸图（单位：cm）

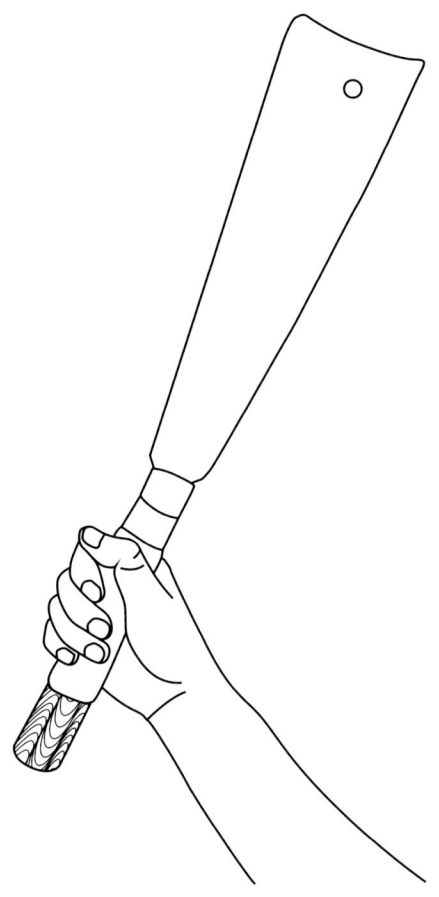

图四 阿昌族平头木柄短刀操作示意图

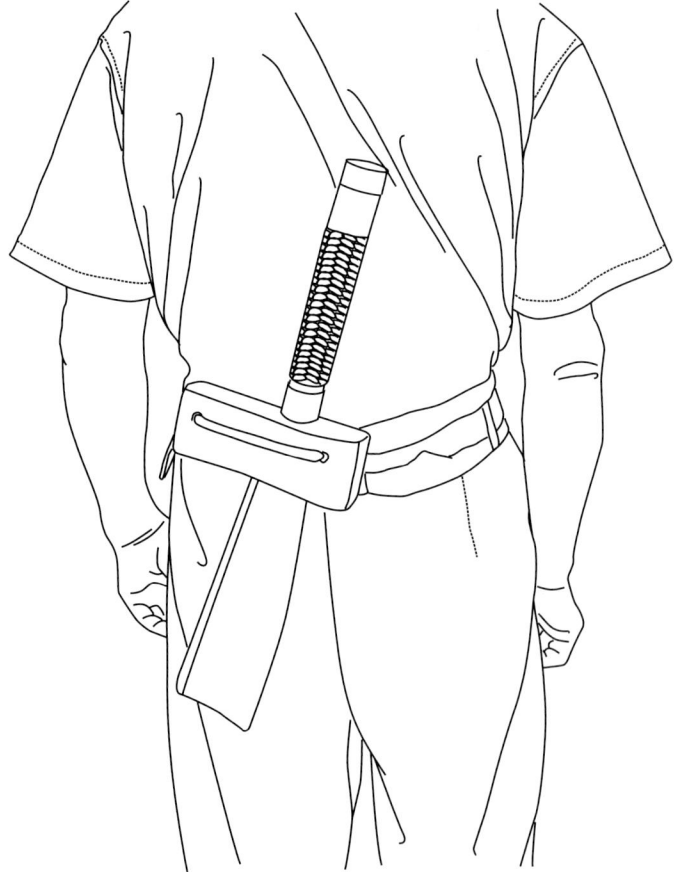

图五 阿昌族平头木柄短刀佩戴效果示意图

第六章 阿昌族传统手工艺

阿昌族纺织工艺

图一　阿昌族纺织工艺主图

传统的阿昌族村寨，以自给自足的自然经济为主，包括布匹在内的很多生活用品都需要自己生产。家中衣物都是由女主人制作，工作量庞大，任务艰巨，因此阿昌族女子从小就被要求学习纺织，纺织也成为阿昌族女子必须要掌握的一门手工技能。本案例采集于云南省德宏州梁河县九保阿昌族乡丙盖村，梁河阿昌族的纺织工艺因织布工具和服饰的不同与户撒、腊撒阿昌族的纺织工艺略有不同。梁河阿昌族工艺更为传统，使用的是我国最为原始的踞腰织机，也叫"腰机"，而户撒、腊撒地区的阿昌族人使用的是较为先进的有架织机。纺织采取一人一机手工操作的模式，一个妇女承担了从捻线到织成布、绣成锦的全部劳作过程。纺织工艺传承主要通过家庭教育实现，掌握娴熟纺织技术的未婚女子更容易受到未婚男子的青睐，阿昌族当地更有"男子看打铁，女子看纺织"的俗语。

阿昌族历来有种植棉花和养蚕的传统，纺织原料大多为棉花、蚕丝。织布前，要经过捻线、纺线、染线等步骤，将棉花或用芭蕉水煮过的蚕茧抽成线绕成团，再由纺车将线纺成纽；纺好的线经过植物原料染色、上浆保色、揉线加固后，用纺线机绕在线筒上，绕好后，将12个线筒插满经排，每根线头绕在经杆上，做成布线，这才正式进入织布环节。梁河阿昌族使用的"腰机"长达数米，纺织时先将经线一端固定，另一端系于腰部胯皮，绷紧经纱，将多层排好布线的经杆移到控杆上，手提综杆形成开口，以纬刀引纬穿过，然后双手持纬刀压紧纬纱，如此循环往复直至一机布织完。技艺娴熟的纺织者会使用抠花手艺制作各种纹样，在阿昌族的织物中常见的花纹有36种，包括动物、植物和工具类，它们记录着阿昌族悠久的自然崇拜和原始崇拜。

阿昌族传统服饰以白色、蓝色和黑色为主，布料是自家织的土布，他们使用最传统的自制植物染料对土布进行染色，将采摘的蓝靛叶揉碎，出汁后就能得到淡淡的青色，染色时，颜色随着染色次数逐次加深，若想染成黑色，需要多次反复浸染。整个染色过程没有污染，染出的布料对人体无害，原料蓝靛叶更有消炎的作用。在长期的生活实践中，阿昌族妇女总结形成了一套完善的纺织技术，其纺织工艺品以款式奇特、图纹别致、色彩斑斓、质地厚实著称，如今纺织业已成为阿昌族重要的产业经济之一。

根植于民间的阿昌族手工纺织技术，是中华民族科技史上不可缺少的篇章，随着阿昌族地区旅游业的兴起，极具民族风格的纺织类纪念品深受游客青睐，阿昌族的抠花织锦也越来越受到市场欢迎，成为大家竞相购买的工艺珍品。广阔的市场需求为振兴和发展传统的民族纺织业提供了机遇，同时也促进了阿昌族传统纺织业技术的发展。

图片来源

图一　刘翔宇　摄影
图二至图三　何卓嫔　制图
图四至图五　谢斯彦　制图
图六　邵盼盼　摄影
图七　[明]徐光启撰，石汉声校.农政全书.上海：上海古籍出版社，2011：734.

参考文献

[明]徐光启撰，石汉声校.农政全书.上海：上海古籍出版社，2011.

图二　阿昌族纺织工艺之捻线操作示意图　　图三　阿昌族纺织工艺之纺线操作示意图

图四 阿昌族纺织工艺之织布操作示意图

图五 阿昌族纺织工艺之染布操作示意图

图六　阿昌族纺织工艺之纺线机工作情境图

图七　纺织工艺之经线古图

阿昌族开口银手镯

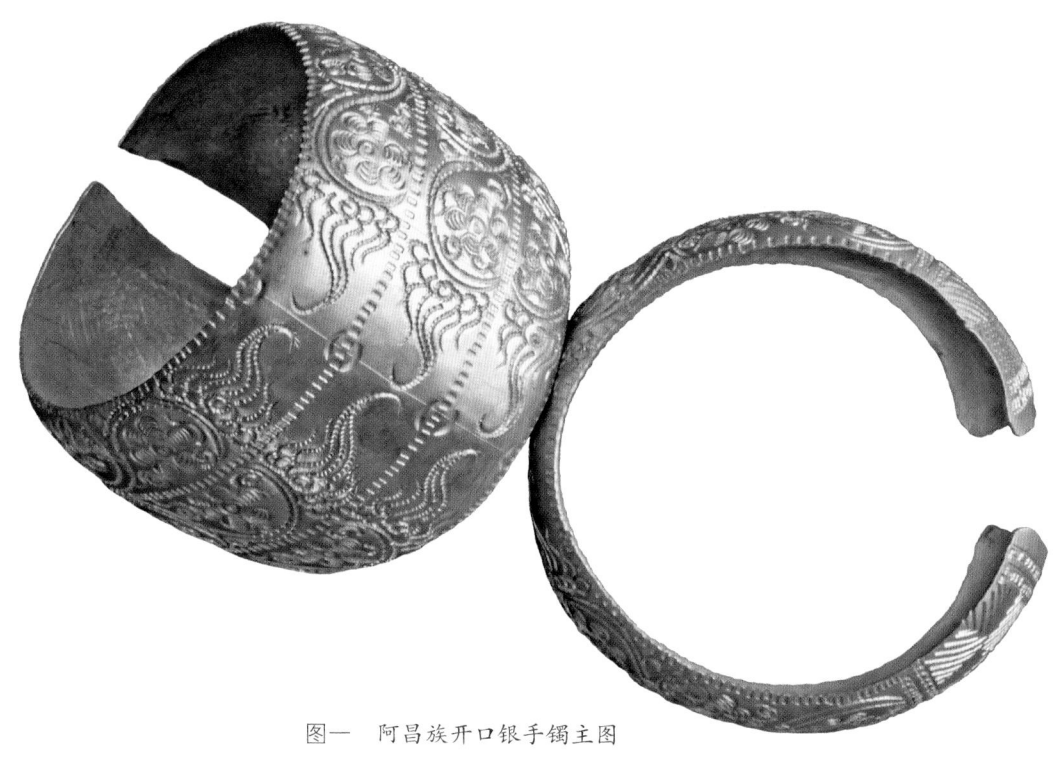

图一 阿昌族开口银手镯主图

本案例为一对阿昌族传统银手镯，其中一只是开口空心圆手镯，外径7.5厘米，内径6厘米；另一只是开口扁面椭圆形手镯，最大直径7.5厘米，最小直径7厘米，宽5.5厘米，采集于云南德宏州陇川县户撒阿昌族乡李换芝家。银手镯是指戴在腕部或手臂处的圆形或椭圆形银质饰品，几乎是每一位阿昌族女性在日常生活、节日庆典时必备的首饰。

云南是银的重要产地和消费地，阿昌族人自古有尚银、制银、戴银的传统。制作银手镯最常见的原材料是925银，因为纯度100%的金属银与硫有亲和性，长期暴露在空气中会缓慢氧化生成硫化银，使表面变黑，失去光泽。且纯银的质地较软，表面容易划伤，不宜精加工，所以在100%纯银中添加7.5%的铜，让银的光泽、亮度和硬度都有所改善，更加适合银饰品的加工制作。制作手镯的工艺流程共分为选料、熔解、敲片、下料、画样、錾花、打磨、清洗、抛光9个步骤。选料，挑选一块好料要掌握4个要诀：一摸、二看、三听、四捏。一摸是要摸银的表面光滑度；二看是看银的光泽度；三听是听两块原料相互碰撞发出的声音；四捏是感觉原料的柔软度。熔解是指通过高温将银液态化。可以用木炭、煤、电进行加热熔解。木炭是传统的燃料；煤火力大，节省时间；电炉容量大，熔解速度快。敲片是指在银高温软化后用锤敲打成片，也称为开片，开片的均匀程度直接影响下一步的制作质量。下料，指根据成品的形制裁成大小不同的银片。画样，是在雕刻之前用铅笔或毛笔在样品上画好传统图案，要求具备一定的美术功底。錾花，将粗样放在支撑物上进行手工錾刻，錾刻工具是各式各样的手锤和凿子，常用的錾子样式有十多种，如平花錾、梅花錾、双线錾等。打磨，这道工序最耗时，传统打磨工具是细砂，打磨过后的手镯光泽闪亮。清洗，银器在加工过程中，表面会发黑或沾上杂质，所以要用酸液清洗。抛光，传统的抛光是用玛瑙刀配合清水完成的，可适当加入少量洗洁精或肥皂液。传统的阿昌族手镯纹样主要有植物纹、动物纹和几何纹三大类。本案例手镯的纹样就是由植物纹和几何纹构成的，大小不一的菱形纹呈二方连续排列，表达出手镯的节奏感和秩序感。小银珠在手镯上非常普遍，常錾刻在主纹样的外围或空白处，使得图案更加饱满。花朵纹样由五瓣花瓣组成，均为小圆形，具有较强的立体感。花朵周围的草叶纹线条流畅、舒展和谐，与花朵纹样构成良好的主次关系。

阿昌族人自古就喜爱佩戴银饰，生产加工银饰品的历史也源远流长。随着交流的不断加深，阿昌族人吸纳了大量外来文化，最终形成了自己独特的银文化。从银手镯的形制变化上我们可以看出，银饰品不仅具有较强的装饰性，还记录着阿昌族人审美文化的演变。

图片来源
图一　刘翔宇　摄影
图二至图七　张智桐　制图
图八　邵盼盼　摄影

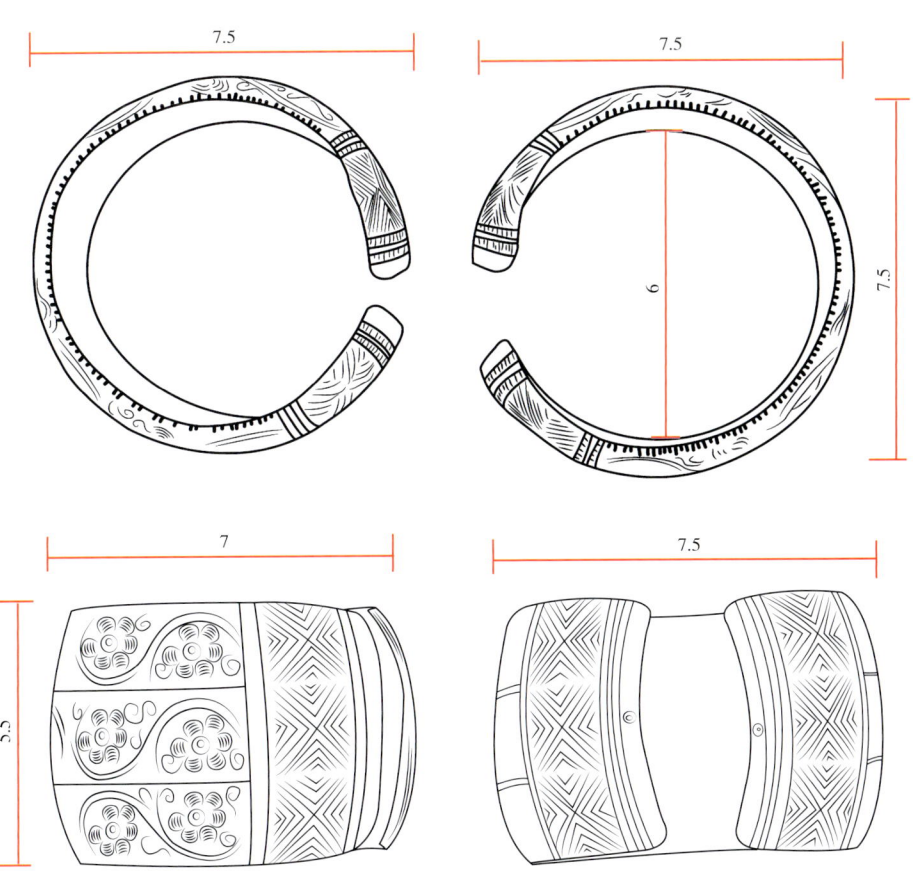

图二　阿昌族开口银手镯尺寸图（单位：cm）

第六章　阿昌族传统手工艺

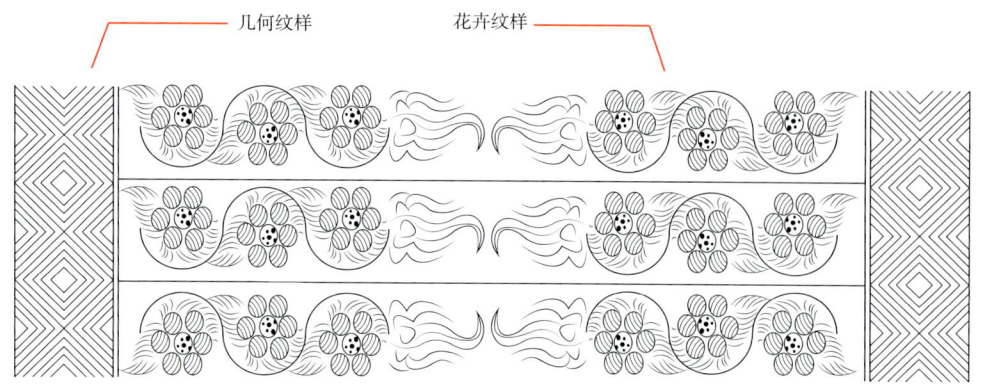

图三 阿昌族开口银手镯装饰纹样平面展开图

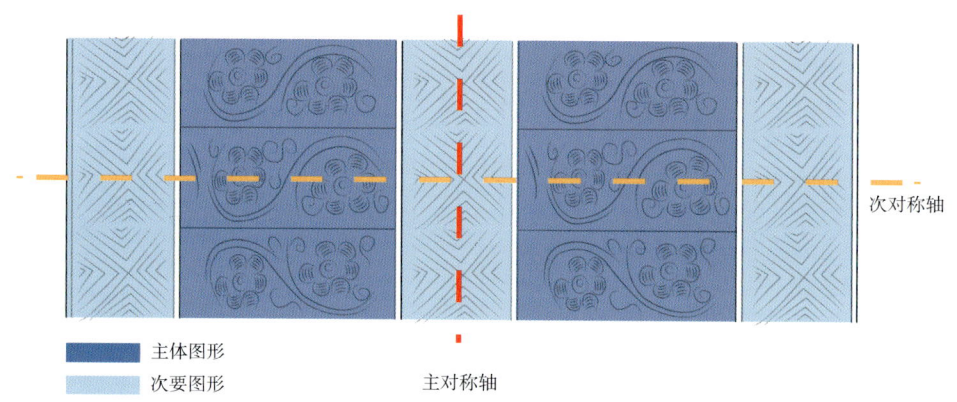

图四 阿昌族开口银手镯装饰纹样构图分析图

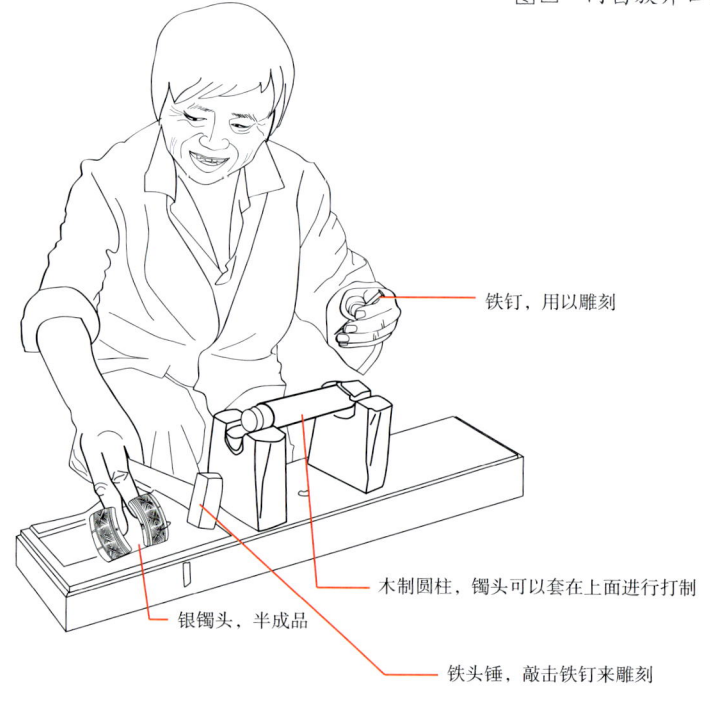

图五 阿昌族开口银手镯制作示意图

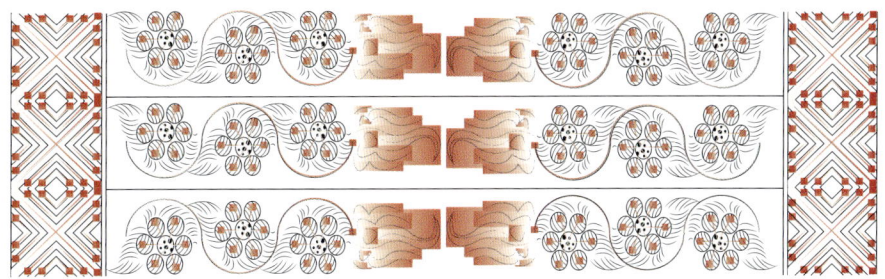

图六　阿昌族开口银手镯装饰纹样动态分析图

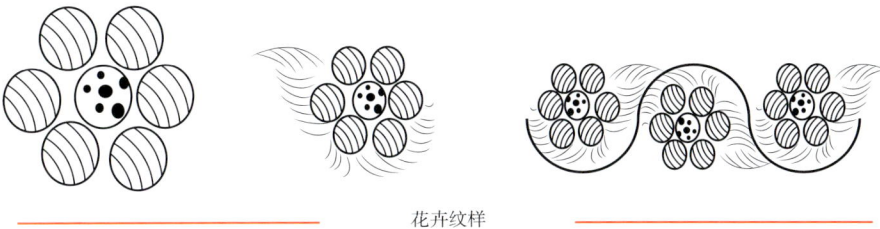

花卉纹样

几何纹样

图七　阿昌族开口银手镯单元纹样分析图

图八　阿昌族开口银手镯佩戴效果图

171

阿昌族圆形银帽花

图一　阿昌族圆形银帽花主图

本案例为阿昌族传统头饰银帽花，采集于云南省德宏州陇川县户撒阿昌族乡，是户撒乡南部腊撒地区阿昌族年轻女子的专属包头饰品。银帽花由18至20多枚同等大小的银戒指、花朵状银片、各色毛线及绒线球组合而成。户撒地区也有由金戒指制成的戒指花帽饰，其形状与制作工艺与银帽花相似。

腊撒地区女子有包头的传统，从十一二岁起就开始包头，直至老年。包头呈圆盘状，由宽约37厘米、长3~4米的黑布缠绕而成。年轻女子的包头上缠绕数圈彩色亮线，并装饰上色彩丰富的真假花卉和毛线球，其中一种银质的圆形戒指花帽饰，基本上人人必备，这种戒指花银帽饰也叫银帽花，阿昌语意为许多戒指组成的花，它是由多个戒指呈环形排列，戒指上镶有琥珀等天然宝石，戒指一端用各色毛线绕圆心固定，中心覆以花朵状银片装饰，戴在包头的左侧。银帽花一般是由阿昌族民间银匠手工制作而成的，其款式精巧细致，不仅是女子包头的佩饰物，而且往往还是财富和光明的象征。银帽花款式多种多样，加工程序复杂，需先用土法将银子经高温熔成银条，后碾压成片，按需要切割成块，再焊接成指环状。戒指环上多镶有景泰蓝掐丝珐琅彩片，色彩富丽浓艳，璀璨夺目。指环顶端焊有圆柱形银质戒托，镶嵌着精心打磨过的琥珀等天然宝石，琥珀色泽莹润通透，古称虎魄、遗玉，当地人们认为其有趋吉避凶、镇宅安神的作用。十多枚银戒指制成后，用多色毛线将戒指围绕一个中心呈放射状固定成圆环，圆环中心的毛线缠绕编结成盘，盘上覆有精心雕刻的花朵状银片装饰。圆环中心留有两股线，编成两条长穗子，穗尾缝有两朵毛茸茸的线球做点缀。佩戴银帽花时，需先将头发在头顶正上方梳上发髻，再缠好包头或戴上事先制作好的包头，最后将银帽花佩戴在鬓角的左侧，将长穗绕包头绑几圈后固定位置，彩色绒线球嵌入戒指花的缝隙，银白与红绿相间，煞是好看。

阿昌族各地区各年龄段的女子都喜欢佩

戴各色银饰，其配饰造型丰富，因地区差异、性别差异和婚否等因素而呈现出不同的造型特点。户撒地区阿昌族年轻女子佩戴的银帽花以其独特的造型和精巧的工艺，同其他地区阿昌族女子的头饰及帽花区别开来，成为她们之间识别彼此身份的一个象征符号。

配饰是服饰文化的直观体现，除了装饰的作用，也含有对佩戴者的美好祝愿，同时反映着当地人的审美意识和工艺水平。腊撒地区阿昌族民间银匠制作的银帽花，造型古朴典雅，极富对称美感，其制作过程复杂，成品精致细腻，样式美观，具有较高的装饰性、艺术性和观赏收藏价值，除了深受当地妇女喜爱外，如今也逐渐走进其他民族和地区人们的视野，吸引了越来越多人的注意。

图片来源
图一　赵思颖　摄影
图二至图七　刘翔宇　制图
图八至图十　邵盼盼　摄影

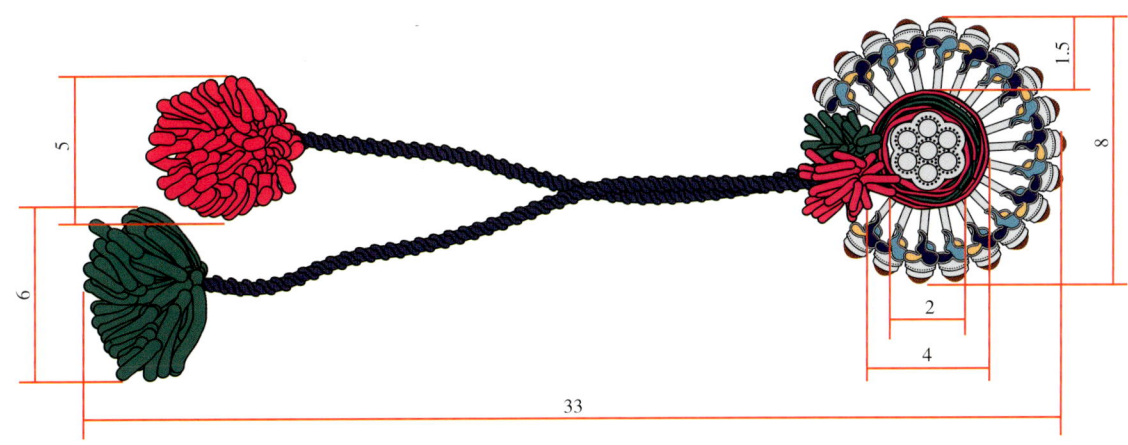

图二　阿昌族圆形银帽花尺寸图（单位：cm）

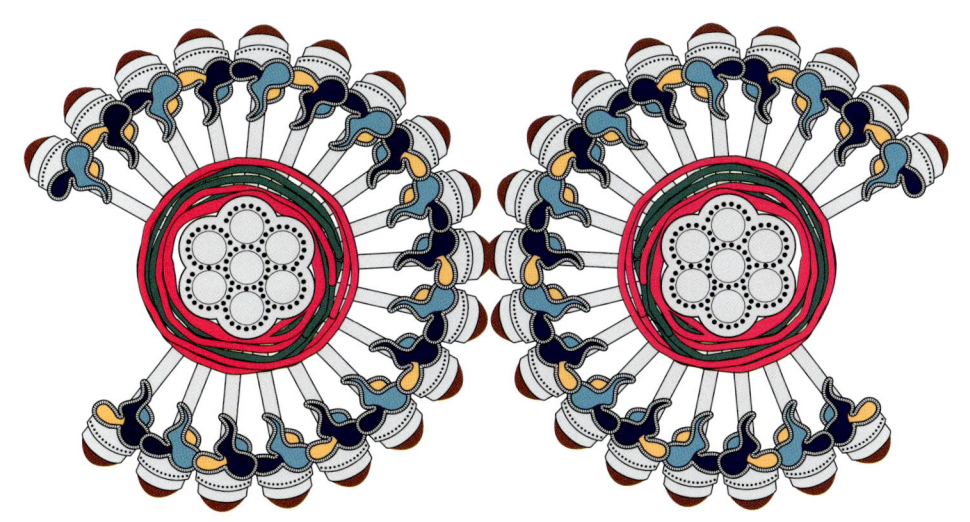

图三　阿昌族圆形银帽花装饰纹样平面展开图

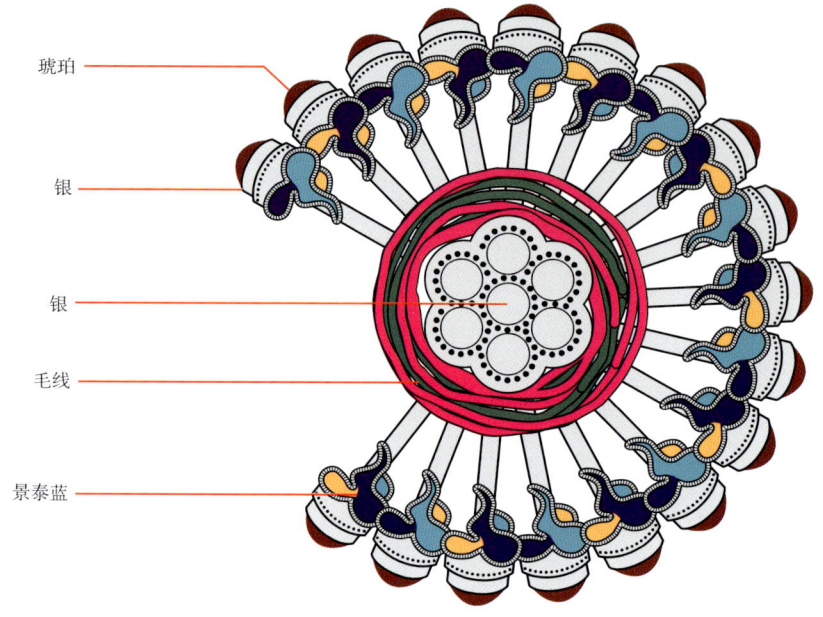

图四　阿昌族圆形银帽花材质分析图

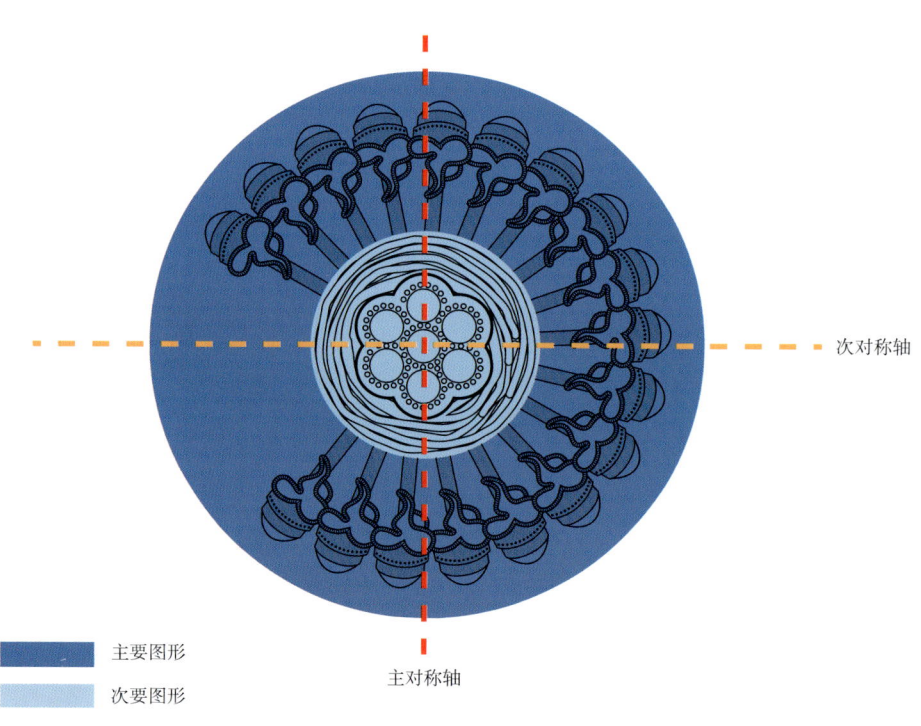

图五　阿昌族圆形银帽花装饰纹样分析图

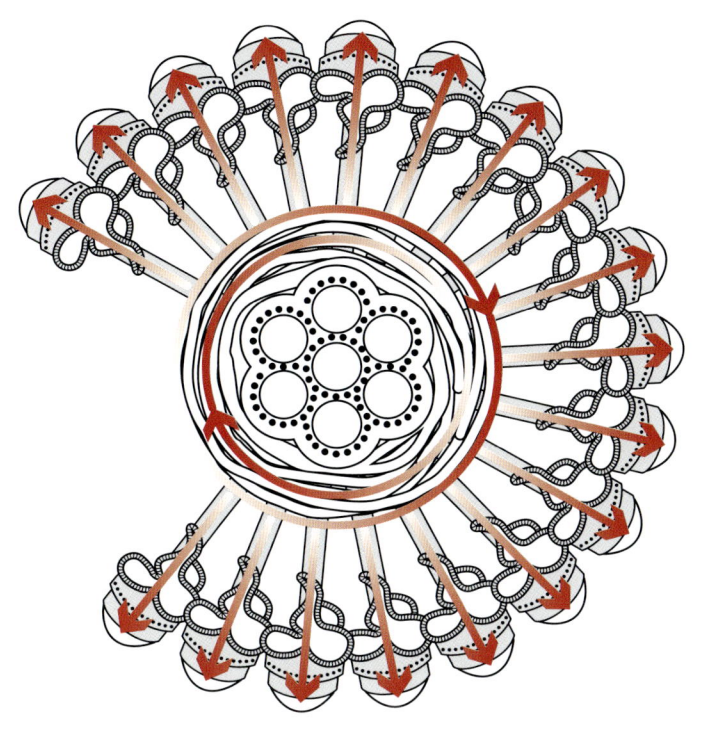

图六 阿昌族圆形银帽花装饰纹样动态分析图

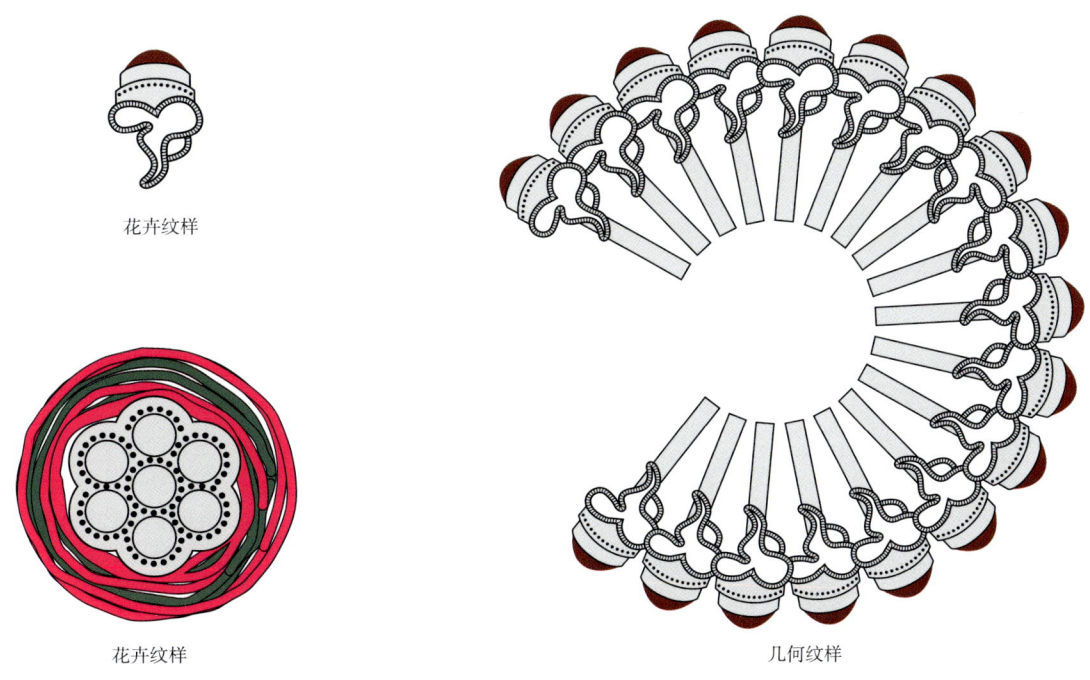

花卉纹样

花卉纹样

几何纹样

图七 阿昌族圆形银帽花单元纹样分析图

第六章 阿昌族传统手工艺

175

图八 阿昌族圆形银帽花佩戴效果图1

图九 阿昌族圆形银帽花佩戴效果图2

图十 阿昌族圆形银帽花佩戴效果图3

阿昌族银项链

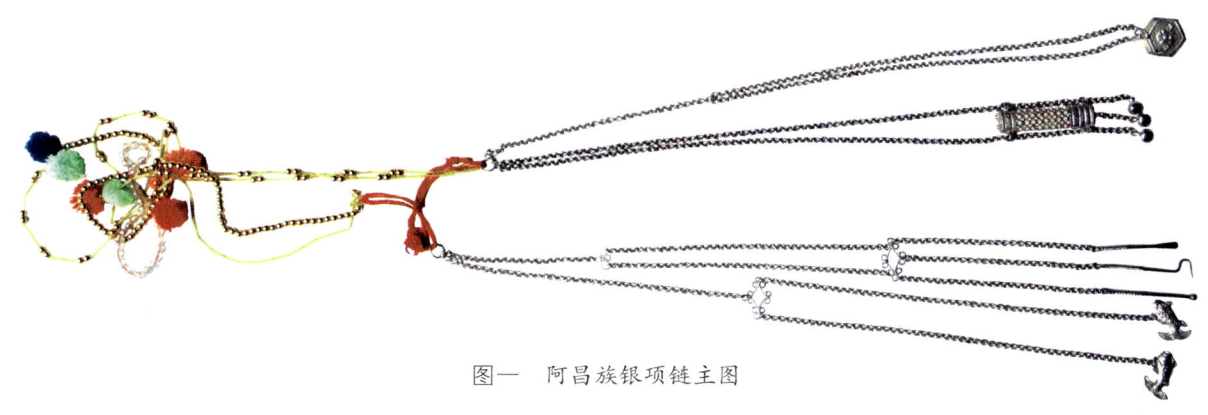

图一　阿昌族银项链主图

本案例为阿昌族传统银项链，通高 75 厘米，鱼形吊坠长 2.5 厘米，耳勺、牙签、烟丝铲长 6 厘米，针线桶长 6.5 厘米，石灰盒长 2.5 厘米，采集于云南省德宏州陇川县户撒阿昌族乡李换芝家。银项链是指戴在脖子上的银质链形首饰，阿昌族女性常在传统节庆、恋爱婚嫁时佩戴。

阿昌族人有尚银和制银的传统，在民间拥有大量银饰作坊和挑担串户的银匠。银表面亮泽、质地柔软且耐腐蚀，是天然的保值金属。在阿昌族人的心目中佩戴银饰不仅是财富的象征，还有除晦辟邪、护体强身的功效。阿昌族人坚持传统手工制银，加工技艺有锻打、錾刻、花丝、镶嵌、珐琅、焊接、鎏金等，其中錾刻是最为重要的技艺。常用的錾刻工具是錾子和手锤，錾口多种多样，有跑錾、尺錾、卡錾、圆圈錾等，錾花匠使用的錾子多是购买的半成品，再根据自己的需求改造錾口，所以每个银匠拥有的錾子都各不相同。使用錾子时会运用到手锤，常见的有铁锤、木槌和胶锤，用以敲击錾子，给錾刻提供动力。银项链分为上下两部分，上半部分是由鎏金珠子、透明珠子、金色彩球和塑料细管 4 种装饰物通过丝线串联成环形挂在颈脖上。下半部分的银链分列两侧，向上通过环扣连接，向下依次延伸出数股细链。一侧银链的末端分别悬挂有鱼形吊坠、耳勺、钩形牙签、烟丝铲。另一侧银链末端分别悬挂有石灰盒与小圆铃铛，其中还专门焊接有针线桶。针线桶下方垂挂 3 条短银链，银链尾部均悬挂小圆铃铛。另一股中途分为两股，尾端又合二为一，并挂有石灰盒。从项链的形制和纹样看，两枚鱼形吊坠形制完全相同，鱼头饱满圆润，鱼鳞细致严密，鱼尾张开扬起，富有生命力，寓意"年年有余"。耳勺通体笔直，上部螺纹，易于握持。牙签尾部设计成弯曲钩状，尖头和签身位置保持一致，避免刺破衣物，伤及人体。钩形牙签除了用于剔牙，还可用于穿刺、画线。阿昌族人有嚼烟的生活习惯，经常将随身携带的烟丝、沙基、槟榔、芦子和红石灰依次放入口中咀嚼，经常嚼食有防虫护齿的功能。所以在项链的设计中将烟丝铲融入其中，便于人们使用。针线桶分为单桶和双桶，里面可以放置女性缝补衣物的针线。末端3个铃铛随着人体的摆动发出清脆的碰撞声。石灰盒呈等边六边形，盖子表面有花卉浮雕造型，形象饱满，立体感突出，盖子打开后的空间可以放置红石灰或烟草，非常符合阿昌族人的生活习惯。

从银项链的选材、工艺、形态以及功能的分析可以看出，阿昌族人不仅拥有精湛的制银技艺，还长于设计，能结合本民族的生活习惯，将审美需求和功能需求有机结合，形成了特有的银文化。

图片来源
图一　刘翔宇　摄影
图二至图六　胡杨　制图
图七　刘翔宇　制图

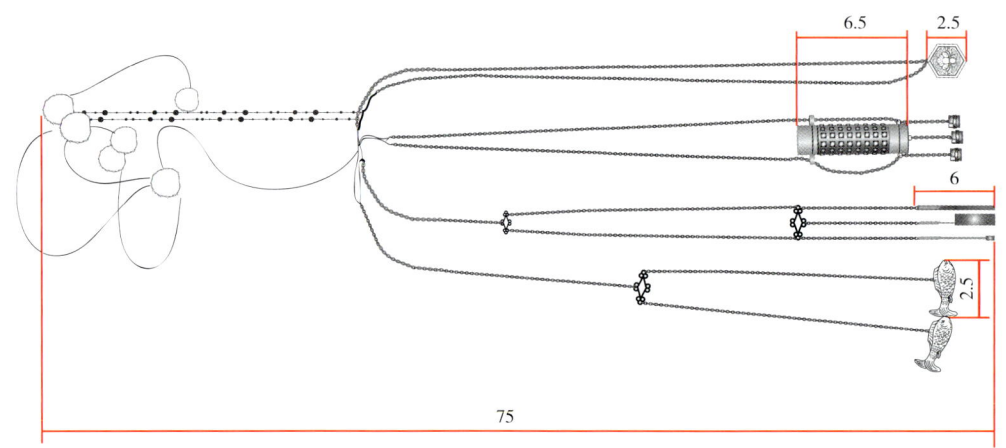

图二　阿昌族银项链尺寸图（单位：cm）

图三　阿昌族银项链部件使用分析图1

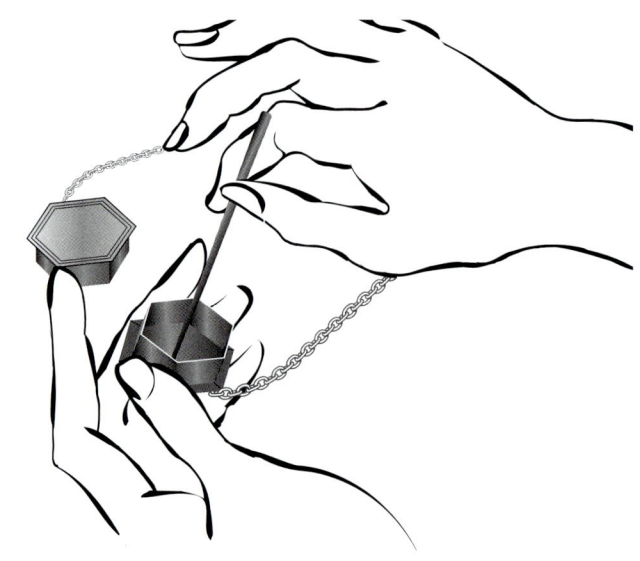

图四　阿昌族银项链部件使用分析图2

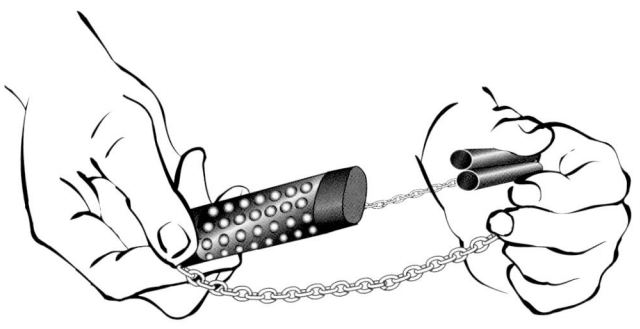

图五　阿昌族银项链部件使用分析图 3

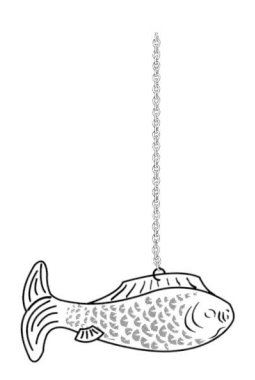

图六　阿昌族银项链装饰纹样元素分析图

图七　阿昌族银项链佩戴效果示意图

第六章　阿昌族传统手工艺

179

阿昌族银腰饰

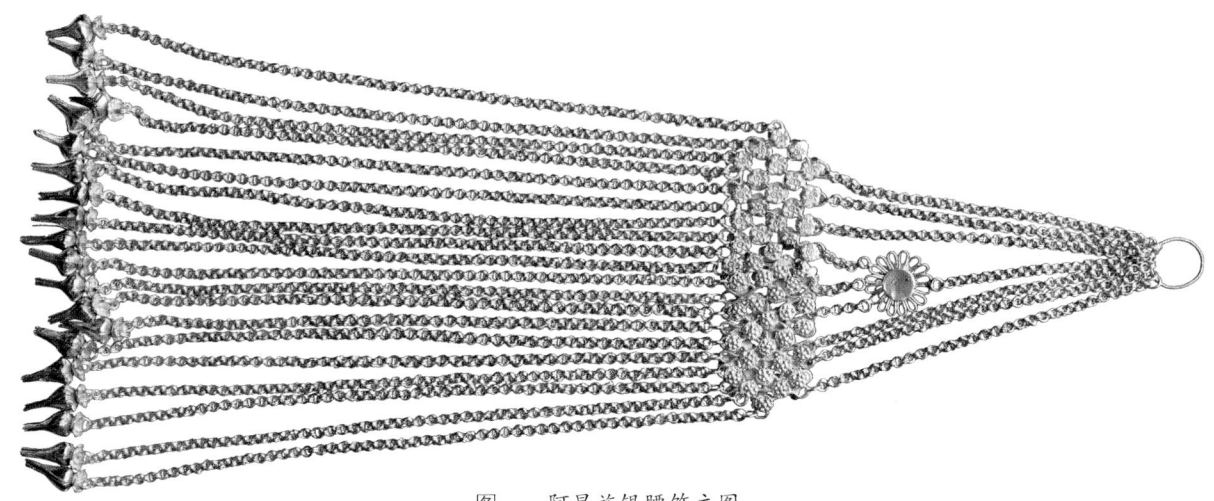

图一 阿昌族银腰饰主图

本案例为阿昌族传统首饰银腰饰，通高43厘米，采集于云南省德宏州陇川县户撒阿昌族乡李换芝家。银腰饰是指用于装饰腰部的银质装饰物，常用于阿昌族女性在节日庆典、婚嫁礼俗上佩戴。

银是一种化学性质稳定、延展性较强的贵重金属。阿昌族制作银腰饰的原材料是925银。银饰品加工的流程有：化银、锻打、下料、粗加工、做铅托、精加工、焊接、酸洗。常见的加工技法有焊接、錾花、镂空、花丝等。在本案例中，最有代表性的是錾花和花丝工艺。錾花是指在某一件工艺品粗具雏形并铸入支撑物后，在其表面进行手工錾刻的过程。錾刻工具包括一套特制的錾子和各式各样的手锤。根据腰饰纹样的不同选择相应的錾头，錾头类型有平头、梅花头、月牙头、片头、麻花头、单线头、压花头、冲花头等。手锤样式相对单一，只是在大小轻重上有所区别。錾刻手法主要有阳錾、阴錾、平錾、镂空等。

加工时，银匠左手执錾，右手持锤，随时调换适形的錾子，逐步錾刻出高低起伏的细微变化。虽然电子雕刻技术加工效率高，但却不具备手工錾刻的人文感和仪式感，所以梁河阿昌族大多数银匠依然坚持手工錾刻的传统。而錾刻线条的流畅度、形象的饱满度是判断银饰质量高低的标准。花丝工艺，是用银丝线进行编织、掐花、堆垒、焊接并做成各种图形纹饰的工艺技术，银腰饰的花卉部分就是综合运用了花丝工艺的结果。银腰饰根据外形可分为两部分，上半部分是三角形，下半部分是方形，上下两部分通过构件连接，整体呈平面展开。上半部分三角形顶端用环扣连接7条银链，最中间一根银链挂有花卉形装饰物，装饰物下方以3条短银链与中部构件相连。下部是14条银链垂直悬挂构成的方形，银链尾端悬挂类似于灯笼形饰物。银腰饰随着人体的运动左右摆动，零部件之间相互碰撞发出欢快的叮叮当当声，十分活泼，富有动感，很好地突出了女性腰部的优美曲线。

在阿昌族人眼里，女人没有一套银饰品就不能谈婚论嫁，而男人若是掌握了一套过硬的制银手艺则不愁生计，可见银饰和阿昌族人的生活是密不可分的。阿昌族是一个善于学习和创新的民族，在与周边民族交流和融合的过程中，将其他民族的工艺技术、造型特征、纹样装饰以及审美取向加以归纳整合，并运用到自己的制银工艺中去，从而使得阿昌族的银饰具有更加丰富多元的文化内涵。

图片来源

图一　刘翔宇　摄影

图二至图六　张智桐　制图

图七　邵盼盼　摄影

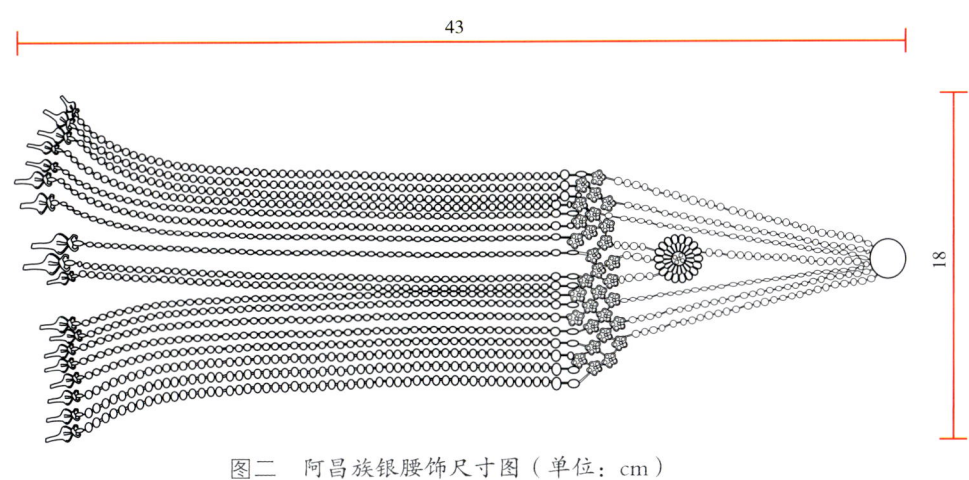

图二　阿昌族银腰饰尺寸图（单位：cm）

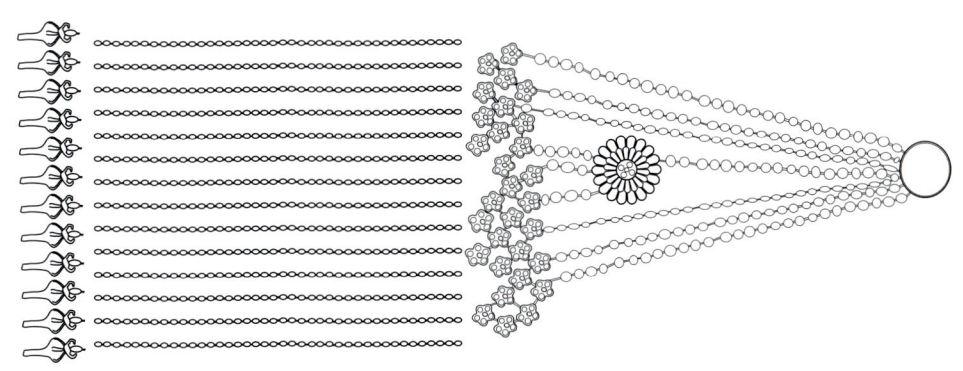

图三　阿昌族银腰饰部件分析图

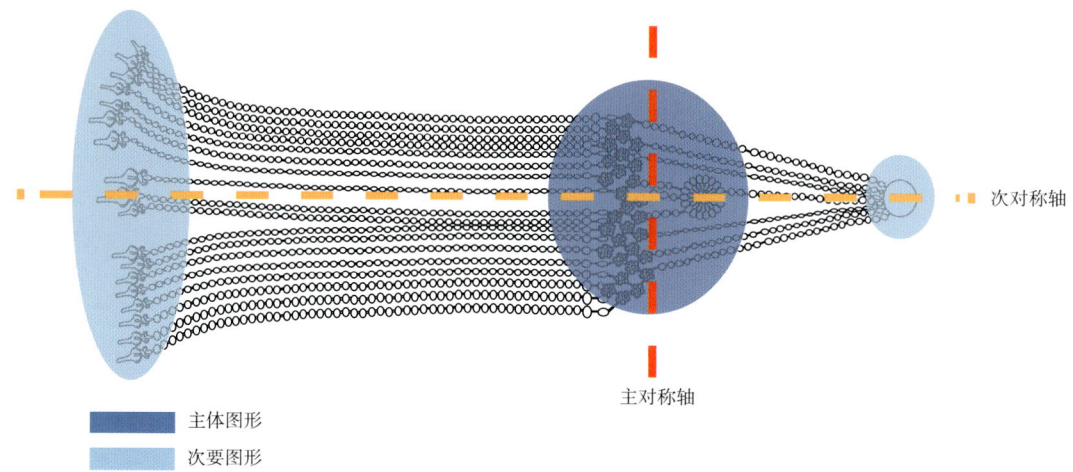

图四 阿昌族银腰饰装饰纹样分析图

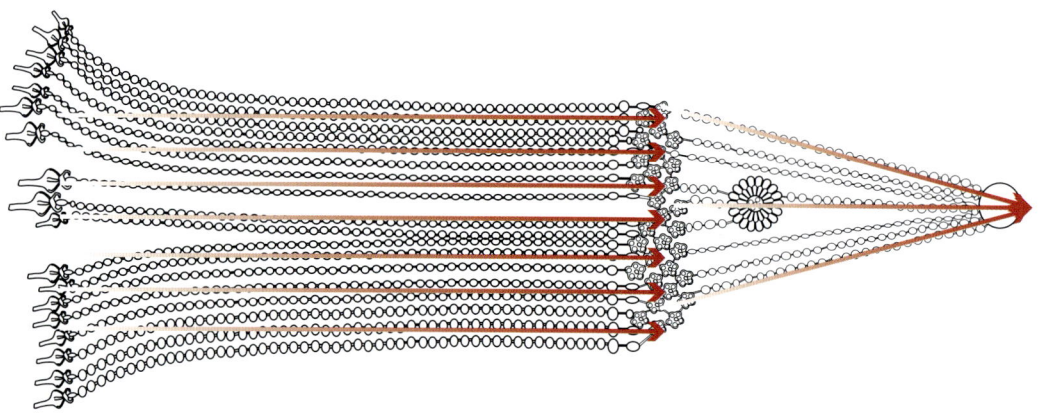

图五 阿昌族银腰饰装饰纹样动态分析效果图

 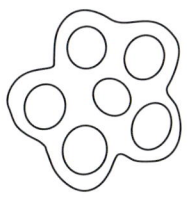 

花卉纹样

圆形几何纹样

图六　阿昌族银腰饰单元纹样分析图

图七　阿昌族银腰饰佩戴效果图

阿昌族藤编碗盒

图一　阿昌族藤编碗盒主图

　　本案例为阿昌族藤编碗盒，主要用于行走在茶马古道上的阿昌族马帮携带碗具。碗盒通高7厘米，碗盒盖下沿直径12厘米，厚1厘米，碗盒口外直径11厘米，内直径10厘米，碗盒腹高5.2厘米，碗盒底直径5厘米，高0.8厘米，现收藏于云南省德宏州陇川县户撒阿昌族民俗文化馆。

　　藤编是我国古老的编织工艺之一，藤料多产于我国南方各省，具有成本低廉、韧性好、弹性好、易于获得等特点。用于编织的藤类品种主要有大小青藤、葛藤、八叶瓜藤等。加工藤制品的藤茎纤维长，使用时不易断裂，可随意弯曲变形，且不怕挤压，挤压后稍加拨弄就能恢复原状。藤编制品色泽自然，美观大方，耐水湿，易干燥，不怕浸泡在水中腐烂变质，在通风的环境中极易干燥。藤在饱含水分时极为柔软，干燥后又韧性十足，非常适合用来编织。藤编器经过数千年的发展，已形成数量众多的品种，每一个品种的加工工艺又有所不同，但基本流程是一致的，包括洗藤、拉藤、制藤、削藤、蒸藤、编织等。洗藤是指将自然中采集的藤条清洗干净，去除表面的污垢。拉藤是将藤的纤维组织适当抻开，避免编织成型后的收缩变形。制藤和削藤是指按照成品的编织要求，把粗藤削制成大小合适的藤篾。蒸藤是将藤篾中多余的水分蒸发出去，增加藤篾韧性。注意要控制好温度，如藤篾水分过少容易导致断损。编织是决定藤制品形制的重要环节，常见的线材穿插手法包括：单线式，即"一压一""一压二""多压多"；双线式即纵横交叉；三线式即辫式；多线式为面状交叉。根据编织器型的样式可分为平面式和立面式，平面式包括直面、曲面。立面式包括圆柱体、椎体、多面体等。案例中的碗盒采用的是中心涡旋向外的"一压一"圆形立面编法。藤编碗盒主要用于马帮外出商贸时携带碗具，马帮是西南地区特有的一种交通运输方式，因为西南地区山高水急，交通不便，商品货物只能陆路徒步运输，所以耐力强、个头小的山地马成为主要的运载工具。在过去，马帮途经的地方强盗横行，环境恶劣。马帮成员要长期在外风餐露宿，所以一次外出要携带几乎所有的生活用品，瓷碗作为主要食器的缺点是易碎，如果没有包裹物，在长途颠簸中，破碎在所难免。因此阿昌族人根据碗的外形，用藤篾编织碗盒，储藏碗具。碗盒底部有圈足固定碗底。碗身贴合藤面，不易晃动。顶部扣上盖子，可以倒置碗具。清洗碗具后表面会残留少量水分，藤篾间的空隙能帮助碗具干燥，藤篾自身也可以吸收一部分水分，有利于藤篾保持韧性。

一件器物从诞生到普及，都离不开所处时代的自然环境和人文环境对它的影响。藤编碗盒的产生与发展符合了取材自然、结构牢固、外形简约以及功能实用4个条件，符合阿昌族人的使用习惯，成为阿昌族传统器物设计的经典案例之一。

图片来源
图一　赵思颖　摄影
图二　王师　制图
图三至图五　刘翔宇　制图

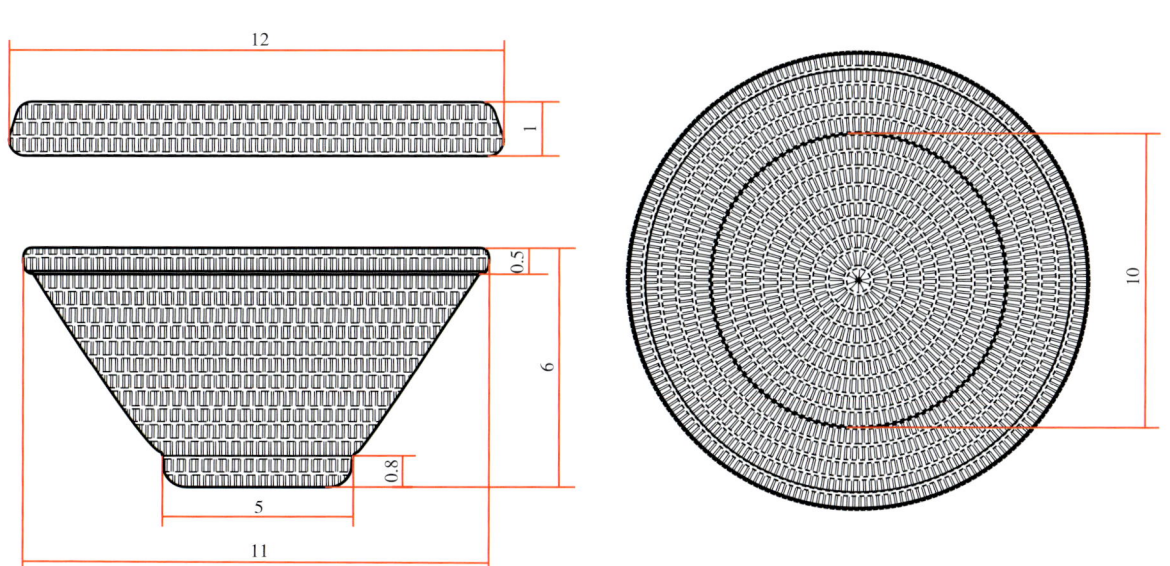

图二　阿昌族藤编碗盒尺寸图（单位：cm）

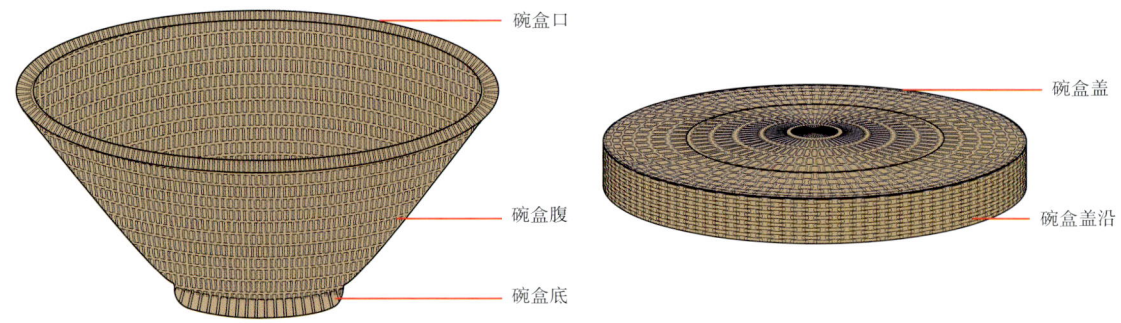

图三 阿昌族藤编碗盒结构名称图

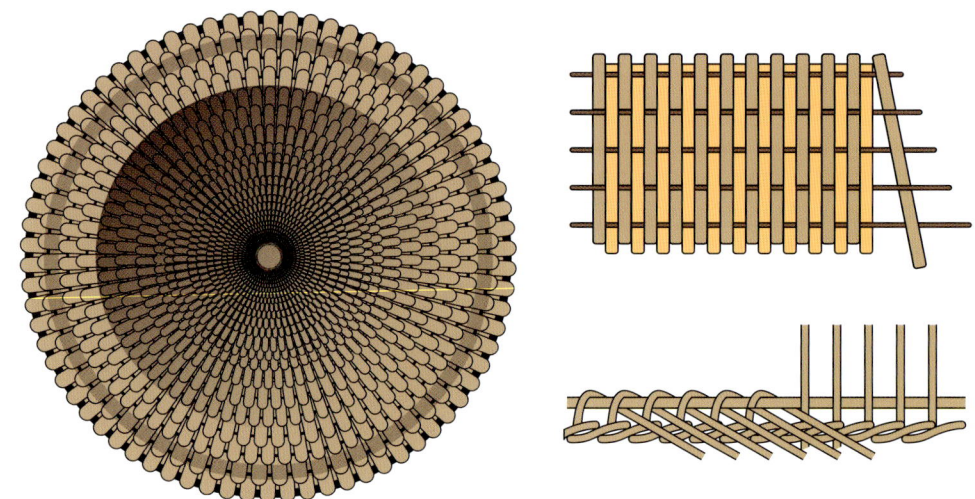

图四 阿昌族藤编碗盒编织分析图

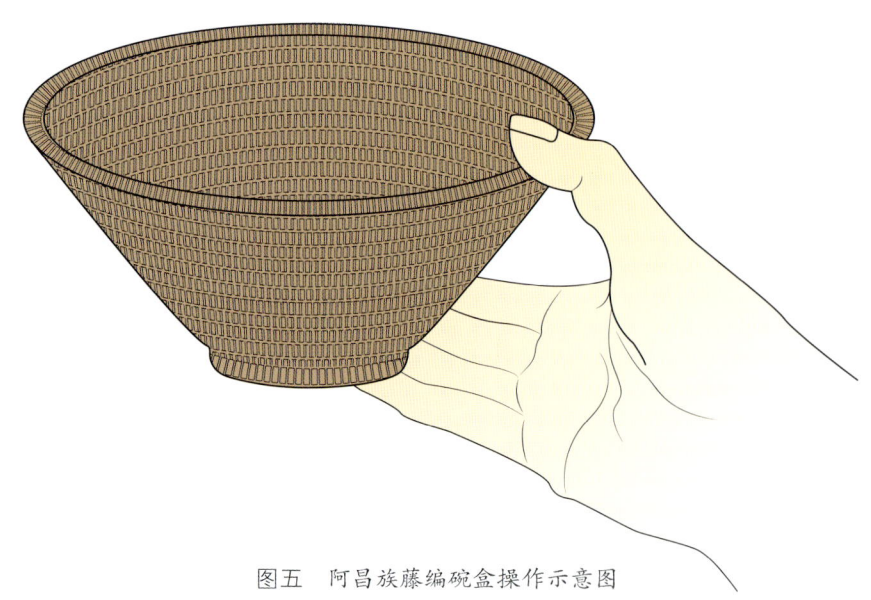

图五 阿昌族藤编碗盒操作示意图

第七章 阿昌族传统民俗和宗教造像

阿昌族传统婚礼

图一　阿昌族传统婚礼主图

阿昌族目前实行一夫一妻的婚姻家庭制度。族内通婚优先，与其他民族通婚相对较少。禁止同姓结婚，为避免近亲婚姻，阿昌族人采用"串姑娘"的办法去附近村寨寻找结婚对象。本案例采集于云南省德宏州陇川县户撒阿昌族乡。阿昌族婚姻的缔结过程包括恋爱、订婚、结婚3个阶段。

恋爱阶段：阿昌族男女婚前自由恋爱，通过"串姑娘"相识相知，交往形式为对歌。男子一般在十五六岁就开始"串姑娘"，地点多选在火塘、节日庆典广场、赶街场所等。整个过程中男方为主动方，男方先侧面了解姑娘的基本情况，如女方有意，可允许小伙子送她回家，并约晚上继续对歌。深夜，男方约上数名口齿伶俐的伙伴前往姑娘家，通过对歌进一步加深双方了解。如果双方情投意合，准备相伴一生，那么男子会赠送女子一件贵重首饰作为定情物。

订婚阶段：在青年男女确定恋爱关系后，男方家长会请媒人一起到女方家提亲，一般要带上草烟、红糖、茶叶、米酒，这些礼品都要备双数，象征着好事成双。第一次提亲时，女方家长一般会婉拒，也不正式接受男方礼品，只有在多次提亲，以及深入了解男方家庭情况后，女方家长才会应允这门亲事。当双方把筹办婚礼等一切事项都商量妥当后，女方父母才会当众允诺将女儿许配给男方，同时将女儿的"生庚"交于男方母亲，以正式宣布两家缔结婚姻关系。此外，男方家还需要给女方家一笔"定钱"，作用在于使得双方婚姻关系更加稳固。

结婚阶段：阿昌族的婚礼一般选在秋收以后的农历十一月、腊月或来年正月逢双的日子举行。双方分别举办的婚宴一般持续三天。女方家婚宴第一天上午被称为"送肉"或"过礼"，男方家要送上好的猪肉供女方家祭祀寨神，并给祖宗与家神献饭。下午，男方家要派人将猪肉、烟、酒、大米等事先商定好的礼品送到女方家。在一切礼品备足后，女方家举办"坐堂"仪式，即请双方家族中重要的亲属围坐在一起清点礼品与礼金，事后，大家喝酒庆祝。婚礼的第二天是接亲，由男方家派出伴郎、媒人以及一些青壮年男子到女方家接新娘。阿昌族常常把接亲的时间安排在晚上，男子在接到新娘后返回村寨的路上，会在桥头上供烟丝、槟榔、银币等，这被称为"上桥岗"。进到男方的村寨后，新娘和陪娘一般住在别人家。第二天早晨，新娘由陪娘陪着来到新郎家。进入家门后，新郎用长刀一边"砍"用金竹枝和羊奶果制成的拱门，一边用刀尖在拱门前挥动示意。这个行序被称为"砍金门"，金竹的生长速度快，羊奶果树的果实多，象征着财运蓬勃、儿孙满堂，而在拱门前挥动长刀象征着披荆斩棘、勇往直前。新娘进入洞房后，会举行"换饭碗"仪式，即两碗糯米饭和鸡肉，让新郎新娘轮流吃一口，这象征着有福同享、有难同当、永不分离。此后，一对新人在堂屋前磕头拜天地和祖宗。次日清晨，新娘要偕新夫回娘家，这被称为"回门"。当天晚上，新人双方父母在新娘家吃"认亲饭"，饭后"回门"队伍重新返回新郎家，至此结婚仪式正式结束。

阿昌族传统婚礼程序繁多、内容丰富，有着深厚的文化积淀，是阿昌族特殊的自然环境与人文环境造就的产物。透过阿昌族传统婚姻，可以看到阿昌族人乐观积极的生活态度，同时也反映出在长期历史进程中不断积累、形成与发展的民族文化认同。

图片来源
图一　邵盼盼　摄影
图二至图六　罗青　制图

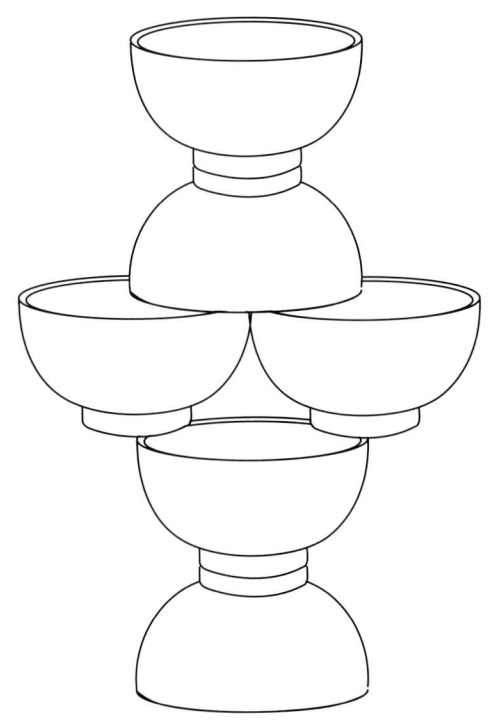

图二　阿昌族传统婚礼道具之碗线描图

图三 阿昌族传统婚礼行序之砍金门线描图

图四 阿昌族传统婚礼行序之娶亲线描图

图五　阿昌族传统婚礼行序之掀盖头线描图

图六　阿昌族传统婚礼行序之给客人夹菜线描图

阿昌族阿露窝罗节

图一　阿昌族阿露窝罗节主图

　　阿露窝罗节是由陇川阿昌族的阿露节和梁河阿昌族的窝罗节合并而成的法定节日，于每年3月20日左右在阿昌族人聚居的地区开展为期两天的庆祝活动。节日期间人们身穿传统服装，在欢快的乐器声中，围绕在白象和青龙塑像周围又唱又跳，表演民族特色的象脚鼓舞、龙形虎步舞等。阿露窝罗节具有欢庆丰收、祈愿祝福、民族团结等多种含义。

　　阿昌族的祖先是活动在青海、甘肃等地的氐羌族。从公元13世纪开始，一部分阿昌族人陆续迁徙至川西、滇西地区；还有一部分定居在云南梁河地区。阿露节和窝罗节同属于阿昌族的传统节日，但因其地域、文化、宗教等因素的不同，所以在各自的表现形式上也有所区别。梁河阿昌族受汉族影响较深，在保留传统习俗的基础上，体现出不同于其他阿昌族的汉文化痕迹。"蹬窝罗"是梁河阿昌族窝罗节的歌舞庆祝形式，最初是一种原始宗教的祭祀舞蹈，后演变成一种民间游艺活动，成为载歌载舞的综合艺术形式，欢愉的同时体现了原始崇拜和人情风貌，也将天公地母创世纪的传说融入歌舞之中，反映了梁河阿昌族人的情深义重。陇川户撒地区的阿昌族与傣族长期混居，所以陇川阿昌族的文化和傣族具有趋同性，尤其是两族共同信仰南传上座部佛教，因此在节庆时体现出强烈的宗教意味。阿露节完全和南传上座部佛教的祭祀活动保持一致，其宗旨是迎接佛祖返回人间拯救黎民百姓，活动的道具如白象、青龙和弓箭等都和宗教传说相对应。阿露节还和南传上座部佛教迎接"个打玛"的仪式，即"会街"相结合，扩大了节庆的规模，宗教和民俗的结合丰富了阿露节的文化内涵。20世纪90年代，阿露节和窝罗节合并成为阿露窝罗节，于2007年入选省级非物质文化遗产名录。合并后的阿露窝罗节的传统内容包括"蹬窝罗"、对山歌、活袍祭祀、青龙白象舞、象脚鼓舞等，也增加了竞技、晚会、会演等新形式新内容，扩大了节日的内涵和形式。两天的节庆时间里，身穿民族服装的阿昌族人们聚集到县城或条件较好的村寨参与一系列的文娱活动。活动分为文艺演出和集体"蹬窝罗"。文艺演出的常规项目是活袍祭祀，纪念阿昌族先祖"遮帕麻"和"遮咪麻"，即请当地有名望的活袍穿好祭服，摆放祭器，用酒、肉、茶、菜供奉先祖，还要用鸡冠血血祭，并念祭辞和唱诵《遮帕麻和遮咪麻》。集体"蹬窝罗"是在文艺演出后群众围绕着标志牌排成五六个同心圆，伴随着高亢的民歌，在队伍领头"梢杆"的率领下蹬起"窝罗"，期间源源不断有新人加入队伍，场面蔚为壮观。此外，在梁河九保阿昌族乡和陇川户撒乡建有庆典广场，称为"窝罗广场"，广场中央树立一个节日标志牌，最为经典的两块标志牌高约10余米，顶端架起一把满弦弓箭，左右牌坊顶端分别绘有太阳和蓝天弯月，以及阿昌族妇女服饰上的图案。

阿露窝罗节是阿昌族传统文化交流、传承与弘扬的重要方式和载体。原始古朴、神秘奇特的窝罗舞蹈，声韵对仗、即兴变化的古老民歌，充分反映出阿昌族人能歌善舞的民族天赋。

图片来源
图一　邵盼盼　摄影
图二至图五　罗青　制图

图二　阿昌族阿露窝罗节之舞蹈情境示意图

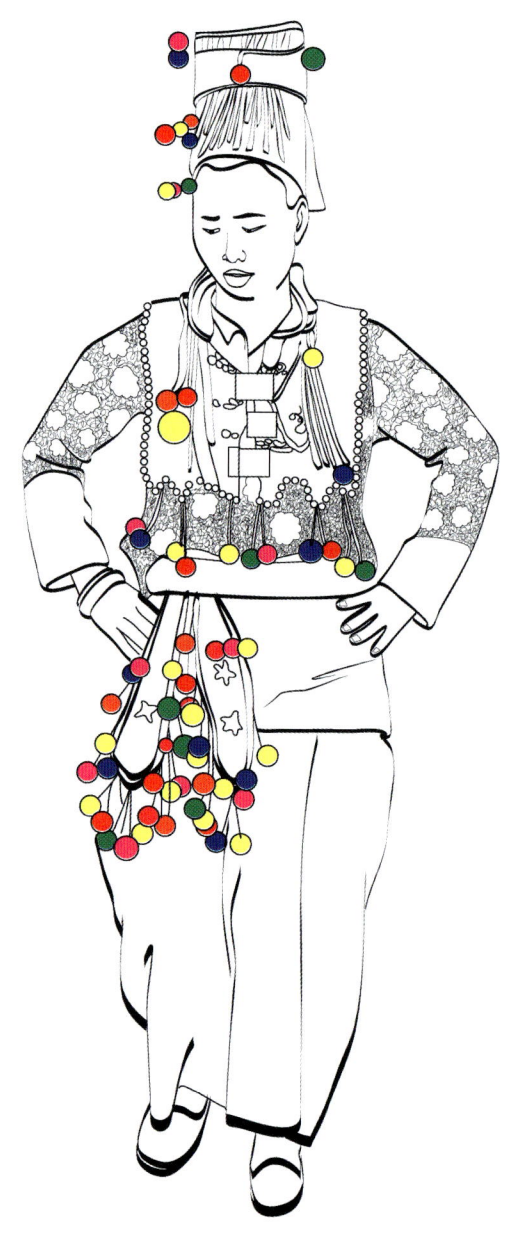

图三 阿昌族阿露窝罗节之女子服饰穿着效果示意图

图四　阿昌族阿露窝罗节之象脚鼓舞示意图

图五　阿昌族阿露窝罗节之狮子舞示意图

阿昌族佛塔

图一 阿昌族佛塔主图

佛塔,起源于印度,梵文"Stoup",音译"窣堵坡",德宏地区称为"缅塔"。佛塔原本是安放佛陀舍利的建筑,后含义扩大到安置佛像或高僧遗骨等的建筑物。本案例的佛塔位于云南省德宏州陇川县户撒阿昌族乡的芒东东山寨芒俄村中奘房旁,南传上座部佛教的佛塔都选在依山傍水之处,佛塔旁一般都建有佛寺,该案例佛塔旁的奘房就是南传上座部佛教的佛寺。该佛塔属于独塔,即只有一个主塔,没有附塔。当地民众每逢春秋两季都要对佛塔进行一次隆重的朝拜。

在《大藏经》中,有大量关于造塔形制、意义及功德的经论,各流派佛教佛塔,基本都按照佛示的比例和表义来建制,佛塔的层数多为奇数,极少有偶数。佛塔横截面的边数多为偶数。佛教当中的偶数具有特殊的象征意义,比如四边形象征四圣谛;六边形象征六道轮回;八边形象征八相成道;十二边形象征十二因缘等。奇数在佛教中象征崇高和清净。本案例中的佛塔由塔刹、塔身、塔基和底座构成,塔刹、塔身和塔基表面贴金,底座为暗红色。德宏户撒地区年代较早的佛塔多是白色，近现代的佛塔多是金色，也有将白塔重新装饰为金塔的例子。早期建设白塔主要出于经济和宗教方面的考量，白色象征的洁白无瑕和佛法无垢相一致。金色是阿昌族崇尚的颜色，既象征富贵高尚，又是佛陀三十二相好之"身金色相"的体现。表面金色是通过粘贴金箔，或是直接刷金粉实现的，所以相对而言，金塔的造价比白塔要高。本案例佛塔形态为圆锥形，塔刹修长高耸，装饰繁琐而精致，通体华美富丽。塔尖上面装有铜质的"夭笛"，山风吹来发出叮叮当当的响声，塔刹上以莲花、覆钵、华盖、露盘、火焰、花瓶为装饰，这些都在表明修法神圣的宗教意识。本案例佛塔根据塔身外观造型应归类为覆钟式佛塔，其特征是塔身呈上小下大的喇叭状，犹如古代铜钟覆盖在地面。塔基是塔身的承重部分，须弥座形制，平面八角造型，在圆形塔身下朝各个方向有规律地多层叠涩，形成多个折角造型，有的还会设计一个佛龛，丰富佛塔线条，增加韵律感。底座采用四边形造型，简单稳固，与佛塔本身丰富的造型形成对比。

阿昌族的佛教信仰为上座部佛教，相传很久以前，佛祖"个打玛"想在人间建立一个花园，并最终选择了风光秀雅、气候宜人的户撒坝，于是户撒就有了"佛祖的花园"的美称。佛塔是信徒对佛祖进行膜拜的标志物，其建筑形态是佛教思想的体现，在匠人建塔的过程中，不自觉地将宗教意识和审美心理融入佛塔形制中。

图片来源

图一　刘翔宇　摄影

图二至图三、图六至图七　张金威　制图

图四至图五　刘翔宇　制图

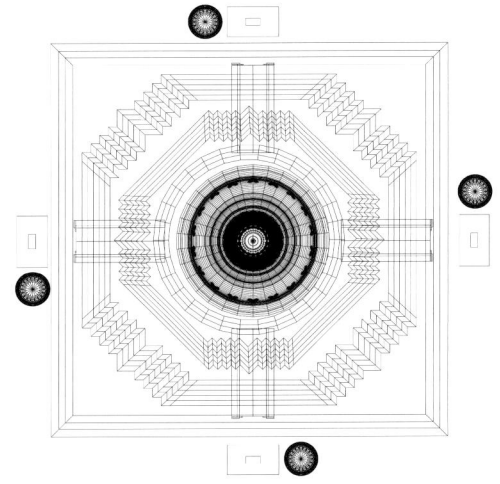

图二　阿昌族佛塔三视图

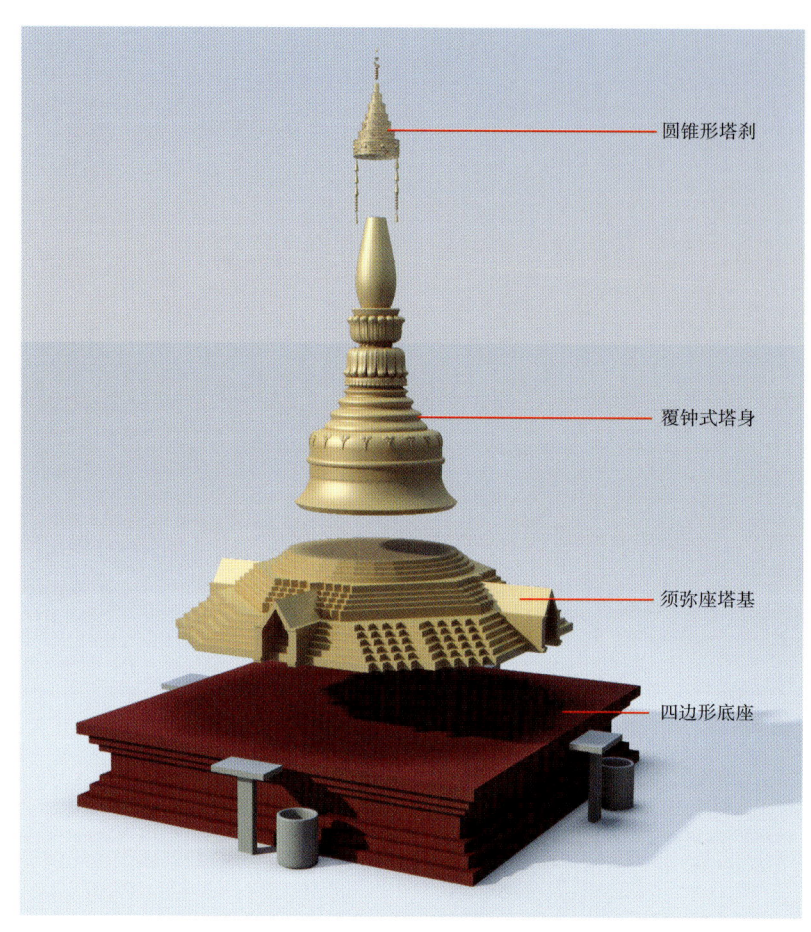

图三 阿昌族佛塔解析图

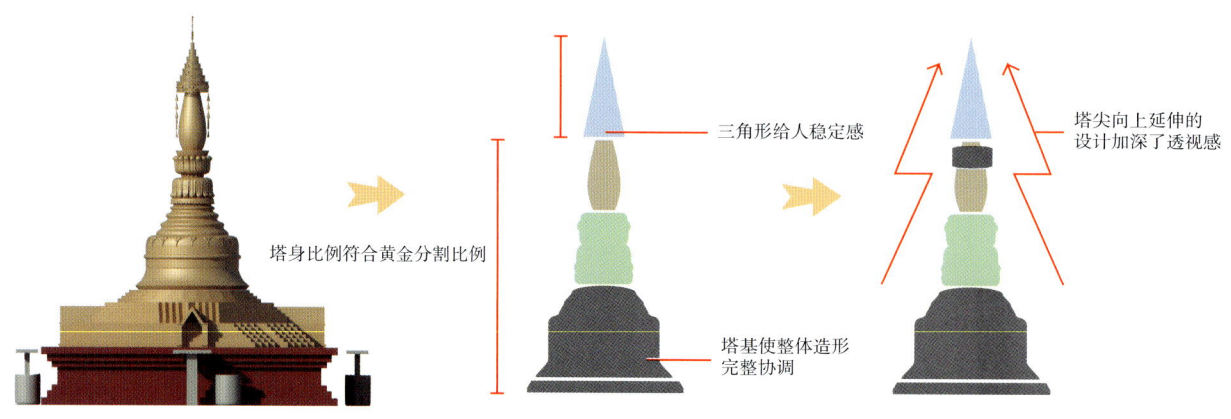

图四 阿昌族佛塔形态分析图

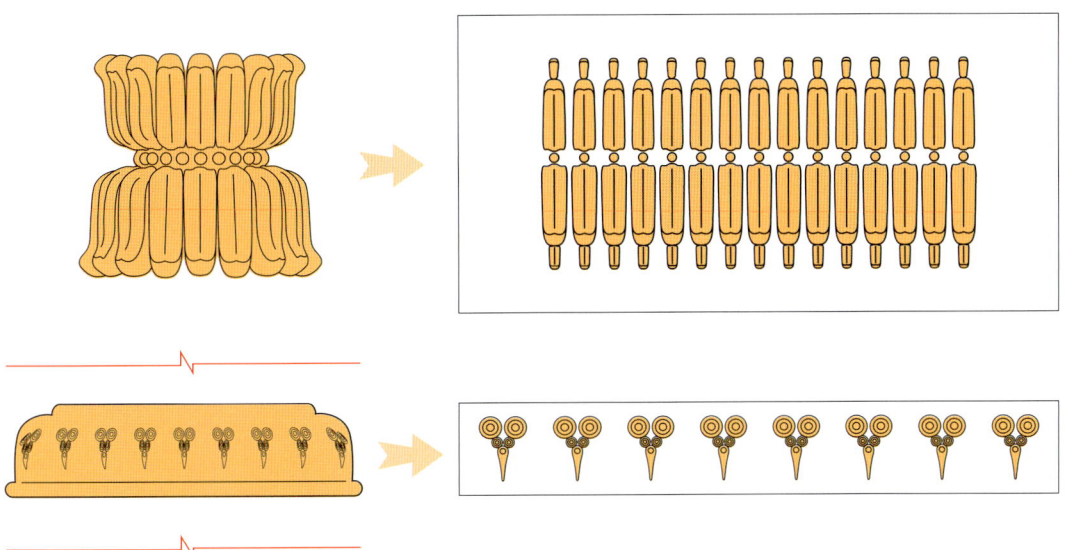

图五　阿昌族佛塔纹样分析图

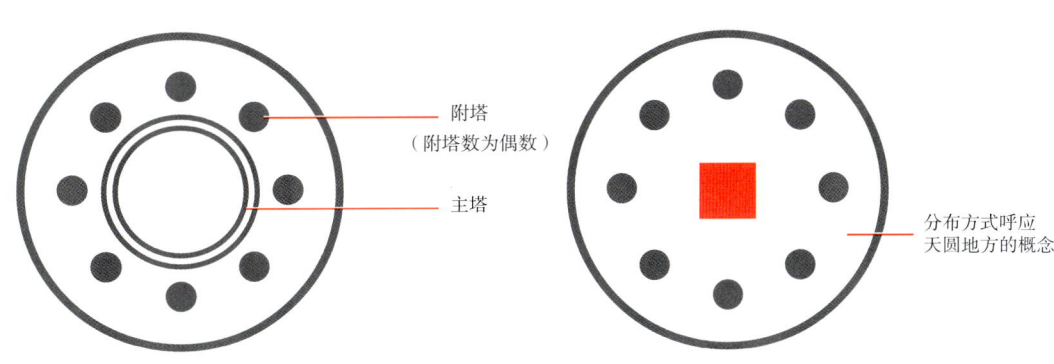

图六　阿昌族佛塔平面位置分析图

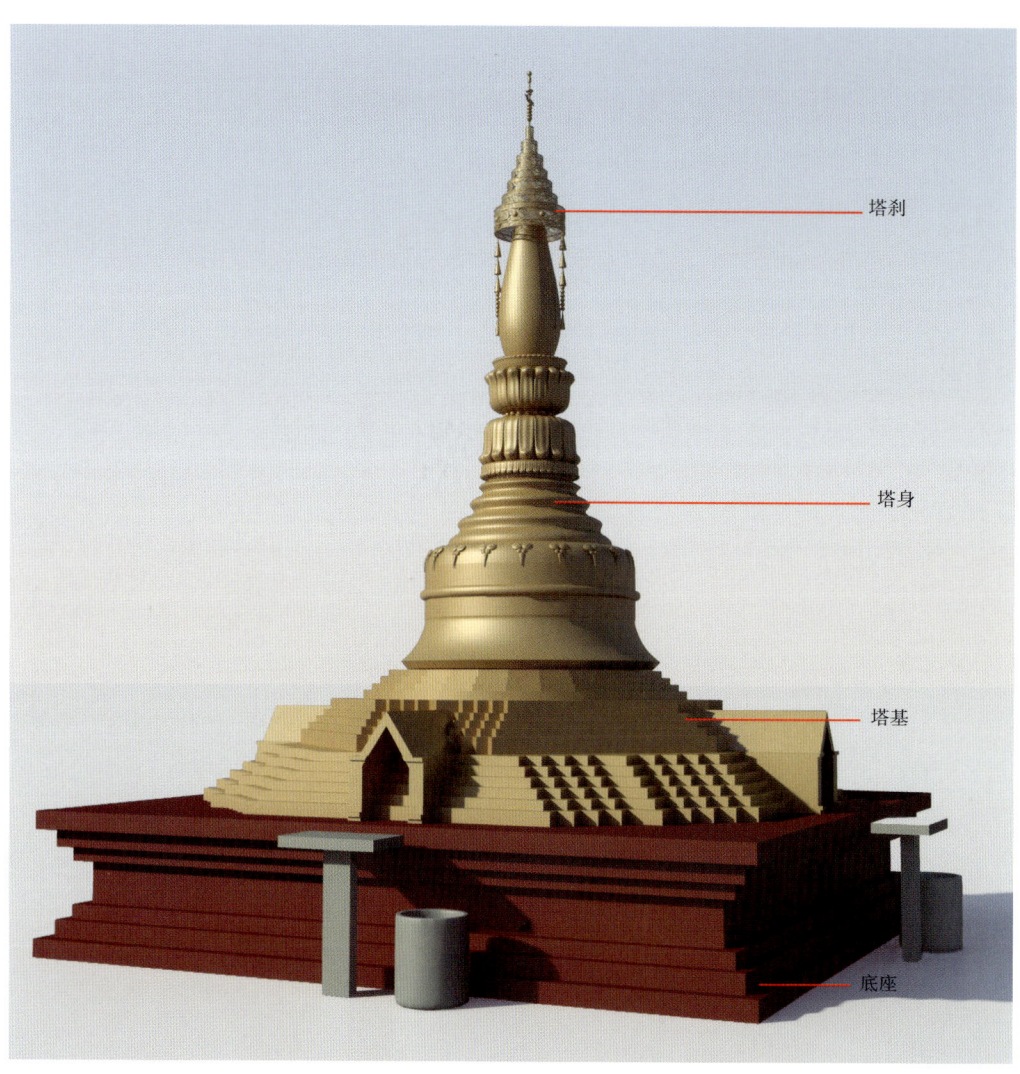

图七　阿昌族佛塔结构名称图

阿昌族佛寺奘房

图一　阿昌族佛寺奘房主图

本案例为阿昌族佛寺建筑，当地人称为"奘房"，位于阿昌族人口较为集中的云南省德宏州陇川县户撒阿昌族乡的芒俄村山脚处。奘房坐西朝东，整体为三重檐歇山顶的干栏式木质结构，清朝修建，距今已有两百多年的历史，主要建筑材料为楠木。

奘房东侧有一佛塔，塔前立有一高达数米的排杆，西侧有一条寨中小溪，引山泉之水穿流而过。奘房东西长16.2米，南北宽14.5米，占地面积约235平方米。建筑二层主殿地板高出地面约1.5米，承重柱宽0.2~0.3米，每根承重柱下均有石质柱础，殿内以横梁与柱承托枋，枋上放置檩条，檩条上放置椽条，再覆以瓦作为屋面材料，屋顶为三重檐歇山形式，47根承重柱以及横梁构筑成框架和屋盖。奘房内以横梁为界，横梁及承重柱上半部饰以蓝色，雕刻有牡丹纹、万字纹、祥云纹、卷草纹等吉祥图案，工艺极为精巧。承重柱下半部饰以金黄色，用以区分奘房内部的上下空间。北侧墙体、入口处的石狮以及东侧入口的门面装饰同样饰以蓝、黄两色，整体色调协调统一，其余建筑部分均保留原木色，未加以修饰，屋顶满覆青苔，使奘房更显古朴庄重。奘房东、北、南三侧各有一入口，当地人多由北侧入口进出奘房，南侧入口与奘房内佛像平台相连，处于封闭状态，东侧入口外放置一石龛，紧贴大门，阿昌族人在其内部放置了花瓶及供盘，花瓶内插有鲜花和新鲜带叶绿枝，供盘内摆放糕点、糖果、香烛等，石龛上覆有彩旗，此石龛用以敬奉天地。东侧三扇门六块门板饰以不同的装饰纹样，纹样均为上半部雕饰腾云仙人仙童图案，中间部分饰以松柏、兰花等吉祥花草纹，下半部雕刻老虎、麒麟、梅花鹿等灵兽，保存都较为完好。从北侧入口拾级而上，需脱鞋进入奘房，拜佛时需取下包头，以示洁净和虔诚。奘房的室内装饰色彩极为绚丽，与外围装饰反差较大，奘房中间位置有一尊释迦牟尼佛像，佛像面朝东方，高约 0.65 米。佛像前的供桌雕刻纹样繁复，桌上摆满孔雀等装饰物和供品。供桌上方横梁刻有双龙戏珠纹样，两侧立柱各雕一条金龙，挂满佛幡和小彩旗，更显金碧辉煌，也体现出阿昌族人对宗教活动的重视。佛像后的区域未经允许不可进入，佛爷是从缅甸请来的，其日常生活及膳食由所属村寨负责。安放佛像的平台和佛爷的生活区域均抬高 0.19 米，与公共区域进行了划分。屋内南侧与平台相连区域，放置有经书柜，刻有双凤、人物、卷草纹样，雕刻也极为精美。经书柜左侧墙上悬挂一幅千手观音画像，画像前置供桌。奘房内的火塘位于室内东北角，面积约 6.75 平方米，可供前来进行佛事活动以及上奘的族人做饭和议事之用。

阿昌族奘房是僧侣生活、布道讲经以及信徒从事宗教活动的重要场所，同时还承担着村寨内文化、娱乐等公共集会的社会功能。奘房又与村寨民居相邻，这使村民们意识到佛祖正时刻关注着他们的修行，也让阿昌族人更加注重自己的言行举止是否得体，反映出的是宗教信仰在阿昌族社会中产生的积极影响。

图片来源

图一、图九至图十三　刘翔宇　摄影
图二至图六　张金威　制图
图七至图八　刘翔宇　制图

参考文献

[1] 熊顺清著.中国阿昌族.银川：宁夏人民出版社，2012.
[2] 曹先强主编.阿昌族文化论集.昆明：云南民族出版社，2011.

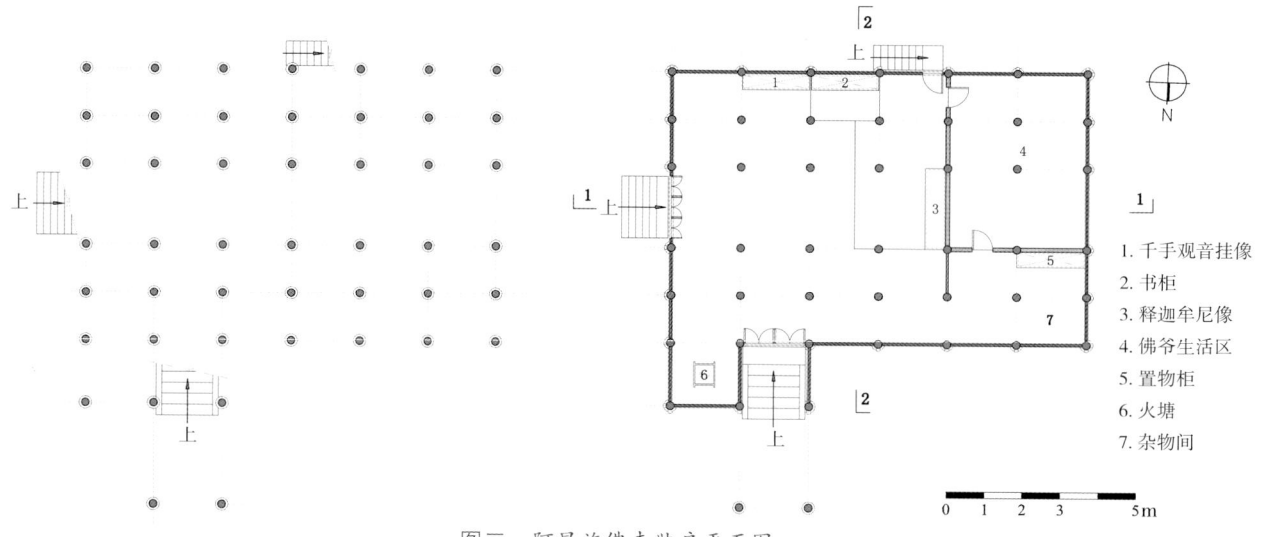

图二　阿昌族佛寺奘房平面图

1. 千手观音挂像
2. 书柜
3. 释迦牟尼像
4. 佛爷生活区
5. 置物柜
6. 火塘
7. 杂物间

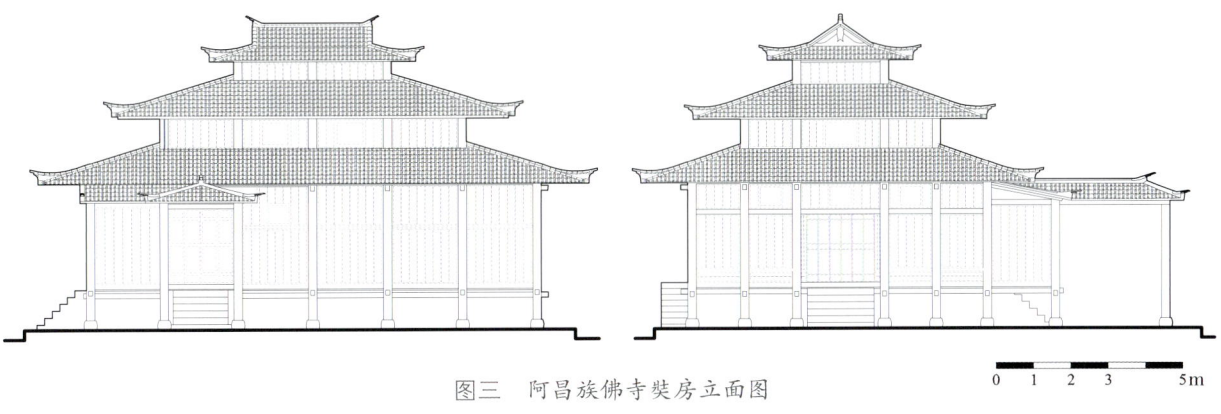

图三　阿昌族佛寺奘房立面图

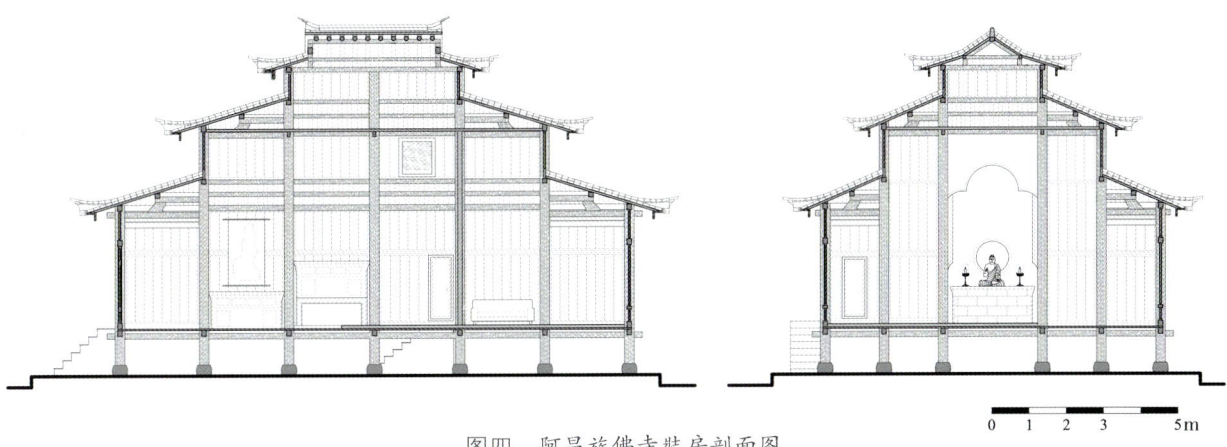

图四　阿昌族佛寺奘房剖面图

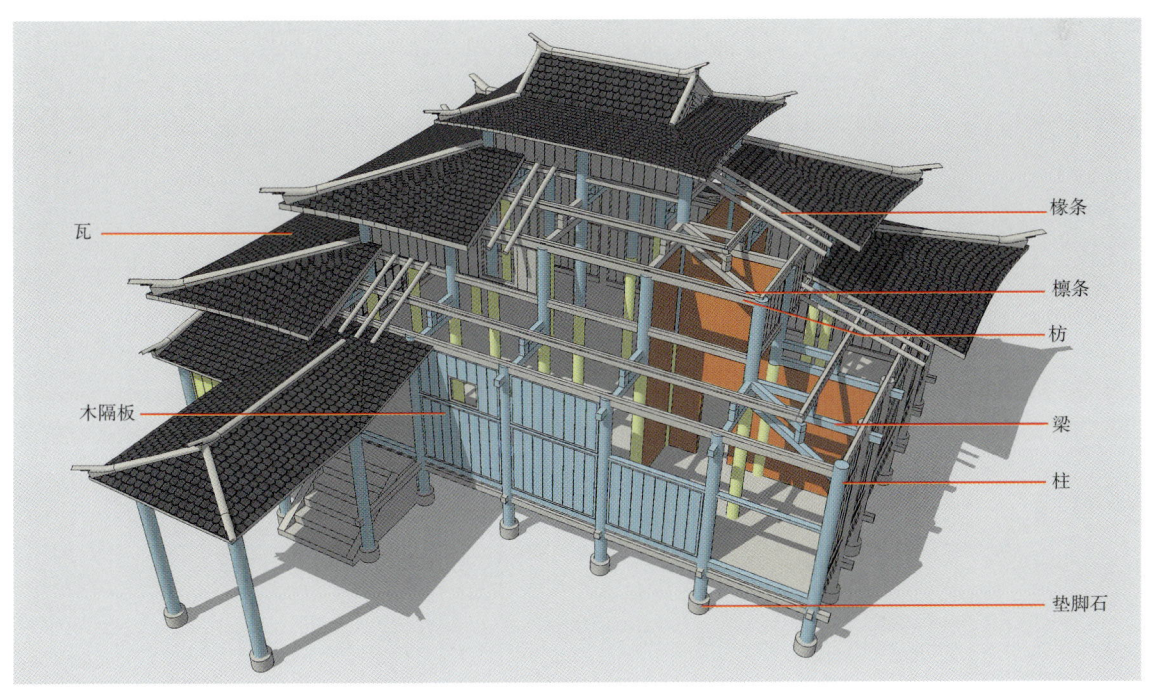

图五　阿昌族佛寺奘房结构名称图

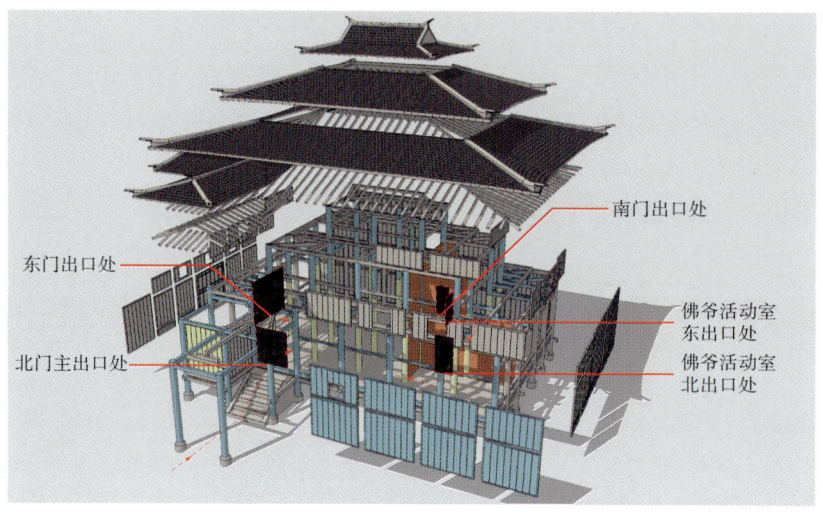

图六　阿昌族佛寺奘房解析图

图七　阿昌族佛寺奘房纹样效果示意图

图八　阿昌族佛寺奘房纹样细节图

图九　阿昌族佛寺奘房经书柜

图十　阿昌族佛寺奘房供桌

图十一　阿昌族佛寺奘房彩旗

图十二　阿昌族佛寺奘房佛幡

图十三　阿昌族佛寺奘房火塘

阿昌族宗教活动上奘

图一　阿昌族宗教活动上奘主图

阿昌族的"奘"是指村寨中的佛寺，即南传上座部佛教佛寺，是开展佛事活动的重要场所。"上奘"意思为"到佛寺去"，是指信徒到奘房去参加宗教仪式活动的行为，是阿昌族对佛事活动的汉语称呼。户撒阿昌族地区普遍信仰南传上座部佛教。佛教发源于印度，逐渐向外传播，阿昌族地区信仰的南传佛教是由印度向南传播，经斯里兰卡，传到东南亚地区的泰国、缅甸、老挝、柬埔寨等国家以及中国云南等地区（熊顺清著：《中国阿昌族》，宁夏人民出版社，2012，第112页）。

阿昌族重要的宗教节日活动主要有"浴佛节""进洼""出洼""舍黄单""烧白柴"等，这些节日都围绕着奘房进行。日常上奘形式较为多样，在重要宗教节日里最具特点、持续时间较长的就是"进洼"和"出洼"，"进洼"又叫关门节，"出洼"又叫开门节。"洼"源于巴利语"Vassa"，意思为"夏安居"或者"雨安居"，是指阿昌族在南传上座部佛教的佛节里（傣历九月十五至十一月十五三个月，大致为农历的六月十五至九月十五三个月）传授佛法、闭门修行的这一段宗教生活时期（曹先强主编：《阿昌族文化论集》，云南民族出版社，2011，第195-196页）。"进洼"是指修行的开始之日，"出洼"即指修行的结束之日，在这两天奘房都会举行隆重的佛事活动，所以称之为关门节、开门节。"进洼"期间每七天上奘一次，即每月的初八、十五、二十三、三十这四天，信徒们都要提前准备贡品，将斋饭、小糕饼、鲜花、蜡烛、彩色小纸旗（祈福消灾用）等摆放在圆形小供桌上抬到奘房，"波信"（男性善信老人）、"雅信"（女性善信老人）会穿上专门用于拜佛的衣服，祭拜"家堂"后，一早相约来到各自寨子里的奘房听佛爷诵经、讲解教规戒律等（田素庆：《阿昌族"上奘"的田野调查及研究》，载《宗教学研究》，2012（4），第239-244页）。进入奘房需脱鞋，拜佛时要取下包头，"波信""雅信"及信徒们根据资历依次排列。佛爷大多从缅甸请来，本地的很少，佛爷在缅甸接受佛教教育，学成后来到户撒传经布道。佛爷的供养由各个奘房所辖村寨的村民共同负责，佛爷对村民送来的饭食不能挑剔，村民送来什么就吃什么。佛爷每日早上起来都会念经，然后吃早点，在12点之前吃完午饭，过午不食，下午吃些水果和糖。在修行期间，"波信""雅信"还会前往周边村寨的亲戚奘进行佛事交流活动，以增进村寨之间的感情。在3个月后的"出洼"当天，即农历九月十五，会举行隆重的庆祝活动，村民会燃放爆竹、敲锣打鼓载歌载舞来庆祝修行期的圆满结束，这也就意味着修行期间禁止谈婚论嫁、盖建新房等禁忌的解除。

关门节至开门节这一时间段正好是雨水连绵、农忙时间已过的季节，信徒们有较多的空闲时间来接受佛教教育。在"夏安居"节里，老人们也可以通过一系列的仪式取得宗教"信徒"身份及地位，获得特定的称呼、服装，遵守相应的行为及语言的禁忌（田素庆：《阿昌族"上奘"宗教实践与现代养老模式构建》，载《云南民族大学学报（哲学社会科学版）》，2013（3），第76-81页）。

图二　阿昌族宗教活动上奘之奘房

上奘是阿昌族社会生活、宗教信仰的一个组成部分,也是加强村寨间的交流、增进同胞情感、促进民族团结的重要方式。

图片来源

图一、图五　魏溥均　制图
图二　刘翔宇　摄影
图三至图四　王英　制图

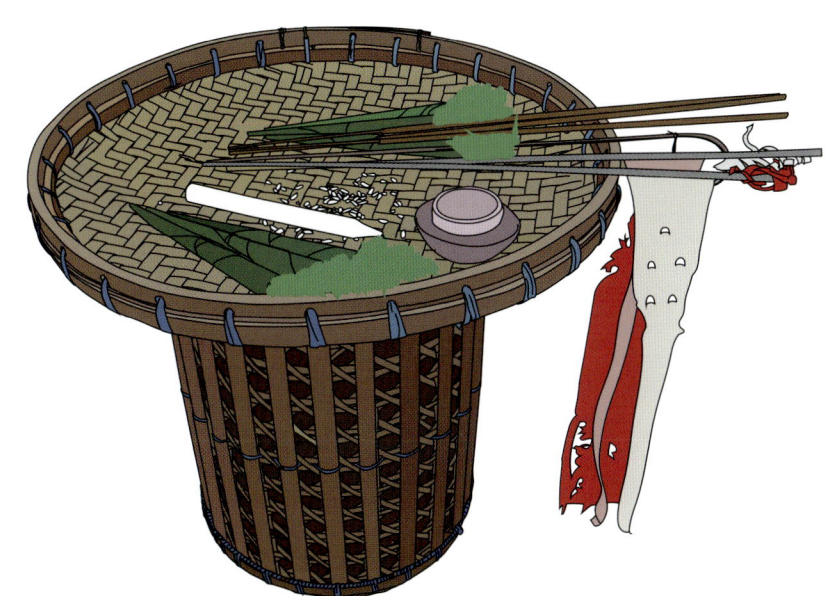

图三　阿昌族宗教活动上奘之贡盘示意图

图四　阿昌族宗教活动上奘之波信示意图

图五　阿昌族宗教活动上奘情境示意图

阿昌族村寨寨神色曼

色曼为阿昌族民俗中寨神的形象，用于族人祭祀寨神。阿昌族人认为其先人幻化为石和树，故而色曼最初便以神石、神树的形象出现，神石则衍化为如今村寨内的石柱、石板。色曼在不同的村寨有不同的布局。在陇川县一般置于村寨的入口处，而在梁河县则置于民居院墙外侧。而树神多为枝繁叶茂的参天古树，一般为独株，树形巨大，树冠圆润，多数长在寨头或寨边。树上挂满彩带，树下摆满鲜花和斋饭等祭品。

阿昌族的自然崇拜至今留有遗痕的主要是大石崇拜和树神崇拜。从族人传说中的"石化羊""石化骡"及至现在仍把具有"神性"的大石作为保护神，靠它禳灾祛难等等，都是古代阿昌族先民大石崇拜留存在社会生活中的遗风。阿昌族的大石崇拜实际上就是对石神的崇拜，这是阿昌族比较古老而原始的一种信仰。学者赵橹先生就在《阿昌族大石崇拜与诸羌文化的辐射》一文中，对阿昌族大石崇拜的发展和演变进行了详尽的分析。在阿昌族地区普遍都存在寨神、地方神的观念，在梁河县的阿昌方言中他们分别叫"瓦嘎""瓦当"，在陇川县的阿昌方言中分别叫"色曼""包猛"。他们在寨神面前都要竖一块大石块，多为石柱、石板，高1米左右，在上面还要横盖一石条或石板。有些

图一　阿昌族村寨寨神色曼主图

色曼底部建有方形底座或者祭祀台，高度各不相同。

如今，在阿昌族地区还可以看到大石崇拜的遗风。如果哪家的孩子身体不好，或有夜哭的习惯，就会认为是鬼魂在作祟，于是就要拜大石头做"干爹"以化解，并给孩子取一些带"石"的小名。所以在阿昌族里现在有"石英""石招""石开""石德""石留"等带"石"的名字，都是阿昌族人大石崇拜的痕迹。

阿昌族的村寨每年要祭祀三次，第一次是农历二月属马日，第二次是农历五月二十八，第三次是农历六月二十五。祭祀时，对石柱顶礼焚香，并置祭祀品于石板上，祈求全寨人民平安健康、牲畜兴旺、庄稼丰收，祭祀日全寨停工一日，不准外人进寨，因而是农业生产上的一种集体进行的祭祀活动。这也不难看出，色曼在阿昌族人心目中的重要地位。

图片来源
图一、图六至图七、图九　邵盼盼　摄影
图二至图四、图八、图十　王英　制图
图五　刘宁　制图

图二　阿昌族村寨寨神色曼线描图

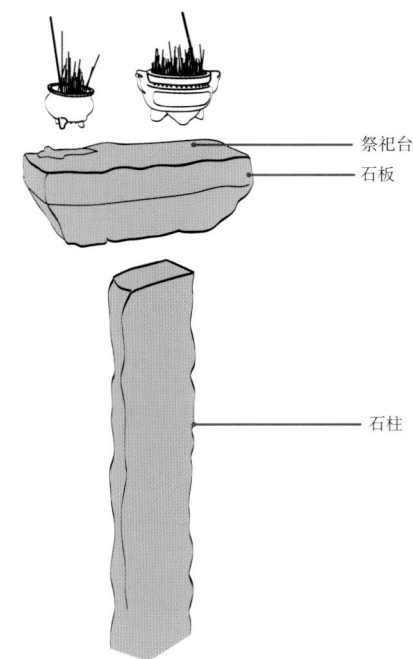

图三 阿昌族村寨寨神色曼解析图

图四 阿昌族村寨寨神色曼人物祭拜空间关系分析图

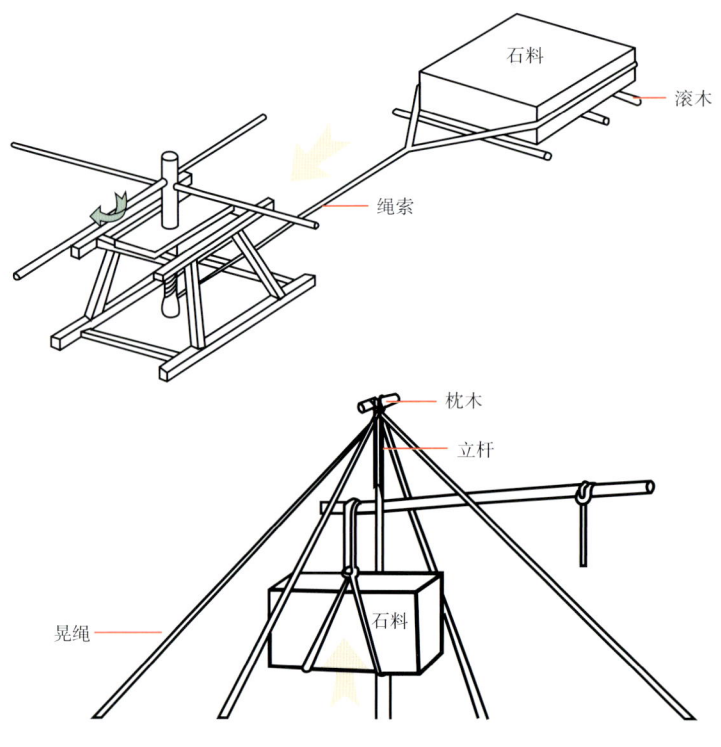

图五 阿昌族村寨寨神色曼材料运输图

图六 阿昌族村寨寨神色曼之项姐村色曼样式图1

图七　阿昌族村寨寨神色曼之项姐村色曼样式图 2

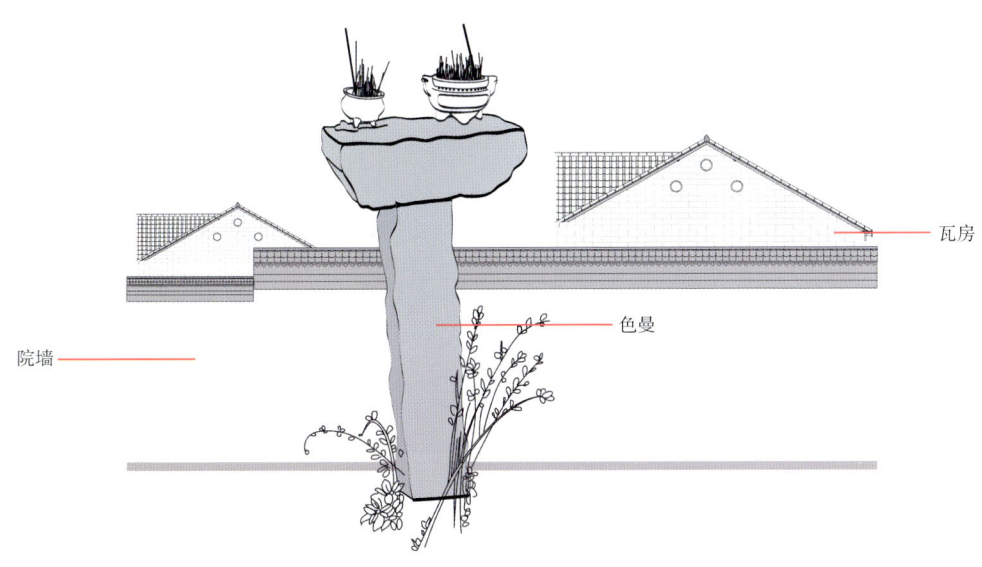

图八　阿昌族村寨寨神色曼位置示意图

图九　阿昌族村寨寨神色曼祭祀品摆放图

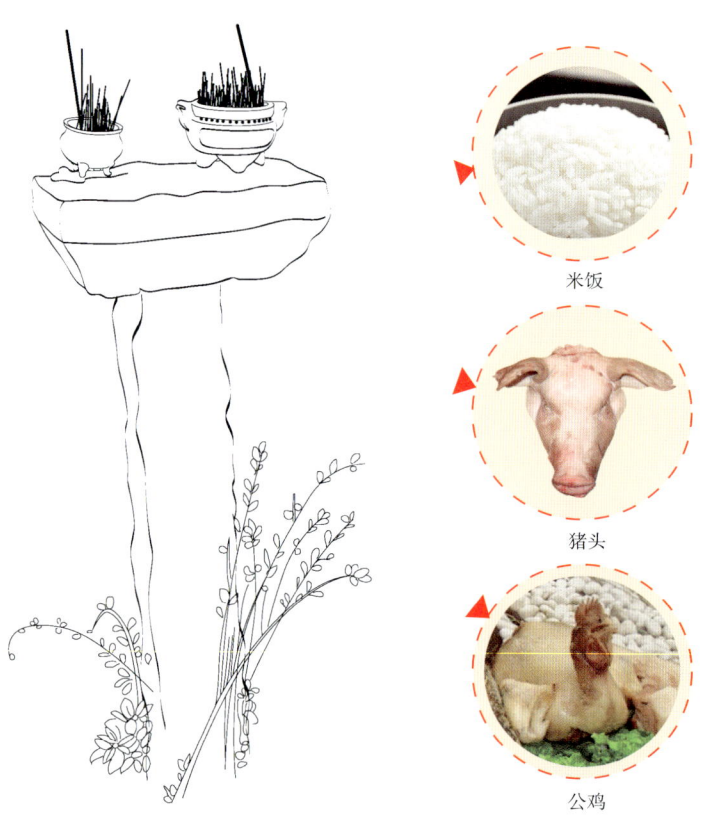

米饭

猪头

公鸡

图十　阿昌族村寨寨神色曼祭祀品分析图

阿昌族青龙白象射日柱

图一 阿昌族青龙白象射日柱主图

青龙白象被阿昌族人视为吉祥幸福的象征，因此在阿昌族传统节日——阿露节时，人们都要制作青龙、白象，载歌载舞，迎接佛祖回到人间。本案例为青龙白象射日柱，位于云南省德宏州梁河县永和乡，底座为长7米、宽1.7米的长方体，整体高6.8米，建在村寨内开阔的广场上，人们在节日时会以青龙白象射日柱为中心开展各类节庆活动。

相传阿昌族供奉的释迦牟尼，阿昌语称"个打玛"，每年都要到天上为其母念经三天，天上一日地上一月，"个打玛"不在人间的三个月里就会灾害不断，直到他返回人间，这天青龙跃出水面，白象从深山跑出，一切灾害都会消失，为了报答"个打玛"的恩德，每逢这天人们都要制作青龙、白象以及射日柱，举行塔拜，欢庆"个打玛"回到人间。本案例中青龙白象柱体一共由5部分组成，由上而下依次是：两柱之间的弓和箭；柱头的荷花纹、柱身上的云纹、盘旋而上的青龙；白象和白象的基座；石狮以及柱身；长方形底座和莲草纹。青龙白象射日柱主要运用石料进行打造，构件之间以石榫和榫槽构造方式连接。从案例的单体形制分析，所有柱体白象都在一条直线上。根据格式塔心理学研究，我们可以看出在相同的青龙柱之间有着一定的距离，但是人们在心理上会将这个距离自然地连接起来，从而给人们心理上画出一个空间界限。阿昌族人正是利用了这个空间界限放置了白象石雕，使得整个雕塑富有层次变化，同时青龙白象射日柱上丰富的纹样也是其一大特征。

青龙白象射日柱中的青龙、白象象征着风调雨顺、五谷丰登、和平安宁，寄寓着阿昌族人民对美好生活的憧憬。而雕塑群体则成为营造良好广场气氛的成功之作，无论近距离观赏其体表纹样，还是远眺它与周边自然景观构成的场景，其独特的圆柱形制均会给人带来独一无二的视觉感受。

图片来源
图一　邵盼盼　摄影
图二至图五　王英　制图

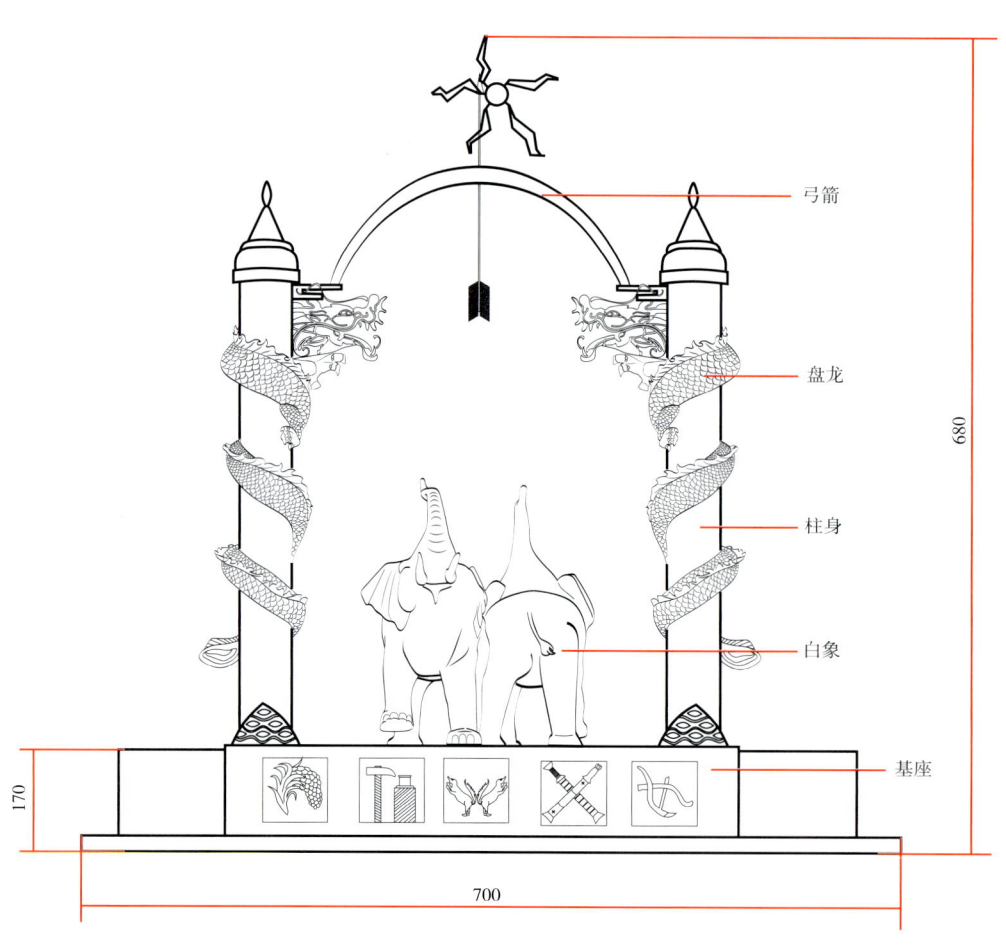

图二　阿昌族青龙白象射日柱尺寸结构图（单位：cm）

图三　阿昌族青龙白象射日柱纹样分析图

图四　阿昌族青龙白象射日柱视觉关系图1

第七章　阿昌族传统民俗和宗教造像

219

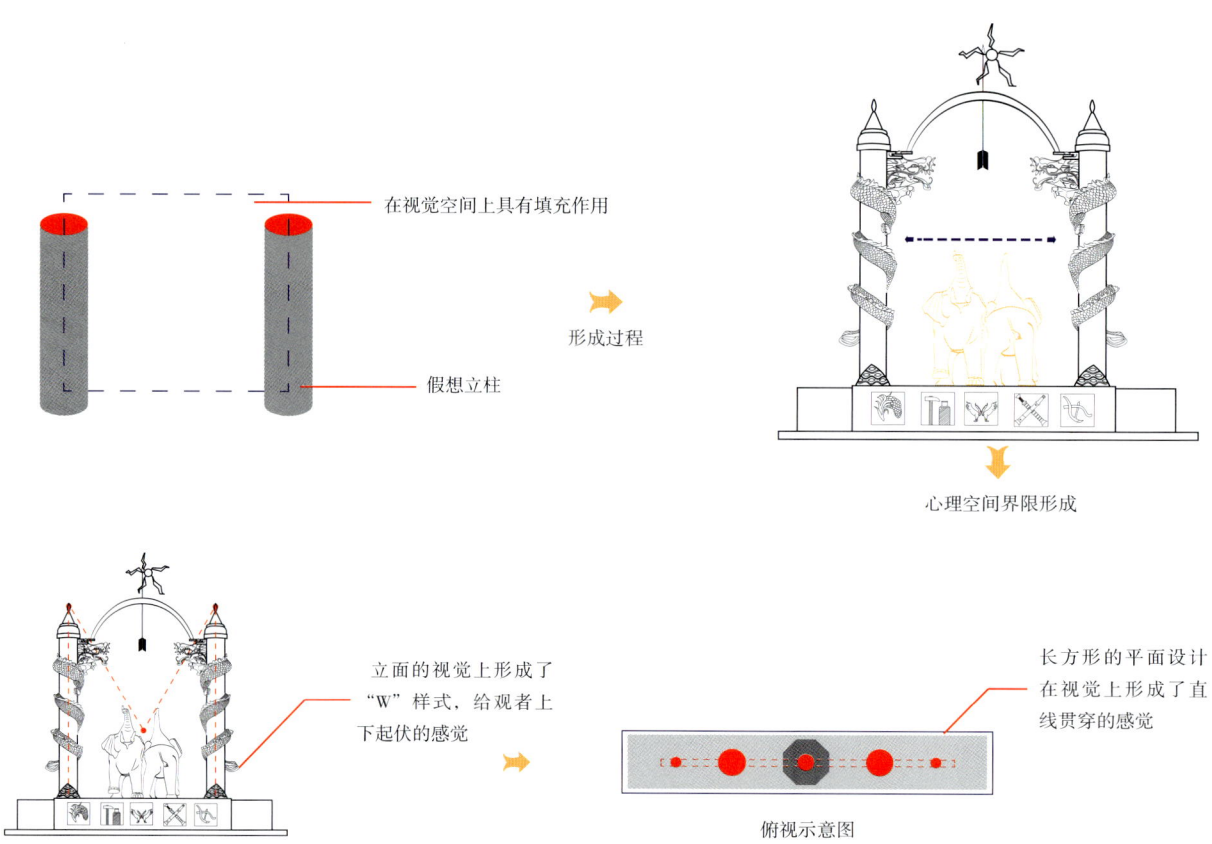

图五　阿昌族青龙白象射日柱视觉关系图 2

声　明

本书编写时收入的个别图片，因条件所限，未能同相关著作权人取得联系，获得授权，敬请谅解。请相关著作权人及时与编者联系，以便奉上稿酬。谢谢！